史晓燕 / 著

注目变革
/
现代教育变革
系列研究丛书

教师教学评价：
主体·标准·模式·方法

北京师范大学出版集团
BEIJING NORMAL UNIVERSITY PUBLISHING GROUP
北京师范大学出版社

图书在版编目(CIP)数据

教师教学评价：主体·标准·模式·方法/史晓燕著. —北京：
北京师范大学出版社，2018.11(2025.2 重印)
(注目变革·现代教育变革系列研究丛书)
ISBN 978-7-303-23800-2

Ⅰ. ①教… Ⅱ. ①史… Ⅲ. ①师资培养—研究 Ⅳ. ①G451.2

中国版本图书馆 CIP 数据核字(2018)第 124406 号

JIAOSHI JIAOXUE PINGJIA ZHUTI BIAOZHUN MOSHI FANGFA

出版发行：北京师范大学出版社 https://www.bnupg.com
　　　　　北京市西城区新街口外大街 12-3 号
　　　　　邮政编码：100088

印　　刷：北京天宇星印刷厂
经　　销：全国新华书店
开　　本：710 mm×1000 mm　1/16
印　　张：15
字　　数：280 千字
版　　次：2018 年 11 月第 1 版
印　　次：2025 年 2 月第 5 次印刷
定　　价：46.00 元

策划编辑：王建虹　　　　　　　　　责任编辑：周　鹏
美术编辑：李向昕　　　　　　　　　装帧设计：邓　聪
责任校对：段立超　丁念慈　　　　　责任印制：马　洁

序　言

　　身处教育变革的时代，大学应站在时代之巅，聆听时代变革的奏鸣曲，应对时代变革带来的挑战，在整个社会系统中实现自身特有的担当。

　　在教育问题愈加复杂、教育改革日趋深入的形势下，作为一所地方师范院校，河北师范大学要想发挥大学文化的领先作用，需要突破自身的封闭性，更加开放地走向实践。

　　这里的走向实践，一方面是指走进教育现场，走向教育改革和发展的一线，去发现和研究问题；另一方面则是指参与到地方教育政策和制度的设计与实施之中，成为地方政府教育决策的重要参与力量，为教育改革更趋理想状态贡献知识和智慧。

　　本套丛书正是河北师范大学教育学院的教育研究者多元化、多层面关注和参与教育改革与发展工作而形成的研究成果。在理论层面，我们对高等教育发展理论以及高校的学术治理等重要主题进行了探索；在实践方面，我们对变革教育中全人教育的实施、教师的自我认同危机、教师的评价模式以及科学课程的改革等问题展开关注和研究。伴随着社会和教育的发展，教育日益需要心理学的支撑，才能获得更加科学有效的发展，为此，本套丛书还包括儿童早期自我的调控和发展以及后现代心理咨询等主题研究。这些研究虽然涉及不同的学段和领域，但都是对教育变革背景下重要教育学术问题的探索。

　　作为地方师范院校的教育学院，我们策划和出版本套丛书，除了想从大学应承担的社会责任上回应教育改革、承担研究之责以外，还希望借丛书的出版推动我院教育学科的建设和发展，推动学术团队的建设，使整个学院的学科发展迈上新的台阶。与此同时，也希望通过本套丛书的出版，能够搭建一个学术交流的平台，促进我们和外界的交流与合作，为学科发展汲取更多的推动力量。

　　教育研究离不开出版界的支持，本套丛书的出版也不例外。真诚感谢北京师范大学出版社对本套丛书出版提供的帮助和支持，感谢每一位认真尽责的编辑对书稿付出的辛劳和智慧。最终呈现出来的作品，凝结了无数人的劳动，我们都心怀感激。

　　尽管我们已经尽力而为，但是丛书还会存在各种各样的问题，期待专家及读者为我们提出宝贵的意见，我们将不断修正和完善。

河北师范大学教育学院

2015 年 2 月 19 日

前　言

评价活动的构成反映了谁来评、评什么、怎么评的问题。谁来评即评价主体，评什么即评价标准，怎么评则涉及评价模式与评价方法。教师教学评价是对教师的教学过程及成效所进行的价值判断活动，其质量取决于教师教学评价活动组织过程中的主体、标准、模式和方法。

《教师教学评价——主体·标准·模式·方法》基于多元评价主体及标准的构建，分四个部分：第一部分，教师教学评价主体；第二部分，教师教学评价标准；第三部分，教师教学评价模式；第四部分，教师教学评价方法。

教师教学评价主体研究，主要是廓清教师教学评价中的主客体及其相互关系，分析教育评价主体多元概念的形成及效应，梳理多元评价主体的主体功能及评价关系，从而确立多元教师教学评价主体理念，推进教师教学评价的多元主体实践。多主体的教师教学评价应关注不同评价主体的评价利益和需求，发挥各评价主体的优势，"评其所能评"，处理好"多元化"与"一元"评价主体的关系，真正创设多元化评价主体情境，发挥多元化评价主体的主导作用。

教师教学评价标准的研究，涉及两类评价标准：一类是预定式标准，另一类是非预定式标准。以泰勒思想建构的行为目标模式趋向于采用预定式标准，在教师教学评价标准的建构中，强调坚持操作性与可测性、完备性与独立性、可行性与针对性的原则，从指标到权重再到标准系统顺序建构，只为突出教师教学评价的导向性、鉴定性功能的实现。而以第四代教育评价理论建构的非预定式标准，意在实现对教师发展的价值，通过建立教师教学评价非预定式标准的过程，形成教师独特的教学风格，使教师教学经验获得提升，转变教师自我角色期待。而教师教学评价非预定式标准的生成过程，包括：研究评价对象，协商评价方案；循环执行评价过程，聚焦关键指标；改进问题并生成标准。

教师教学评价模式的研究，则重在两种不同评价模式的采用：一种是"控制—量化"模式，另一种是"观察—理解"模式。"控制—量化"模式指采用结构性评价方式，即首先明确评价标准（目标），再收集评价对象开展教育活动的信息，最后考察评价对象达到标准（目标）的程度，是一种预定式的评价。其追求评价的客观性、准确性，根据教育目标确定评价标准，运用科学的统计分析方法确定评价模型的基本指标和各项数据。"观察—理解"模式是一种开放性的评价，即评价者与评价对象在共同开展的教育活动中，进行参与性观察，多角度收集信息，共同协商，不断达成共识，从而改善评价对象教育行为的一种评价模式。不同的评价目的决定了不同评价模式的选择，若以教师教学改进为目的，则宜选择"观察—理解"模式，利用目标游离等开放性的评价模式，将教师教学评价过程变为一个对教师的培养教育过程。

教师教学评价方法的研究，反映在教师教学过程评价方法及教师教学效果评价方法两个方面。教师教学过程评价信息的收集可分为两大类：一类是与教学活动相关的信息的收集，另一类是课堂教学活动信息的收集。与教学活动相关的信息是指教师教学的经常性资料，以及教师教学环境、条件方面的信息。课堂教学活动信息是指通过各种课堂教学评价手段如观察法、问卷法、访谈法等所得到的信息资料，主要收集教师教学行为、学生学习表现方面的信息，以及关于课堂教学优缺点方面的态度和意见等主观体验方面的信息。教师教学过程评价信息的处理分析的重点是对学生学习情况的分析、对教师教学特点的分析。而教师教学效果的评价，由于教师教学效果反映在学生身上，所以可通过质的评价方法如表现性评价、成长记录袋评价来考查，也可通过量的评价方法测验来考查。

全书在每部分阐明理论后，增加了改革案例研究，分别呈现了"多元主体评价""生成性标准""发展性教师教学评价""网络评价"的主体、标准、模式、方法四个角度的教师教学评价改革趋向，并于每部分后附有研究的回顾与展望，为后续研究提供基础和方向。附录1"教师教学评价主体研究的回顾与展望"由董亚楠撰写，附录2"教师教学评价标准研究的回顾与展望"由张静颖撰写，附录3"教师教学评价模式研究的回顾与展望"由段媛媛撰写，附录4"教师教学评价方法研究的回顾与展望"由焦旭平撰写。

本书在撰写过程中引用、参阅了许多专家、学者、教师的相关研究成果及教育实践经验案例，谨向原作者致谢！同时敬请广大同人对书中的疏漏、失当斧正！

史晓燕

2018 年 8 月 18 日

目 录

第一部分
教师教学评价主体

　　"所谓评价主体，是指那些参与教育评价活动的组织与实施，按照一定的标准对评价客体进行价值判断的个人或团体。"[①]关注教师教学评价主体，主要是解决教师教学评价活动由谁来评，以及评价活动中被评教师应处于何种地位的问题。传统的教师教学评价意图为奖惩教师提供依据，被评教师游离于评价活动之外，只是被动地接受评价结果。其实，即使是评价者，也同样处于被动地位，其权力限定于根据评价标准对被评教师所提供的证据进行认定。在此，探讨被评教师在评价中的主体地位，处理好评价主客体关系，就是要树立新的评价理念，使教师教学评价活动产生教育性，从而促进教师专业发展，提升教学质量。

---

① 蔡敏：《论教育评价的主体多元化》，载《教育研究与实验》，2003(1)。

第一章 教师教学评价的主客体关系论

教师教学评价活动中，毋庸置疑，评价者是主体，而相对于评价者的被评教师处于何种地位呢？在评价活动中被评教师是否为主体？为了探讨上述问题，有必要廓清教师教学评价中的主客体及其相互关系。

一、教师教学评价的主体与客体

(一)主体与客体的哲学观

《现代汉语词典》第 7 版对"主体"一词有三种解释：第一，指"事物的主要部分"；第二，"哲学上指有认识和实践能力的人"；第三，"法律上指依法享有权利和承担义务的自然人、法人或国家"。① 对"主体"这一术语的理解可以有多个角度，如哲学用语、法律用语等。西方哲学史传统中的"主体"(subject)译自拉丁文"subjectum"，意为"作为基础的东西"，此处的"主体"并不专门指人，而是泛指一切实存性的东西。欧洲文艺复兴后，人的自我意识逐渐觉醒，人的至尊地位得以确立，在哲学层面则将"主体"视为"对客体有认识和实践能力的人"。针对"客体"，将"主体"限定于人，并在揭示"主体"和"客体"的统一方面贡献重大的当推德国古典哲学。而费尔巴哈的唯物论和黑格尔的辩证法则代表了德国古典哲学的基本观点。② 费尔巴哈关于人及其本质的学说建立在唯物主义自然观基础上，认为人是自然界的最高产物，是自然界的一部分，故而人的本质首先在于它的自然属性，而人同时又是文化、历史的产物，同样具有社会属性。人是肉体与灵魂统一的感性实体，而不是抽象的精神实体，其对人本质的理解仍是形而上学的。在主体论上，黑格尔则在批判吸收康德、费希特、谢林等德国古典哲学先行者的思想基础上提出了"实体即主体"，同时也批判地吸收了斯宾诺莎的实体观。"实体"与"主

---

① 中国社会科学院语言研究所词典编辑室：《现代汉语词典》(第 7 版)，1712 页，北京，商务印书馆，2016。
② 冉光芬：《黑格尔的主体观对马克思的影响》，载《山东社会科学》，2012(4)。

体"的关系实则是存在与思维的关系，德国古典哲学的先行者们均不免将"实体"和"主体"对立、"存在"和"思维"分离。黑格尔却辩证地认识了"主体"与"实体"，认为主体精神是"实体"的本质，"实体"自己运动、变化、发展，最终上升为"主体"，即实体—自我意识—主体（绝对精神），提出了主客体统一的思想。我们从中可以发现，德国古典哲学家们不能正确、全面地理解主客体的辩证统一。唯心主义学者把认识看成主体意识创设客体的过程，黑格尔的辩证法思想虽然统一了"主体"与"客体"的关系，认为客观存在是绝对观念的产物，是绝对观念的体现，但他依然受到唯心主义的局限，推断"主观"决定"客观"，没能了解主客体间统一的真正现实基础。

黑格尔的辩证法是马克思主义哲学的来源之一，但马克思主义的进步就在于引入了社会实践。马克思主义哲学把主体和客体的相互作用建立在社会实践的基础上，科学地阐明了主体、客体及其相互关系。马克思主义认为，主体是实践活动和认识活动的承担者；客体是主体实践活动和认识活动指向的对象。马克思主义认识论的贡献之一是将人与动物区别开来，认为人的实践活动是一种有意识的活动，人作为认识主体不断地认识世界，还不断地改造外部世界，并随着实践和认识能力的提高不断地改变主体自身。

马克思主义主体与客体的哲学观，启示我们开展教师教学评价应确认评价中的主体与客体，并明确主客体关系。教师教学评价过程不仅是认识教师教学的过程，而且是改进教师教学的过程，同时还是帮助教师认识教学过程、提升个人认识及教学能力的过程。这首先需要厘清评价与"价值""认识""实践"的关系。

第一，评价与价值的关系。

评价的本质是价值判断，而价值是人同满足其某种需要的客体的属性之间的一种关系，反映的是主体与客体间的关系，评价过程是主体对于客体有无价值及价值大小的判断。评价就是主体在揭示客体的价值。客体固有的属性，只有被主体需要，才会被认定为有价值。满足主体需要的程度越高，客体被认为价值越大。不难看出，客体价值的大小判定具有主观性，受主体所具有的价值观、知识、经验等因素的影响。但也需要理解，客体的价值是客观的，其独立于主体而存在，即客观价值先于评价而存在，评价随客观价值的变化而存在。也正因为如此，美国学者格朗兰德（N. E. Gronlund）认为，评价是在量或质的记述的基础上进行的价值判断。[1] 所谓量或质的记述，是指对客体性质、规律、属性等所进行的描述，也称为事实判断。

评价是对价值的判断，其中存在两种关系：一种是价值关系，另一种是评价关系。具体见图 1-1。

图 1-1　评价中存在的两种关系

价值关系处于第一层次，它反映了主体Ⅰ对客体Ⅰ具有属性的需求关系，其价值标准是由价值主体的需要而定的；评价关系则是主体Ⅱ以价值关系（客体Ⅱ）为客体所进行的价值判断，这里的评价标准以价值关系为认识客体，主体对客体属性的需要是进行价值判断的标准。[2]

教育评价是对教育价值的判断，而教育价值则体现于两个方面：一方面是教育满足人的发展需要的程度，另一方面是教育满足社会需要的程度。不同的教育价值取向会出现不同的教育评价结果。教师教学评价同样存在价值取向不同导致评价结果不同的问题。教育评价若坚持以人的发展为本的教育价值取向，则评价时更多地关注人的发展，在教师教学评价中则是关注教师的专业发展；而教育评价若坚持以满足社会发展为取向，则会更多地强调评价过程对组织建设的意义和贡献。

第二，评价与认识的关系。

评价是价值判断活动，而价值判断从本质上说就是认识活动，只是认识的对象、反映的形式等有所不同。

认识是主体收集客体信息的主动行为，就评价而言，是对客体本身的特性及规律的认识，反映的是客体实体的属性；评价的对象不是客体本身，而是客体的

---

① 转引自金娣、王刚：《教育评价与测量》，7 页，北京，教育科学出版社，2007。
② 王汉澜：《教育评价学》，30 页，开封，河南大学出版社，1995。

社会属性，因为评价的主体进行价值判断时必然受到一定社会历史条件、利益、兴趣、愿望等因素的制约，对客体价值的认识是客体属性满足主体需要的反映，即反映客体对主体的意义。同样，教师教学评价受评价者对教学功能的认识、教学价值取向等因素的影响，是教师教学社会属性的反映。评价者不仅要认识教师教学本身，还要认识教师教学对其的意义。

虽然评价和认识都是主体对客体的反映，但反映形式有所不同。评价是对反映了主体需要的客体的属性反映，体现了评价主体的不同兴趣、生活状态，也体现了评价主体的世界观。教师教学评价中，评价专家的反映是以其专业知识和经验为基础的，而同行教师评价则是其对学科专业的认识及经验基础的反映，也即"认识常以理性的、抽象的思维形式来反映客体的本质和规律，而评价是只有在主体的需要和兴趣的关系中才能得到实现的特殊反映"[1]。

第三，评价与实践的关系。

评价是评价者对评价对象所进行的价值判断，其实质也是对评价对象的认识过程。根据马克思主义的基本观点，实践是认识的基础，正是在实践的基础上，我们才从感性认识能动地发展到理性认识，进而能动地指导实践。评价本身是一种认识活动，也是一种实践活动。通过不断地对评价对象进行价值判断，我们能够全面地认识、了解评价对象，从而达到有效指导实践的目的。

就教师教学评价而言，通过评价，我们才能更好地认识教师教学的优长和存在的问题，全面地了解被评教师及其开展的教学实践。被评教师是评价实践活动的承载者，只有使其在整个评价中处于主体地位，才能更好地让其认识教学过程，了解教学规律，从而不断地改进教学实践。教学活动就是被评教师实践活动和认识活动指向的对象，正是在参与评价的过程中，被评教师才不断地发现教学规律，并使其教学获得不断改进。

"以评促建"就是对评价与实践关系的最好描述。

(二)教师教学评价活动中的主客体关系

教师教学评价特指教学评价中对教师教学的评价。评价就其本质而言，是一种价值判断活动。教师教学评价则是对教师所组织的教学活动进行的价值判断。评价活动涉及评价者、评价对象、评价标准、评价模式等基本要素，教师教学评

---

[1]　金娣、王刚：《教育评价与测量》，5页，北京，教育科学出版社，2002。

价活动也同样存在这些基本要素。

教师教学评价者有可能是学校管理者、督学、同行教师、学生等。这里的评价者除了指教师教学评价活动的组织、设计者，更多地是指除被评教师以外的评价活动的参与者。当开展自我评价时，教师本人为评价者。

评价对象是评价活动中评价者所指向的对象。在教师教学评价活动中，评价者所指向的对象很显然是被评教师。

评价标准是针对评价对象所规定的价值判断尺度和界限。教师教学评价标准自然是开展教师教学评价时对被评教师的价值规定。依据现代教育评价理念，开展教师教学评价可以预定标准，也可以在评价活动过程中生成标准。

评价模式是评价活动中各要素间的联结方式。教师教学评价模式则是开展评价活动时评价者、被评教师与评价标准等各要素间的联结方式。

据此，教师教学评价活动可以描述为：评价者依据一定的评价标准，采取一定的评价模式对教师教学进行的价值判断活动。

如前所述，被评教师是教师教学评价的对象，作为具有主观能动性的人，其在评价活动中应居于何种地位呢？

从哲学意义上讲，有主体则有客体。如果说评价者是主体，相对于评价者的被评教师则是客体。换言之，教师教学评价活动由评价者组织设计，是对被评教师的评价。在评价者与被评教师所构成的矛盾统一体中，评价者为主体，其对应的被评教师便是客体。从认识论和实践论的角度看，教学评价是一种认识活动，也是一种实践活动，正如教学活动一般。教学活动是一种双边活动，存在"教"与"学"两个方面。已为教育界同人达成共识的是教师、学生"双主体"论。教师是"教"的主体，其所教对象学生则对应教师的"教"，是客体；而学生是"学"的主体，是认识和发展的主体。没有学生的发展，教学这一实践活动就没有了承载者。如此，教师是教学评价这一实践活动的载体，教学评价的目的如果是为了被评教师的改进与发展，那么被评教师自然是评价活动的主体，因为如果被评教师的主体地位缺失了，评价的意义也就丧失了。所以，在教师教学评价活动中，评价者与被评教师间也构成了"双主体"关系。评价者相对于被评教师是主体，而被评教师是发展的主体，在教学评价活动中同样居于主体地位。

二、现代教师教学评价的教师主体论

在传统的教师教学评价活动中，被评教师是作为客体存在的。整个评价过程，被评教师处于被动接受评价结果的地位。现代教师教学评价理论则将被评教师置于主体地位，使其通过评价更好地认识教学活动，从而改进教学。

(一)第四代教育评价理论

第四代教育评价理论为被评价者成为评价主体奠定了基础。1989 年，美国学者埃贡·G. 古贝和伊冯娜·S. 林肯出版了著作《第四代评估》。[①] 他们将教育评价发展分为四代，认为每一代都有其特点和操作范式，而第四代与前三代有着质的不同，前三代可称为预定式评价，第四代则为非预定式评价。

1. 第一代：测量(19 世纪末至 20 世纪 30 年代)

此阶段如果被视为评价，可以说是以测验或测量为手段的对学生掌握知识或其他方面发展(如智力)所进行的鉴定。此时所运用的价值判断方法主要是相对评价(在一个固定的群体内找到评价对象的位置)。

这一时期也被称为"教育测量运动"时期。受"科学管理运动"的影响，学校教育被认为像工厂一样，教师是生产者，学生是生产原料和产品，学生的学习成效是可以通过测量获得的。英国学者乔治·费舍(George Fisher)致力于考试客观化的研究，他将其所在校学生的习字、数学、《圣经》等科目作业的答案收集起来，并归为 5 个类别，采用 5 分制计分，每一类别通过举实例的方式规定了质量标准，于 1864 年发表了《量表集》，以此作为学生评分的标准。费舍的研究没有引起当时教育界的反应，但其研究成果对日后成长为"教育测量之父"的美国著名教育心理学家桑戴克(E. L. Thorndike)产生了重要影响。而使教育测量在教育界引起反响的是莱斯博士(J. M. Rice)所做的拼字测验。他设计测验的目的，是要辨别学生学力的个别差异，从而了解学校教育效果。但测验结果发现，学生学习花费的时间与测验成绩无关，这一发现引起了许多教育家对教育测量的关注。对教育测量做出突出贡献的是桑戴克，他在 1904 年出版了《心理与社会测量学导论》一书，系统介绍了统计方法及测验的编制原理，提出了一个著名的论断："凡是存在的东西

---

① ［美］埃贡·G. 古贝、伊冯娜·S. 林肯：《第四代评估》，秦霖等译，北京，中国人民大学出版社，2008。

都有数量。"之后麦科尔(W. A. McCall)补充了"凡是有数量的东西都可以测量"。桑戴克在 1909 年编写了适用于书法、拼字、作文、画图测验的标准化测量工具。教育测验也获得了长足的发展,之后的 30 年里有 3000 多种标准心理测验和标准学力测验问世。

这一时期的评价就是测量。

2. 第二代:描述(20 世纪 30 年代至 50 年代)

如果说"测量"时期教育评价所关注的更多的是评价客观化、标准化问题,那么"描述"时期则有了改变。价值判断的方法从相对评价转向了绝对评价,即开展评价时,在外部建立客观标准,考查评价对象对标准的达成度。

"描述"时期是一种目标导向的评价。

"描述"时期源于美国所进行的"八年研究"。众所周知,1929 年世界经济危机爆发,其直接后果是出现了大量的失业人口,尤其是大批的青年待业,这些人需要掌握实用性的知识和技能,提高竞争力,以图尽快上岗。这样,大量的青年涌入美国高中。然而,令青年失望的是,美国高中所设置的课程是为升入大学服务的,而这些青年无意进大学深造,在当时便产生了入学青年与高中课程的矛盾,公众普遍要求学校改变培养目标和课程体系。在此情境下,一些有影响的教育家成立了进步主义教育协会,开展了为期八年的教育改革实验。他们以新的教育理论为依据,接受心理学的观点,以全面发展人的才能为目标,设计了一套新的教学体系,对课程、教材、教法、教学时间等进行全面改革。[1] 时任美国俄亥俄州立大学教授泰勒(R. W. Tyler)担任评价委员会主任,他更着眼于结果,认为"评价过程在本质上是确定课程和教学大纲在实际上实现教育目标(educational objectives)的程度的过程。但是,鉴于教育目标实质上是指人们发生的变化,也就是所要达到的目标是指望在学生行为模式中产生某种所期望的变化,因此,评价是一种确定行为实际变化的程度的过程"[2]。依泰勒的观点,评价应该是一个过程,而不仅仅是一两个测验。评价过程中不仅要报告学生的成绩,更要描述教育目标和教育结果的一致程度。"八年研究"提出了相应的目标,包括有效的思考方法(解决问题的能力)、良好的工作习惯和学习技术、社会态度、有意义的多方面兴趣、音乐艺术文学及其他美的经验和鉴赏、社会的感受性、重要的知识、身体的健康

① 史晓燕:《发展性教育评价的理论与实践》,3 页,石家庄,河北教育出版社,2003。
② 瞿葆奎:《教育学文集:教育评价》,263 页,北京,人民教育出版社,1989。

发展、一贯的生活哲学，意图通过全面的改革使学生实现如上目标。

3. 第三代：判断(20 世纪 50 年代至 80 年代)

此阶段的标志为"判断"，是因教育评价走入了实践。"八年研究"建立了目标(标准)参照的评价方式，其成果很快被广泛应用，但这种应用仅限于专家的研究和从事教育的工作者。而当教育实践的需求受限，不得不创立新的教育评价模式时，以"描述"为特征的评价开始向"判断"时期迈进。

1957 年苏联人造卫星发射成功，公众普遍认为美国较之苏联有教育缺陷，需要了解美国教育的不足之处。目标导向的评价显然存在问题，因为目标的合理性没有得到证明，且评价只关注结果，只重视达到目标的程度，当发现问题时已事过境迁，没有了补救的余地。[①] 在此情形下，美国评价学者罗伯特·斯塔克(Robert Stake)提出了另一种评价的表现形式：判断。这时的评价者在评价活动中扮演了评判员的角色。在批判目标导向评价模式的基础上，1967 年后出现了一系列新的评价模式，例如，斯塔弗尔比姆(Stufflebeam)1971 年创立的 CIPP 决策导向模式；斯克里文(Scriven)1973 年创立的目标游离导向模式；斯塔克 1975 年提出的应答评价(responsive evaluation)模式等。这些模式都在不同程度上改进了目标导向评价的局限，例如，CIPP 模式将评价分成了四个阶段，包括对目标的评价、对方案的评价、对过程的评价及对效果的评价。加入对目标的评价，是针对目标导向评价围绕目标却不顾及目标合理性的问题；加入对过程的评价，则是针对目标导向评价只重结果而忽视过程的问题。

4. 第四代：协商(20 世纪 80 年代至今)

这是一个较前三代具有质的不同的评价时期。与前三代评价方法相比，它是一种新兴的评价方法。前三代评价的共同特点是"管理主义倾向""忽略价值的多元性"，以及"过分强调调查的科学范式"。

第四代评价理论与前三代评价理论最大的不同是所谓非预定性。斯塔克最先提出了"响应式评价"，认为评价过程对不同利益相关者的观点应做出回应，允许不同利益相关者的主张、焦虑和争议存在，评价者需要具有平衡的心态，驱动不同利益相关者不断地使其主张、焦虑和争议达成共识。这种响应式评价包括四个阶段。

---

① 王景英：《教育评价理论与实践》，57 页，长春，东北师范大学出版社，2002。

第一阶段，识别利益相关者，并要求不同的利益相关群体提出各自的主张、焦虑和争议。

第二阶段，对利益相关者群体提出的主张、焦虑和争议，由其他群体进行回应，可以评论、驳斥，也可以赞同或迎合。

第三阶段，通过信息收集，回应那些未被解决的主张、焦虑和争议。

第四阶段，在评价者的引领下，利用收集到的信息进行协商，力争在每个有争议的问题上达成共识，不能达成共识的问题则留到下一次评价解决。

第四代评价理论采用建构主义方法论，改变了传统方法论中的"确定性"，考虑得更多的是怎样设计局部意义和有效的解决方法，而不是致力于"控制"，寻找普适的解决方法。响应式建构主义评估的义务就是替代传统主义者草率假定的傲慢，他们确信，他们用一种人们永远不知道事情到底是什么的谦逊方式发现了"实在"；他们确信，有关事物是怎样建构的，是由调查本身创造的，而且不被某种神秘的"本质"决定。用相对性替代绝对性，用授权替代控制，用局部理解替代普遍性诠释，用谦逊替代傲慢，这就是第四代评估者得到的最明显的收获。①

(二)被评教师的评价主体表现

在评价过程中，被评教师主体地位的确立是现代教育评价思想的体现。而被评教师在评价中的主体表现则主要是自我评价和参与评价。

1. 自我评价

自我评价是当前开展教师评价所倡导的评价形式，被评教师无疑最了解个人教学工作，应是最直接、最现实的评价主体。例如，对一堂课付出了多少心血和精力，对于课堂哪些方面还难以把握，教师只有在备课和上课过程中才有最深刻的体会。况且力求改进的内在动力也只能来源于被评教师。由于教师改进教学在很大程度卜取决于教师木人对自己教学工作的认识和评价，而且自我评价也是一种重要能力，因此自我评价对教师专业发展及教学质量提高有重要作用，正如卡罗尔所指出的："自我评估技能使教师本人能够洞察、理解和解释来自其他方面的材料。"②

但现实中，无论管理者还是教师个人，对开展自我评价存在误区，缺乏相关

① [美]埃贡·G.古贝、伊冯娜·S.林肯：《第四代评估》，秦霖等译，21页，北京，中国人民大学出版社，2008。
② 转引自欧本谷、刘俊菊：《多元教师评价主体分析》，载《重庆大学学报(社会科学版)》，2004(2)。

知识和技能，是有效开展教师教学自我评价的障碍。①

第一，关于教师教学自我评价的价值。

相当一部分管理者及教师没有充分认识开展教师教学自我评价的价值，将原本是教师自我发展、提高教学质量的需要，变成了外力的作用下被迫开展的活动。

一项关于教师课堂教学自我评价的研究，对教师开展自我评价的情况进行了调查，结果显示，很少有教师主动开展系统的教学自我评价。由于大部分学校没有形成开展教师教学自我评价的制度，教师普遍未建立自我评价概念，也没有体会到自我评价带来的益处，所以当问及学校有无必要建立教师教学自我评价制度时，回答"不太必要"或"没必要"就很自然了。但为了顺应教育评价改革，有些学校将教师自我评价纳入了业绩考核的一部分，因而出现了一些"在学校领导的要求下被迫进行自评"的情形。当然，教师中会出现"自我评价没有促进教师专业成长的作用"的观点。②

这项调查还显示，比较初中和小学教师，高中教师对开展教学自我评价价值的认识尤其不足，这可能与高中教师升学压力大、教学任务繁重有关。③

所以，有必要开展适宜的宣传教育活动，如组织有经验的教师开展交流活动等，让广大教师认识到开展教学自我评价活动的价值；定期组织教师开展教学自我评价活动，并将其制度化。

第二，关于教师教学自我评价的内容。

上述调查还发现，教师教学自我评价开展困难不单是认识问题，还在于教师普遍不了解开展教学自我评价时应该评价哪些内容，没有真正领会现代教学的理念和掌握教学评价的知识。在问及"为了有效开展教学自我评价，您最需要什么"时，有近一半的教师选择了"教师教学自我评价的具体内容"。调查还发现，新手教师由于教龄短及教学经验不足，对教学自我评价内容的了解更缺乏。④

为此，需要引导教师把握教学的要素结构，了解自己教学的实际情况，对比有效教学的基本特征，分析教学存在的问题及原因，从而找到解决的途径。可以考虑通过建立评价的标准，引导教师了解自我评价的内容。比如，课堂教学标准

---

① 殷宗霞：《新课程教师课堂教学自我评价研究》，硕士学位论文，河北师范大学，2009。
② 殷宗霞：《新课程教师课堂教学自我评价研究》，硕士学位论文，河北师范大学，2009。
③ 殷宗霞：《新课程教师课堂教学自我评价研究》，硕士学位论文，河北师范大学，2009。
④ 殷宗霞：《新课程教师课堂教学自我评价研究》，硕士学位论文，河北师范大学，2009。

可以从以下几个维度建立：①教学目标。主要考查：教学目标的设计是否从学生的实际出发；教学目标是否明确、具体，具有层次性和操作性；教学目标是否体现知识与技能，过程与方法，情感、态度与价值观三个维度。②教学内容。主要考查：教学内容与教学大纲及课程标准的符合程度；教学内容的容量安排及衔接；教学内容的重难点把握；教学内容与学生生活实际的联系程度；教学内容是否与本学科发展最新动态相联系。③教学过程。主要考查：教师是否做到因材施教；教与学是否互动；课堂气氛是否宽松、民主、和谐；教学是否发挥了教师的主导作用和体现了学生的主体地位；学生的学习参与状态如何。④教学方法和手段。主要考查：教师是否采用启发式教学方式；教师是否注重培养学生自主学习的习惯和能力；教师是否注重运用各种教学资源和现代教学媒体；教师运用教学资源和教学媒体的效果如何。⑤教学效果。主要考查：学生学习的效果；知识与技能，过程与方法，情感、态度与价值观三维目标的达成度。可以引导教师根据以上课堂教学评价标准的几个维度进行自我评价。

第三，关于开展教师教学自我评价的方法。

有效开展教师教学评价的障碍还来自多数教师对开展教学自我评价技能和方法的掌握不足。绝大多数教师"不知如何开展教学自评"。如在评价时间的选择上，教师普遍选择只在课后进行教学自我评价；而方法上，教师几乎都只知道"教学反思"。

因此，应引导教师正确选择教学自我评价的时间。课前、课中、课后都有必要进行自我评价，应认识到教学自我评价完整性对教学具有重要的影响作用。课前的自我评价具有前瞻性，为教学过程的顺利开展做好准备。课前的自我评价包括对教学目标设计合理性的判断，对学生已有知识经验、兴趣、态度的认识，对适合学生与课堂的具体教学方法和手段的确定等。课中的自我评价具有监控性，有利于教学过程的顺利开展。教师自我审视课堂教学情况，评价自己的教学行为和学生的学习情况，结合学生的反馈，若发现问题，及时调节、控制和解决。课后的自我评价具有批判性，有利于教学经验的总结。首先，教师要收集比较全面、客观的资料；其次，教师要对资料进行周密的分析处理；最后，教师要做出事实判断和价值判断，提升自己的教学经验。教师课堂教学自我评价是课前自我评价、课中自我评价和课后自我评价三者相结合的一个整体，不可缺少任何一个部分。

开展教师教学自我评价的方法及可使用的工具有很多。例如，撰写教学日志，教师间进行教学交流与讨论，填写自我评定表，观察同事或者榜样，建立教师档案袋等。教学日志是一种教师个人的记录文件，它就是把教师课堂教学观察时所听到的、看到的、感受到的详细地写出来，可作为分析的根据、看法的来源。写教学日志是教师与自己的对话，它为教师提供了一个很好的反思空间，对教学经历做书面描述与反馈。教师间的教学交流与讨论可以以小组形式进行。这主要是校内教师的小组组合，可以以教研组为小组，不同年级同一学科的教师组合或者同一年级同一学科的教师组合；也可以教师之间自主组合，不同年级的教师或者不同学科的教师之间组合。教师的自主组合有利于教师培养自我评价的自发意识和自发行为。自我评定表要求教师按照评定表上所罗列的各题项给自己评定等级。它基本上是有关特定行为、行为频率和行为次序的检查表，可以是定量的，也可以是描述性的。观察同事或者榜样是课堂教学自我评价常用的一种方法，通过观察同事或者榜样与自己进行比较。这种观察可以采用不同的形式和方法。教师档案袋法就是将教师日常的各方面教育教学工作纳入档案袋中，从课堂教学目标的设计到教学效果的评价，包括教师的教育随笔、读书笔记、专题教学研讨案例、科研课题研究及学生的变化等。这些真实的信息就是教师工作的记录和再现，帮助教师反思、质疑和研究自己的教学活动，达到改善教学行为、提高教学水平的目的。档案袋建立的过程就是教师对已有经验进行整理和系统化的过程，是对自己成长的积累过程，也是教师自我评价、自我教育的过程。

2. 参与评价

如果从评价主体的角度将评价分为自我评价与他人评价，似乎除了自我评价便是他人评价。而根据现代教育评价理念，教师教学评价倡导评价主体多元化，被评教师的教学评价主体地位表现为评价活动中的"参与评价"。

这里的参与评价表现为两个方面。

一方面是评价过程中教师对个人自我表现的认识。例如，在教学评价中对教学目标的评价会以明确与否为标准，而明确与否涉及目标确立的正确性（是否符合课程计划、标准等）；目标确立的具体性（如果要反映知识与技能目标，则需要明确是什么知识与技能，所达到的目标层次是什么）；目标确立要反映学生实际。如果说目标是否"正确"与"具体"可以由他人评价的话，那么目标确立是否反映学生实际这一点则更适宜由被评教师来传达相关信息，因为授课教师应该比其他评价者更了解自己的教育对象。从一定意义上说，被评教师在此起着让他人了解其教育对象的作用。

　　另一方面是被评教师对评价者的观点、意见进行解释、质疑，并表达个人见解。某中国教师到德国学校进修，讲了一个亲身经历的评价案例。这是对一位女教师所上的一节体育课的评价。女教师在体育课上所教的内容是"乡村集体舞"，而她却穿了一件非常艳丽的健美服，令很多听课者大感诧异。在课后以面谈形式展开的评价中，当评价组织者介绍这位女教师是一位已有两个孩子的妈妈时，在场参与评价的人大感震惊，因为女教师紧身衣下显示的完美身材实在无法与两个孩子的妈妈联系起来。随即便有人善意地提出了问题：一节体育课，你为什么会想到要穿健美服呢？女教师坚定地回答，她征求了班上男学生和女学生的意见，学生们一致认为老师上课穿这身健美服最漂亮也最合适。女教师认为："孩子们喜欢，我为什么不穿呢？"这一解释使在场的评价者改变了原来认为穿健美服不适宜的想法，接受了女教师的着装。[①] 这一过程体现了被评教师在教学评价过程中参与性的表现。按照传统的教学评价方式，被评教师游离于评价过程之外，评价者如果不满被评教师的着装，自然会在着装项上给出差评。这一评价结果对于被评教师而言，只有接受的选择，因为被评教师无法与评价者沟通，也没有解释和质疑的机会。

---

① 新课程实施过程中培训问题研究课题组：《新课程与评价改革》，116～117页，北京，教育科学出版社，2001。

第二章　教师教学评价的多元主体

现代教师教学评价中，领导与管理人员、学科专家、教学督导、同行教师、学生、被评教师个人等都有可能成为评价主体，以至于出现了评价主体多元化概念。那么，主体多元化概念是如何形成的？多元主体参与在理论与实践中有何价值？多元主体中的各个主体在教师教学评价中有何功能？在评价过程中，各主体又将形成何种关系呢？

一、教育评价主体多元化概念的形成及效应

(一)教育评价主体多元化概念的形成

教育评价主体多元化概念的形成，走过了 20 世纪 30 年代至 40 年代的"八年研究"，到 60 年代泰勒目标导向模式独占主导地位的漫长时期，直到 70 年代末美国的评价学者派特(M. Q. Patton)首次提出了教育评价的"多元主体参与"概念。而对于多元主体参与，人们也同样存在不同的理解和实践的探索。就"多元"的组成，最有争议的是评价对象的主体问题，而如何"参与"，同样观点不一。是主体间各自为政还是形成多主体的评价统一组织？这既涉及对多元主体参与的理解，也涉及评价的组织方法问题。

现代教育评价的建立始于美国的"八年研究"，至此建立的行为目标评价模式是一种自上而下的评价，由教育专家提出学校教育目标，并通过测量手段来考量学生达成目标的程度。之后出现的决策模式(CIPP 模式)也只有专家才可能完成评价过程，因为对分化出来的目标、方案、过程、结果的评价，非专家无法完成。由此可见，多元主体评价是教育评价发展到一定时期的产物。

斯塔克于 1975 年提出的应答评价模式开始反映多元主体参与的评价思想。他主张评价不要只关心评价者和外部权威所关心的问题，还应收集相关人员的需要，以及以需要为基础所形成的对评价的思想及观点。他还提出确定评价问题和制订评价计划的过程是一个广泛征求意见、了解各方面人员需要的过程，强调评

价方法以观察、交流为主。

多元主体评价能更进一步发展，是由于 20 世纪 70 年代末期单一主体的评价广受诟病，主要针对的问题是现实中由专家主导的评价并没能使评价对象发生大的变化。当时的许多研究者均持有此观点。单一主体评价具有局限性，如专家对评价对象及实际情况了解不足，只凭主观经验，难于找到发生在评价对象身上的真正问题及形成的原因，自然指导不力。同时，专家评价由于受"自尊"（完全以评价专家自居）心理的影响，往往武断地下结论。况且专家也不可能把握所有的学科、专业，凡此种种，造成了评价缺乏信度、效度等情形。

1978 年，派特发表了《采用聚焦式评价》(*Utilization-Focused Evaluation*)一书，打破了评价主体只能由专家承担的单一主体观，具有革命性，激发了西方许多研究者对多元主体评价的研究，并创立了诸多多元主体评价模式。初期的所谓多元主体参与评价，主要是把相关人员的一些思想、意见吸纳进来。例如，制定评价目标，相关人员可以提出相应的个人观点；为了能收集到真实可靠的信息，相关人员可提出更多更好的收集评价信息的方法；在进行评价设计和撰写评价报告中，相关人员也可提出自己的意见等。如此，在评价过程中采纳了不同的价值取向，融入了多元的评价思想，而相关人员较为了解评价对象的实际状况，吸收其评价意见可以增强评价的针对性和实效性。

进入 20 世纪 90 年代后，多元主体参与评价不仅是思想观点在评价中的渗入，而且具有了实质性的进展。1992 年，加拿大评价学者柯森斯(J. B. Cousins)和俄利(L. M. Earl)提出了"参与评价模式"(participatory evaluation model)。这里的所谓参与，是真正地吸收多元主体直接参与到评价过程的每一个环节中。[①] 而最早在教师教学评价中践行多元主体参与评价思想的，当推英国建立的发展性教师评价制度。他们认为，多元化的评价主体可以扩大信息交流范围，提高问题分析的全面性，也有利于被评教师多角度地认识问题和反思自己的教育教学行为。这其中的评价主体也包括被评教师，重视教师个体的发展目标和自身价值。

多元主体参与评价的真正突破，表现在被评教师主体地位的确立。这表明人们切实地认识到了被评教师主体参与的意义，也可谓"多元主体参与"概念得到了升华。

---

① 蔡敏：《论教育评价的主体多元化》，载《教育研究与实验》，2003(1)。

(二)教学多元主体评价的效应

多元主体评价思想被大力张扬,评价模式不断被推出,是由于多元主体评价不仅可以改善评价者与评价对象的关系,而且能促使教师教学评价产生实效。

1. 建立平等、合作的评价关系

传统的教师教学评价,评价者是专家,是领导及管理者,被评教师处于被动地接受地位。同时,由于评价结果用于奖惩,自然会造成评价者与被评者的对立。而多元主体参与的新型教师教学评价,可以改变评价者与被评者的角色定位。

对评价者而言,评价目的不是只为给被评教师做鉴定,而是要通过评价过程促进被评教师的改进和发展。获取教师教学过程的信息不是为了给评价鉴定提供依据,而是将其作为发现问题、寻找问题原因和解决问题的工具。评价者任务的完成不在于评价结果是否准确、客观,而在于被评教师的变化。如果没有被评教师配合提供信息,勇敢地揭露个人问题,评价者也无法达成教师教学评价的目标。所以,评价者会将自身定位于评价的指导者、促进者、合作者,从某种意义上说,评价者也同被评教师一样,通过评价过程获得自身的成长。

对被评教师而言,自己从传统评价的客体转而成为主体,能够明确评价是为了获得自身教学的改进和质量提高,自然会将原本紧张甚至焦虑地应付评价的状态转向积极地投入,产生与评价者的平等、合作关系。被评教师主体地位的获得,不仅可以调节评价者与被评教师的关系,而且可以增强他们参与评价的积极性,这一点早已被人际关系理论的研究成果印证:当吸收劳动者参与决策,更甚而由其决策时,劳动者的工作积极性大增,往往创造性地开展工作,激励效果是物质奖赏所不能及的。

2. 使教师教学评价获得实效

传统教师教学评价更强调信度、效度,即评价的准确性,而多元主体参与的教师教学评价则更重视教师的发展和教学质量的提高。以往以奖惩为目的,采用行为目标模式开展的教师教学评价,往往将教师排队,进而对排在前面或后面的少部分人实施奖惩,造成最关心评价结果的是团体中两头的少数人,而大多数处于中游的教师由于不触及利益,往往不十分关心评价结果。追究造成大部分人应付评价的更深层原因,其实不止于利益关系,更重要的是评价活动没能给教师带来切实的帮助。一项关于现行教师评价制度对教师教学及心理影响的调查显示,当事人总体上认为现行教师评价制度对其不能产生积极促进作用:在对教学工作的作用上，认为评价"对提高教学效果和教学质量有较大促进作用"和"产生一些影响但不大"的分别为 11.2% 和 16.3%，累计 27.5%；62.1% 的人认为评价"没有促进作用，与教学活动没有直接关系"；甚至有 10.4% 的教师选择了评价"不但没有促进教学，反而对教学工作产生了不利影响"。在通常的评价结果给教师带来的心理反应上，选择"心情愉快"和"平静，无所谓"的分别为 13.3% 和 63.5%，累计76.8%；选择"烦躁，很气愤"的占 10.4%；此外，12.8% 的教师选择了"其他"。[①]可见，要反映广大教师的需求，亟待开展多元主体参与的教师教学评价，整合评价资源，使评价能真正地影响到教师、帮助到教师，以促进教师专业发展为目标。

二、教师教学评价多元主体的功能

教师教学评价中涉及多元主体：领导与管理人员、专家与教学督导、同行教师、学生、被评教师。家长也有可能成为评价主体，被评教师在评价活动中也同样是主体。不同的主体具有不同的功能，需要充分发挥其促进被评教师发展的作用。

(一)领导与管理人员

这里的领导与管理人员主要是指行政部门及学校内部的行政机构人员。传统教师教学评价中的领导与管理人员，特别是学校领导，往往起主导作用，是一种具有权威性的自上而下的评价。这种评价主要是为评优晋级服务，是一种认定优劣的评价，评价者与被评教师间一般无须双向交流。或者说它是由学校领导、管理者主导的教师教学评价，是基于奖惩性的评价体系。

对领导与管理人员的教师教学评价主体问题，观点有异。有观点认为，领导与管理人员不应是教师教学评价的主体，理由是他们只是行政人员，不了解学科教学，充其量是教师教学评价的组织者、管理者。也有观点认为，领导与管理人员毫无疑问是教师教学评价的主体，因为他们是教师教学评价标准的制定者，提供整个评价活动的方向，是所有教师教学评价信息的汇总者，并要对采集到的各类信息进行处理分析，且分析的方法也大多是由其而定。[②]一项关于教师评价方法及其适用主体的研究从另一个侧面揭示了领导与管理者的主体限制。该研究将教师评价方法分为 10 种，其中还含有亚类：课堂观察(教室观察、教学观摩、教

---

① 史晓燕、霍素君：《开放性教师评价研究》，载《中国教育学刊》，2011(11)。
② 王莉、薛朝晖：《高校教师教学水平评价的主体局限及控制》，载《当代教育理论与实践》，2012(6)。

学录像)、课堂绩效评定、学生学业成就、成长档案袋评价、学生/家长评价、同行评议或协助(同行结对、同行指导、同行训导)、教师自评/行动研究、纸笔测验/测试、问卷与面谈、后设评价,认为领导与管理人员适合课堂观察中的教室观察与教学录影、学生学业成就、成长档案袋评价、纸笔测验/测试、后设评价。[①] 这也提示我们,领导与管理人员应在其能力范围内,根据其所具有的资源充分发挥主体功能。

领导与管理人员了解政策、制度及规范,能把握教师教学的整体情况,也易于获得最新的教师教学信息。所以,在开展教师教学评价时,领导与管理人员作为主体之一,应充分利用其优势,为评价活动的开展提供组织和信息资源。

(二)专家与教学督导

这里的专家主要是指具有教育专业背景的评价人员,而教学督导则是指学校内部建立的督导队伍成员。目前高等学校已普遍建立了教学督导制度,以教育专家、老教师为主导。许多高校所建的督导队伍是由学科离退休专家及教授组成的。他们深入课堂,往往被规定了相应的听课量及督导对象,在提升学校教学质量、帮助教师发展上起着越来越重要的作用。

开展专家与教学督导评价,主要是借助他们的相关知识、经验与价值判断能力。所以,其评价的侧重点应在了解教师教学的日常表现及真实水平,并起到检查、促进的作用。随着现代评价与督导理念的建立,评价已变重督为重导,体现在现实的教学评价中,专家与督导人员除课堂随机听课收集信息,还可以检查学生的作业、教师的教案,召开座谈会等收集全面的信息,使教学指导更有实效。[②]

在论及教学评价主体时,大家往往提及传统评价会集中于专家垄断。那么,开展多元主体参与评价,将专家置于何地呢?专家与督导人员仍然在教师教学评价中起重要作用,从学校实际的督导情况看,一般高等学校都成立了教学督导队伍,少则几人,多则数十人。督导人员对有目的地选择的教师教学质量进行评价,并将结果反馈给教务部门,最终反馈给各学院、系所、教师个人。教学督导对学校了解全面的教学情况、提高教师教学水平有利。

(三)同行教师

这里的同行教师可取广义概念,即相同或相近学科、专业的教师。同行教师

---

① 王斌林:《教师评价方法及其适用主体分析》,载《教师教育研究》,2005(1)。
② 李晶:《高校思想政治理论课多元化教学评价主体研究》,载《改革与开放》,2012(14)。

具有共同的知识结构、教学经验，在教师教学评价中具有独特的作用。

由管理者或专家对教师教学进行评价由来已久，但其评价的局限性也显而易见。正因为如此，同行评价越来越受重视。同行教师作为专业人员，了解教师职业特点，更懂得教学规律。尤其对于学科、教材，乃至被评教师，同行教师较其他评价主体要熟悉，更能有针对性地提出实用性强的改进意见和教学建议。有研究者提出，同行教师评价有两方面重要价值：一是在被评教师的形成性评价中影响巨大，二是在创造学校的学术氛围和促进专业发展上有重大作用。[1]

值得关注的是对同行评价可靠性的质疑。有研究提出，同行评价有三个方面的局限：一是以偏概全，对不同的课次、不同的任务应有不同的方法，有的内容重解读，有的重感悟，而同行评价易用相同的标准来评价。同行偶然听一次课，不能反映整个课堂的全貌。二是个人学术偏见。同行教师个人的喜好、学术观点、经验等各不相同，往往在评价中不能从客观的角度出发评教。三是受利益考量影响。学校组织评价活动往往有目的，为评优晋职服务，而同行间存在利益竞争关系，受复杂的人际关系和矛盾纠葛的影响，同行评价的客观性难以保证。[2]应引起高度重视的是，同行教师评价受个人经验的影响，经验在此成了双刃剑。同行教师靠个人知识经验进行教学评价，能提高评价的有效性，找准问题，与被评教师分享解决策略。但经验也会产生负面影响，因为经验都是在特定环境下生成、总结出来的，评价中同行教师会用个人经验去衡量别人，被评教师教学与同行教师个人经验发生冲突时，就会被认为有问题。[3]

然而，对于教学内容的选择、组织，以及教学方法的运用等方面的评价，同行教师作为评价主体的价值是不容置疑的。

(四)学生

学生作为教学评价主体开展教学评价活动，往往被称为"学生评教"。学生评教的争议由来已久，从教师的角度，一方面怀疑学生有无评价能力，学生难以判断教学目标是否明确，也无法判断教师教学内容的先进性等，评价的准确性难以保证；另一方面担心学生评价的公正性，怕因为考分低、教师教学要求严或与学生发生纠葛而被差评。由于害怕学生给教师打"情感分"，被评教师会出现迎合学

---

① 史晓燕：《高校教师教学质量评价的师生态度调查》，载《河北师范大学学报(教育科学版)》，2013(12)。

② 王莉、薛朝晖：《高校教师教学水平评价的主体局限及控制》，载《当代教育理论与实践》，2012(6)。

③ 王莉、薛朝晖：《高校教师教学水平评价的主体局限及控制》，载《当代教育理论与实践》，2012(6)。

生的情况，从而放松教学要求，与学生拉关系等。学生方面也同样存在疑虑及表现出应付行为，有学生担心给教师差评，评教的结果是否会被公之于众，尤其是影响与被评教师的关系。同时，给教师评价一般是在学期过半或结束时，课程好坏与学生本身关系不大，有些学生往往连具体的评价内容都不看就在等级上给了选择。

就学生评教有效性问题的研究，通过对不同群体学生间及学生与专家小组间评教结果的比较发现，学生评教的有效性在一定程度上还是可以得到保证的。[①]研究随机选取了两所高校的 8 门课，利用教务系统的评教数据信息，比对学生得分与学校组织的专家小组对教师的教学评价打分，发现两所学校学生评教结果的平均分与专家给定分数间无显著差异。国外的相关研究也印证了这一点。美国教育理事会曾设计了 23 个项目，组织同一组学生对 296 名教师进行两次评议，两次评议间隔 5 星期，结果发现两次评议结果的相关系数为 0.70，具有显著相关；而让同一批学生间隔 1 年对教师评议，比较结果发现相关值仍然很高，表明学生评教结果是较为稳定的。英国也曾进行了教师考评的相关研究，同样发现如果学生评价范围限制在仅描述教学活动时，评价结果具有较高的可信度。[②] 笔者曾将持续 3 年共 6 学期的一组学生评教数据转换为标准分数，考查教师在全体中的位置变化，发现不同专业、不同年级学生评价的教师位置变化不大，尤其是前后 5% 的教师位置具有较高的稳定性，从而表明学生评教具有一定的可靠性。

前述英国研究中对学生评价范围有所限制，表达了学生评教能力还是有限的。一项了解高校统一的教师教学质量评价指标适宜性问题的研究表明了这一点。该调查汇总了各高校学生评教的指标，以量表的形式从"完全适宜"到"完全不适宜"5 点计分，收集师生意见，4.00～5.00 为完全适宜，3.50～3.99 为适宜，3.00～3.49 为不确定，2.00～2.99 为不太适宜，1.00～1.99 为完全不适宜。调查结果显示，学生认为完全适宜学生评价的指标依次为"按时上课，不随意调停课，无迟到早退现象"（4.62 分）、"课堂上敢于严格要求，严格管理"（4.58 分）、"教学有激情，课堂气氛活跃"（4.46 分）、"衣着整洁大方，教态自然，体态语运用恰当"（4.29 分）、"尊重学生，辅导学生学习时耐心、细致"（4.29 分）。学生认

---

① 史晓燕、蔡雅萱：《高校公共艺术课教师教学质量评价现状及改革策略》，载《河北师范大学学报（教育科学版）》，2012(6)。
② 欧本谷、刘俊菊：《多元教师评价主体分析》，载《重庆大学学报（社会科学版）》，2004(2)。

为完全不适宜学生评价的指标为"教学目标制定正确、具体，符合学生实际"（1.29分）、"教学内容充实，教学进度合理"（1.39分）。调查教师对适宜学生评价的指标的态度，其选择与学生完全一致。统计分析发现，在所调查的评价内容中，只有"尊重学生，辅导学生学习时耐心、细致"一项，一年级学生与其他年级学生间存在差异。究其原因，可能新生接触教师的机会相对少，造成其判断困难。[①]

可见，学生评教有其适宜的内容，评价组织者应选择适宜的内容，有效组织评价。

（五）被评教师

被评教师相对于评价者是客体，在此称其为主体，是针对活动中被评教师所处的地位而言的。需要特别指出的是，这里认为被评教师是评价主体之一，并不是指教师自我评价。如果从自我评价与他人评价的角度区分，被评教师是他人评价当中的主体，被评教师参与评价的价值主要反映在以下几个方面。

第一，提供更多的评价信息。收集信息和处理信息是教学评价实施的主要任务。例如，课堂教学评价所收集的信息就有两类：一类是教师与学生经常性的资料，包括教师所用的与课堂教学有关的日常工作材料、学生作业作品、以往的课堂笔记、试卷等。另一类是通过各种课堂教学评价手段得到的课堂信息资料，包括教师教学行为、学生学习表现方面的信息资料，关于课堂教学优缺点方面的态度和意见等主观体验方面的信息资料，有关教学成效的信息资料。其中，课堂教学优缺点方面的态度和意见，只有被评教师最有发言权。

第二，改变教学评价关系。赋予被评教师评价主体地位，能够更多地使所有评价参与者认识到评价的目的及功能，也才能更好地创设安全的评价环境，使被评教师和所有评价者在平等、合作氛围中开展评价，从而改变评价者与被评教师的主动与被动关系，建立相互尊重的关系。

第三，实现教学评价的改进、教育功能。教师教学评价的根本目的是促进教师发展，提升教学质量。只有被评教师成为评价主体，才能改变传统教师教学评价的甄别、鉴定功能偏向。

---

① 史晓燕：《高校教师教学质量评价的师生态度调查》，载《河北师范大学学报（教育科学版）》，2013(12)。

三、教师教学评价的多元主体关系

要探讨教师教学评价主体多元化概念的形成，需进一步探讨评价主体间的关系。教师教学评价各主体是相互独立的还是整体的？在评价活动中，各主体的作用如何？哪些主体起主导作用？

(一)多元化与一元评价主体

多元化主体教学评价思想取代一元或单一的评价主体似乎已没有太多异议，然而，如果将多元化视为多个一元的相加，便是对多元主体参与教学评价的误解。

从认识论的角度看，教师教学评价多元化主体与被评教师不是二元对立关系，多元也不是多个一元的简单相加。否则，就会出现教师教学评价主客体间的对立，出现评价中主动与被动的关系。如此来看，多元化主体应是一个整体，而不是各自独立的关系。评价关系建立于评价活动过程中，多元化主体在与被评教师的交流、互动中形成合作关系，也即形成评价主体之间的交互主体性或主体间性。[①]

第四代教育评价理论强调评价是一个"回应"和"协商"的过程，基于建构主义思想，提倡在评价活动中努力促使所有有利益关系的人都积极参与评价，充分表达自己的观点。评价活动应成为由评价者不断协调，以减少各种价值标准间的分歧，缩短不同意见间的距离，最后形成公认的一致看法的过程。

包含被评教师、学生、专家与教学督导等的多元评价主体应相互倾听，各有侧重，共同合作开展教师教学评价。被评教师本人是实践的载体，在整个教学过程中处于最积极的状态，要不断收集、整合多方面的信息，通过自我反思实现改进教学和自我发展的目的。学生主要是通过提供课堂反馈信息来参与教师教学评价过程。专家或学科教师等相关人员听课获得的课堂观察信息只是外显部分，而学生对课堂的需要、对课堂各方面肯定或否定的态度，以及学习效果信息，采用问卷、访谈、测验等方式更为适宜，且可进行连续反馈，使信息更全面、客观。

教育教学专家和学科有经验的教师主要是依据教育教学规律，帮助教师分析课堂，指导教师提高教学水平，跨越经验，向专家型教师迈进。

---

① 张其志：《教师评价的矛盾与分析》，载《教育研究与实验》，2006(4)。

值得一提的是，参与者无论是专家、学生还是教师本人，在整个活动过程中是一种平等、合作的关系。以往无论是从管理还是从评价角度看都处于弱势、被动地位的教师或学生，在这里却是最大的受益者。

(二)多元化评价主体及主导

确立了多元化主体参与的评价理念，需要解决的问题就是多元化主体的构成，以及哪些主体在评价中应占据主导地位。为此，一项对师生的相关调查①具有参照性。调查的主要内容为：哪些人应参与评价，被评教师是否也应在其中；谁在评价中起主导作用，哪些人的意见对评价结果起决定性作用；是否需要建立多元的评价小组，需要吸收哪些人组成评价小组。统计结果表明，被调查学生较认同由听课学生评教，支持率达 81.1%，对被评教师参与评价的认同度与专家（39.7%）、同专业教师（39.8%）大体相当，为 38.1%。授课教师支持听课学生评教的程度显然与被调查学生不同，尤其是较年轻的教师，更支持由专家和同专业教师评教。一些受访者对于学校用学生打分为教师排队的做法颇有微词。被调查学生在是否应建立由多方人员参与的专门的评价小组来评价教师上，基本持肯定态度，选择"赞同"和"很赞同"的比例之和是 66%，而受访的多数授课教师强调不希望建立以打分排队为目的的专门的评价小组。在评价结果应由谁来主导的问题上，问卷设置了"专家""被评教师""同专业教师""学校管理人员""学生""其他"选项，被调查学生的选择比例分别是 6.6%、3.9%、4.7%、3.9%、80.7%、0.2%，显然，学生倾向于由自己来评教，这与受访教师的意见存在分歧。教师更希望由专家和同专业教师参与评价过程。进一步分析调查结果发现，在谁应参与对教师课堂教学质量评价的问题上，对于"专家"，不同性别、年级的被调查学生间存在显著差异（$p < 0.05$），女生的支持度高于男生，大二的学生对专家参与评价的认同度较低。对于"被评教师"应否参与评价，不同性别及专业的学生间存在显著差异（$p < 0.05$），男生比女生更倾向于被评教师参与评价过程，理工类的学生比其他专业的学生更支持被评教师的参与。对于"同专业教师"应否参与评价，不同性别、年级、专业的被调查学生间存在极为显著的差异（$p < 0.01$），与男生相比，女生更支持同专业教师参与评教；大二与大四的学生较之其他年级的学生更认同同专业教师参与评价，相比较而言，大四学生的认同度最高。对于"学校

---

① 史晓燕：《高校教师教学质量评价的师生态度调查》，载《河北师范大学学报（教育科学版）》，2013(12)。

管理人员"参与评价的问题，不同年级、专业的学生间存在极为显著的差异（p＜0.001），大四的学生更支持由管理人员参与评价；文科和理工科的学生间差异较大，文科学生在管理人员参与评价上认同度明显高于其他专业学生。在是否应建立多类型人员参与的专门评价小组及由谁最后主导评价结果上，性别、年级、专业等不同组别的学生间存在较大的意见分歧。不同学校、年龄、专业、职称的受访教师对谁应参与评价、是否建立多元的评价小组及由谁来主导评价的问题的意见基本统一。

由此来看，在评价主体上，师生均倾向于多元化，认同应由被评教师本人参与评价过程，故而开展教学质量评价应改变只由学生评教的局面，学科专家、同行、学生、管理者也都应参与评价，使被评教师本人通过了解多方信息，真正获得改进和提高。调查中的教师之所以倾向于由专家及同专业教师主导，也是由于教师认为专家和同行更了解其所在专业课的教学，能够更多地给被评教师以帮助。而学生较认同评价结果由学生主导，是由于学生是学习的主体，教师应更多地满足学生的需求。

第三章　教师教学评价主体改革案例及分析

——多元主体评价

一、教师教学评价主体改革案例

(一)案例 3-1：各说各话的"多元主体评价"

姜波老师为公共管理专业的学生讲"管理学"课程中的"时间管理"内容，前来听课的人员较多，有学校教务处的领导和管理人员，有学校的督导人员，有教育教学方面的专家，还有同教研室的老师们。

课堂导入部分，姜老师先是让学生们完成一个小任务，在 PPT 上呈现了一幅画：前方有三种不同类型的目标，包括天上飞的鸟、地上长的植物及活动的小动物，一头狮子被前方交叉的三条道路与目标隔开，三条道路的末端分别清晰地指向三类目标，而临近狮子的一端标着 ABC 三条路。问狮子应走哪条路去抓取猎物？姜老师强调，完成任务不是目的，重在学生解决问题之后表达一下悟出了什么。经过学生各种回答之后，姜老师的 PPT 显示：在选择行动路线之前，需要了解你的目标是什么。

课堂主体部分，姜老师将教学带入了"目标"的讲解。他讲了目标的类型、如何选择目标、如何设定目标。为了让学生们对新授内容能很好地理解和应用，姜老师设计了课堂练习，要求学生设定一个目标，写出实现目标的行动方案。

学生的目标有"30 岁前拿到博士学位""35 岁前当上处级干部""35 岁前赚到 300 万"……大家分别列出了实现目标的行动计划。之后，姜老师抽取了两个学生的作业，组织学生们分析。例如，"35 岁前赚到 300 万"，根据姜老师讲的目标设定的 SMART 原则，结论是：其目标设置是明确具体的(specific)，可测量的(measurable)，是否可完成(achievable)尚有疑问，有实际结果的(realistic)，有时间限制的(time limited)。是否可完成的疑问源于其行动方案有些不切实际。姜老师考虑学生毕业时是 23 岁，到 35 岁有 12 年的时间，大约每年赚 25 万元就可完成目标。一个方案是找个年薪 25 万元的工作，姜老师认为这不成问题；另一方案是个人创业，学生从创建公司直到如何运转列了十几条，结果条条都被质疑。

姜老师刚刚启动对另一个学生的目标设计和行动方案的分析便下课了。

下课后，组织者发给听课的学生每人一张《课堂教学评价表》，同时也向每个来听课的人发了一张。这个表的评价内容主要反映六个方面：教学目标的明确性；教学内容的逻辑性、思想性、前沿性；教学手段、方法的先进性、适宜性；教学组织与教学内容的适切性；教师语言的规范性；教学对学生创新能力的培养。评价表收齐后统计发现，学生打分很高，而管理人员、督学和同行老师给出的分数都不是很高。姜老师看到这个结果也挺不满意，组织者决定组织听课人员来一次面对面的评价。

评价会开始，组织者向前来参加评价面谈的老师公布了学生打分的结果，但没有公布各类人员的评分结果，明显感到有些参与评价的人员有情绪。一个督学带着情绪说道："为什么只公布学生评教的结果？那老师们打分的情况呢？"组织者解释道："老师们之间打分的差异较大，希望大家在今天的面谈会上具体说明评价意见，我们也就没必要公布具体的分数了。下面我们就具体说说个人对姜老师授课的看法和意见。"

教务处的一位管理人员说："姜老师上课，学生们很投入，气氛好，这是我感受到的，但具体哪儿讲得好，我说不清楚。我看到了一个问题，学校规定老师上课要带教材、带教案，但我在姜老师的课上没有看到，像这样越了'红线'的课就没法得到高分了。"

这时，一位同来的管理人员补充说："学校要求师生上课不能接打手机，而且明确规定学生不能把手机带进教室，如果带进教室了，要统一放在手机收纳袋中。我注意到有学生上课在看短信，姜老师没有控制。而且上课期间，我们听到了多媒体设备发出的噪声，应该是姜老师的手机有电话打进来，估计是姜老师放在多媒体设备附近的手机设置了静音而没有关机的缘故。"

一位外学院的督学发言说："我一上来听课就想知道姜老师的教学目标是什么，但讲到下课我也不知道，我认为姜老师应该在讲课前或讲课结束前向学生交代教学目标。"

与姜老师同学院的督学说："我感觉姜老师的课上得还是挺精彩的，有理论也有实践，让学生不仅了解了目标的意义，而且通过作业掌握了目标设计的原则。美中不足的是，这节课不够完整，学生作业分析了一个开头就下课了，下次上课应该把握好时间。"

　　一位教育学专家发言说:"姜老师的课层次清楚,有导入、有新授、有巩固练习,能利用任务驱动带领学生开展有效的学习。按照华东师范大学叶澜教授的教学'五实'来分析:一是'扎实',表现为能学到东西,能锻炼能力,能有良好的情感体验,激发强烈的学习动机。姜老师做到了前两点,但我们似乎没有感受到学生强烈的进一步学习的热情。二是'充实',表现为有效率,针对不同学习能力的学生有相同的效率。我没有感受到姜老师教学设计时的这种对不同学习能力学生的针对性。三是'丰实',不是一种完全预设的结果,而是在过程中能够生发出许多新的东西。这一点在学生练习目标设计和行动计划中有所表现,但姜老师的引导不够充分。四是'平实',学生在课堂上能相互讨论,处在一个真实的学习状态,教师心中只有学生。如果从课堂教学任务的完成和反映学生需求两个角度衡量姜老师的课,我感觉姜老师更重视完成教学任务。五是'真实',表现为它是一堂日常的教学课。姜老师在这一点上还是表现得不错的,应该就是一种日常的状态,不是刻意为听课而设计的课堂,是有待完善的课,最起码是一节'真课'。"

　　与姜老师同教研室的一位老师发言:"我也是讲'管理学'课的老师,姜老师这节课的课题是'时间管理',但整节课下来只是听到姜老师在讲'目标',以及实现目标的'行动计划'。我想,可能姜老师后面会具体讲时间管理问题,想从实现目标、行动计划的角度来讲时间管理问题,但是在课堂上并没有让学生了解到这节课与后面要讲的时间管理的价值、方法等的关系。如果把这一课的内容单列出来,则与时间管理的课题显得毫无关系。"

　　另一位同事发言说:"我注意到姜老师在讲目标时选取了几个点,包括如何选择目标、目标的分类、组织目标管理、目标设定的 SMART 原则、SMART 目标的元素。在讲这些小标题时,姜老师想把每项内容都讲清楚,甚至会举些例子来说明问题,但这些内容间是什么关系、为什么要讲这些内容,姜老师没有说明。我想听课的学生们听懂没问题,但这么把内容零散地列出来,会影响学生对学习内容的深入理解,也反映了姜老师在内容的逻辑性上还没想清楚。"

　　一位课程教学论方面的专家说:"我课下特意找了一些学生了解他们对姜老师的课的感受和评价,发现学生们很喜欢姜老师,说姜老师很帅,大方得体,尤其是语言表达轻松、幽默。几乎所有学生都说给姜老师打了高分,但问及学生们关于姜老师在评价指标的具体内容方面的表现时,大多数学生说根本没看那些评价条目，就是感觉姜老师讲得好。看来学生们是凭印象打分的，而且外部的语言及教态起了决定性的作用。"

⋯⋯⋯⋯⋯

(二)案例 3-2：价值观碰撞的"多元主体评价"

陈老师为初中学生上了一堂心理健康教育课"做自己情绪的主人"，由教研组组长方老师和年级组长齐老师共同牵头，组织所在区行政领导、教研员、学校的领导、管理人员、年级各学科老师、心理健康教育课的任课老师等共同听课，并开展了一次面谈式的评价活动。

评价会伊始，由方老师对授课老师进行介绍，然后由陈老师谈自己的教学目标和设计。

陈老师："我所教的学生正处于青春期，我想帮助学生了解青春期学生身心发展的特点，懂得调控自己的情绪对于个人行为和生活的重要性，学会合理宣泄不良情绪，保持积极、乐观向上的情绪状态，掌握一些情绪调节的有效方法，形成自我调适、自我控制的能力，从而掌控个人情绪，做自己情绪的主人。为此，我把教学的重点放在了解中学生情绪发展的特点上，难点放在掌握调节情绪的方法并进行自我调节上。为了实现这些目标，我采用讲授与活动训练相结合的方法，课上采用情境游戏、编排心理短剧、结构性面谈方式，使学生们快乐学习。"

陈老师说完个人的教学目标和授课思路、方法后，齐老师让大家根据个人的课堂观察，评价陈老师所上的这节心理健康教育课。齐老师强调说："我们这次评价不是奖惩性的评价，评价结果对陈老师评优晋级也不产生影响，主要是想通过对陈老师这节课的诊断，让我们所有参与评价的人更多地认识不同的课有不同的特点，能够在评价活动的互动中有所收获。当然，我们也希望评价能更多地助力陈老师的专业发展。今天前来参与面谈的人员可以说都是专家，有的是对课程特点有很好把握的专家，像教研人员、心理健康教育课的任课老师；有的是有多年教学经验的其他学科老师，对课堂本身有经验、有见解；学校的领导和管理人员本身也是任课老师，而且根据学校要求，有大量的听课积累。相信今天的评课过程会是一个多元价值观碰撞的过程，也是一个分享经验的过程⋯⋯"

齐老师说完开场白，一时没人主动发言，他便接着说道："我先来抛砖引玉，说说我个人对陈老师的课的看法吧。我是教数学的，对陈老师课上用到的教学方法很感兴趣。上课时，我一般是叫学生在黑板上演算、证明，提出问题，看学生回答有困难就会组织小组讨论；而陈老师是组织学生们创设情境，在假设的情境中观察别人的情绪表现和考虑个人该如何表现。虽然我们这两个学科各有特点，但我感觉这种学习有观察、有体验、有探索，学生学得更轻松，更利于应用，有我上课值得借鉴的东西。但从我上课的经验看，如果主要采用一种教学方法，效果可能会更好，现在用到情境游戏，又编排心理剧，又组织结构性面谈，一个活动接一个活动，时间不太允许，使得每个活动都不太深入，反而会影响效果。"陈老师回应："我也感觉课堂上时间有点紧张，但我不完全赞成齐老师的只用一种教学方法的说法。我觉得初中生更喜欢课堂方法的多样性，只是我没有组织好。我可以考虑以一种方法为主，适当地去掉一些环节。您说呢，组长？"齐老师说："其实我也是这个意思，让你以一种方法为主。"

接着，方老师也表达了个人看法："陈老师这节课很用心，查阅了很多资料，讲了什么是情绪、情绪的作用、情绪的演变、情绪的特征、中学生的情绪特点、情绪的调节。陈老师引导学生阅读课本，并把重要的内容画出来，让学生知道了哪些问题更有必要认真学习、理解和掌握。为了讲清一些概念，陈老师举了一些有趣的例子，教学内容有条理，表达也很清楚。我提点小建议，如果有些内容由学生去探索、总结，效果会不会更好呢？比如，情绪的不同表现形式，喜、怒、哀、乐……如果由学生们从自己的情绪表现实际中归纳出来，会增加他们学习的兴趣，也会培养他们的探索精神。同样，在学习'中学生的情绪特点'时，可以让学生们分析自己在陈老师所设计的游戏中的情绪，分小组给出答案。另外，我明白陈老师想让学生理解和体验不愉快的情绪，所以故意设置了'不当批评学生'的环节，不想有个女学生误解了陈老师的'假戏'，她'真做'了，当场与陈老师发生口角，情绪表现得很激动，出言不逊，当她意识到时，显得很尴尬。我觉得这个设计有些不妥，陈老师应该想到有可能会对学生造成伤害。我认为，在事情已经发生的情况下，陈老师应该当场补救，可以向在场的人员表达：'为了让大家了解不愉快的情绪，我和××同学事先商量给大家表演一段，怎么样？××同学还是挺有表演天赋的，演得很像吧？'以此减轻对这个学生的伤害。"陈老师这时竖起了大拇指："我确实很担心这个环节对××同学有伤害，方老师分享的经验对我启发很大，这就是教育智慧。今后我得多向我们组长请教和学习。"

同教研室的黄老师接着发言："这节课陈老师讲了情绪的概念及表达个人情绪的方法等内容。陈老师讲得很清楚，也设计了活动让学生体验，内容丰富，方法多样。但是有个问题,我提出来与陈老师商量,也请大家一同讨论。这节课的主题是'做自己情绪的主人',是不是应强调让学生了解自己对自己的情绪有选择权?其实,各种情绪都是有价值的,只是应了解该如何适度表达自己的情绪,并掌握表达情绪的方法。我想为陈老师提供一个理解情绪具有个人选择权的游戏和一个调适负面情绪方法的短片……"陈老师表示:"我感觉黄老师的意见提得对,我已经和一些老师交流过这方面的意见,又重新对这节课进行了教学设计。"

区教研员发言:"我在听课后,发给学生一套《课堂学习情况调查表》,也同个别学生进行了交谈,并和陈老师进行了交流,我现在向大家介绍一下调查的主要情况。我想了解的是这堂课是否达到了有效学习的效果,主要想向学生了解是否对这节课感兴趣,也就是想知道学生有多少人是注意力集中在课堂上的。再如,课堂投入度怎样?是否清楚这节课在学习什么?达成目标的情况怎样?陈老师想要达到怎样的教学效果?是否对个人的这节课满意?我和陈老师交流时重点探讨了几个问题,包括:'你认为自己在课上是否体现了民主、平等、自主、合作的教学思想?在备课时,你是怎样备学生的?各种教学环节的设计思路是什么?你觉得学生喜欢这节课吗?班上有多少人存在学习困难?还有什么值得改进的地方?'我们谈得很融洽,我感到陈老师是个很好的老师,备课时充分考虑了学生的实际情况,对所教内容也有很好的知识基础,参阅了大量的相关资料,也为学生提供了相应的课程资源。陈老师还是个爱反思的老师,从教学目标设计到教学内容和方法的选择,她都一一进行了反思。刚才黄老师所说的问题,陈老师也意识到了,并重新进行了教学设计,这使我感到很欣慰。我认为,我们今天评课不是为了给陈老师定等级,而是想通过与陈老师及多名听课老师的对话,通过多元价值观的碰撞,使课堂教学不断改进,提高教学质量。而且以这节课为载体,通过诊断课堂,分享经验,帮助陈老师获得专业发展。这对于我们所有参与评价的人也是一种'获利'的过程。我在听取老师们的发言后就受到了很大的启发。对学生调查的结果显示,学生们课上很投入,尤其是参与陈老师设计的活动时,感觉很受启发。学生们很喜欢这种学习过程,因为它能反映个人的生活实际,也能让学生学会一些调控情绪的方法,还在学习中对个人有了新的认识。学生们还是很认可陈老师这节课的,我也很赞赏陈老师的这节课。"

…………

不断地有老师从不同角度谈个人看法,大家有讨论、有争执,有赞成也有质疑，但经过不同价值观的碰撞，渐渐取得了一致的看法。陈老师最后又激动地发言："大家给我提了很多建议，分享了各自的教学经验，对我的启发和帮助非常大。我一定认真地考虑大家的每一条意见，并不断地总结经验，改进教学，也特别欢迎大家多进我的课堂，多给我提意见，帮助我快速成长。"

二、教师教学评价主体改革案例的分析

案例 3-1 和案例 3-2 都是多元主体参与的教师课堂教学评价活动，但活动过程反映了不同的特征。案例 3-1 是各说各话，从个人角度评价课堂，是一种个人价值观的表达，可称为"单向的多元主体评价"。而案例 3-2 是每个评价者从个人经验的角度同参与评价的人员分享个人经验，是一种多元价值观的碰撞，可称为"组织化的多元主体评价"。

(一)单向的多元主体评价

案例 3-1 中，组织者给学生及每一个前来听课的人员发放了评价表，结果发现相同的评价内容上学生评价与其他类别人员评价的结果有差异，学生们更看重姜老师的语言表达和外部形象，这在一定程度上决定了学生给姜老师的高分结果，这一事实也反映了学生们的评价是以单一的指标替代了评价内容的其他方面。对于学生而言，评价表中的有些评价内容是无法进行评价的，例如，教师教学目标制定得是否正确、具体，教学内容的逻辑性、思想性、前沿性等，他们没有能力判断。而且更多的学生反映，一般情况下，他们很少去看具体的评价条目，只是凭感觉，以总体印象给老师分等，如果觉得不错，那就是 90 多分，分项给分时去凑分。其他类别的评价人员总休上没有给高分，一方面是有些人存在与学生相同的问题，一些内容评价不了，对自己不能评价的部分不敢妄加评价，正像有的评价人员所说："评价表中的有些评价内容，我无从判断，基本策略是取中。"另一方面，他们是有选择地关注，在个人熟悉的项目上深入剖析，看到的更多的是问题。这种情形也表明了开展多元评价的必要性，但应采用不同的评价标准，进行分类评价。学生要评价他们可以把握的内容，而同行教师在教学内容上更有发言权，管理者要从纪律要求等方面多给意见。

在评价会上，教学管理人员关注的是姜老师对于学校纪律的遵守情况，一个规定是老师上课必须带教材、带教案；另一个规定是不能带手机进教室，老师上

课应关掉手机。可见，学校教学管理者主要从制度、纪律约束的角度去定义课堂，他们可能关注的问题不是课堂教学的主体，如果以其评价分数为结果，很显然，对教师的课堂教学评价过于偏颇。在教学管理人员有可能不能断定教师在其他评价标准上的表现时，由其用同一张评价表进行课堂教学质量评价是不妥的。学生的评价也是如此，他们由于难以把握学校提供的评价标准中的多项指标，便出现了以显性的语言表达及行为替代其他指标的结果。

同行有经验教师则是在考查姜老师的教学内容，同教研室的老师就发现了姜老师所讲教学内容间的割裂问题，以及课上所讲问题与课堂主题间的关系问题。而教育教学专家则从理论的角度来认识这节课，如教育学专家用叶澜老师的教学"五实"标准来分析姜老师的课堂，课程教学论专家则更多地从课堂教学评价指标本身来考虑学生评价的客观性。

从案例 3-1 单向的多元主体评价过程可以发现，不同评价主体采用同一的评价标准量化打分，出现了以偏概全的问题。评价者站在个人的立场和角度评价姜老师的课堂教学，影响了评价结果的科学性。这种评价的组织，看似多元主体，但结论有偏向，尤其不适宜采用同一评价指标体系打分的方式。如果按照不同评价者的特点建立评价标准，让学生评价其有能力评价的方面，例如，某些教师外显行为的表现，"教师是否遵守课堂规范要求"，"教师所讲内容是否能听懂"；教育教学专家主要评价教师对教育教学原则的把握，例如，"是否按学生的身心发展规律开展教学"；同行教师主要关注教学内容，例如，"教学的科学性、前沿性"……如果各类评价者都能有指向地开展评价，评价结果的科学性就能得到保证。值得关注的是，案例 3-1 中，不同类型的评价者从个人看问题的角度提出了许多问题和建议，从一个侧面证明了多元主体评价的好处，能为被评教师提供许多有价值的信息。但单向的评价中，评价者所关注的是个人角度的问题，未能从被评价者发展的角度来开展评价。

(二)组织化的多元主体评价

案例 3-2 也表现了多元的评价主体，但评价过程中评价者是站在被评老师的角度考虑问题的，因而形成了一个良性互动的场，把评价陈老师课堂教学的过程变成了一个大家分享经验、助力陈老师专业发展的过程。

评价会一开始，年级组长齐老师就明确定性，对陈老师课堂教学的评价不是奖惩性的，而是发展性的："我们这次评价不是奖惩性的评价，评价结果对陈老师评优晋级也不产生影响，主要是想通过对陈老师这节课的诊断，让我们所有参与评价的人更多地认识不同的课有不同的特点，能够在评价活动的互动中有所收获。当然，我们也希望评价能更多地助力陈老师的专业发展。"评价过程不是急于给陈老师的课打分、定等级，而是先让陈老师对教学目标及教学设计做自我评价，给了陈老师发言的机会，且陈老师随时可以发表个人的观点。整个评价过程中，陈老师是作为主体参与的。

齐老师不是陈老师的同行老师，但他以个人多年的教学经验向陈老师提出了"主要采用一种教学方法，效果可能会更好"的建议。陈老师因为没听准确，表达了个人不同意齐老师的意见，又从一个侧面反映了评价过程的民主性。

方老师是教研组组长，对陈老师教学内容的合理性进行了讲评，并依个人经验提出了一些教学组织建议。在提建议时，方老师很注意表达方式："我提点小建议，如果有些内容由学生去探索、总结，效果会不会更好呢？比如，情绪的不同表现形式，喜、怒、哀、乐……如果由学生们从自己的情绪表现实际中归纳出来，会增加他们学习的兴趣，也会培养他们的探索精神。同样，在学习'中学生的情绪特点'时，可以让学生们分析自己在陈老师所设计的游戏中的情绪，分小组给出答案。"方老师在指出陈老师课堂问题的同时，还提供了解决问题的方法。这对于陈老师是一种很大的帮助，陈老师表示赞同。

区教研员做了大量的工作，给学生发了《课堂学习情况调查表》，了解课堂上学生的学习情况，还与学生及陈老师进行了交谈，了解他们对课堂的感知和体验。尤其是与陈老师的交谈，所问及的问题本身就是对陈老师的一种良好引导："你认为自己在课上是否体现了民主、平等、自主、合作的教学思想？在备课时，你是怎样备学生的？各种教学环节的设计思路是什么？你觉得学生喜欢这节课吗？班上有多少人存在学习困难？还有什么值得改进的地方？"通过区教研员对陈老师课堂教学的评析，所有参与评价的人员知晓了影响课堂教学质量的关键因素，备课及组织教学应关注哪些问题，等等。

之所以称案例 3-2 是组织化的多元主体评价，是因为这个过程中所有参与评价的人员有共同的目标，评价者与评价对象间形成了平等、合作的关系。他们在良好的互动中发现问题，通过多元价值观的碰撞，不断地达成共识，为改进课堂教学提供了良好的环境支持。

附录 1　教师教学评价主体研究的回顾与展望

　　教师教学评价主体是教师评价活动的设计者、组织者和实施者，评价主体的业务素质、心理素质和评价态度直接影响着评价结果的可靠性和有效性。关于教师教学评价主体研究，国外进行得较早，始于 20 世纪 20 年代中后期，但当时为单一主体评价模式。直到 20 世纪 70 年代末，西方教育研究者开始关注单一主体评价的各种弊端，提出了多元主体参与评价的理念。美国评价学者派特在《使用定向评价》一书中最早提出了"多元主体参与"的概念。我国在 20 世纪 80 年代提出了"素质教育"的口号，进而开始展开教师教学评价。我国最早的教师教学评价始于 1984 年的北京师范大学，30 多年来，许多高校的管理者和研究者在这方面做了大量工作，取得了不小的成果。基于国外的研究，国内学者在教师教学评价的研究上，经历了起步阶段、正规化阶段和深入研究阶段。就教师教学评价的主体而言，国内外学者都认识到主要有领导、同行、学生及被评教师自身等。因此，研究主要反映在四类主体的评价上，包括学生评教、教师自评、同行评教、领导（督导）评教。

一、教师教学评价主体研究的数据采集与数据样本

　　本章收集 1990 年至今收录在中国知网（www.cnki.net）上关于教师教学评价主体研究的相关文献，采用内容分析法进行分析。数据采集方法是在中国知网数据库中的期刊论文、硕博士学位论文、会议论文库进行高级检索，搜索主题设置为"教师教学评价主体"或"学生评教（学生评价）"或"教师自评"或"督导评教（督导评价）"或"同行评教（同行评价）"。在搜索结果中，根据论文题目进行初步筛查，通读每篇与主题相关的论文的摘要，做进一步抽样，最后根据相关性、非重复性和学术性原则对检索的结果做进一步审核，剩余 140 篇论文，其中，期刊论文102 篇，硕博士学位论文 38 篇。此外，由于部分论文的题名与上述检索词不完全一致，故没能收集到，本章仅在收集到的样本范围内进行研究，统计数据可能不完整。

二、教师教学评价主体研究的基本情况与定量描述

(一)年份分布

图附 1-1 是对样本文献发表年份、数量进行的统计分析,它表明 2000 年之前关于教师教学评价主体的文献数量较少且无明显变化,从中可见这一时期我国学者对于教师教学评价主体研究的关注不足。而从 2003 年开始,文献量大幅上升,这主要与基础教育课程改革的评价理念变化显著相关。其中,2012 年和 2015 年文献发表数量达到波峰,近两年文献发表数量有所下降,但总体保持稳定。可以看出,我国学者开始关注教师教学评价主体研究,并形成热潮。另外还可以预见,教师教学评价主体在未来依旧是国内学者研究的热点。

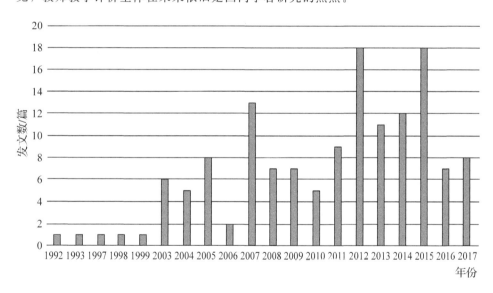

图附 1-1　样本文献的发表年份与数量分布

(二)期刊分布

对刊载的期刊进行统计发现,102 篇期刊论文共分布在 84 种期刊上,刊载 3 篇及以上文章的期刊有《教育探索》《高教研究》《黑龙江教育》,其余文章绝大多数发表在地方院校的学报上。由此可见,对教师教学评价主体的研究较为独立和分散,缺乏高水平专业期刊进行引导。并且,绝大多数学者都只是针对当地院校进行研究,其研究层次还不够深入,缺乏普遍适用性,因此难以在高水平期刊上发表。

(三)学位论文情况

在校硕士生和博士生不仅有足够的知识积累和自主判断能力,而且有机会接触到大量的学生群体和教师群体,方便针对教师教学评价主体问题展开调查研究。本章统计到的与教学评价主体相关的学位论文共计38篇,其中,硕士学位论文35篇,博士学位论文3篇,且研究者多集中在师范类院校,尤其是华东师范大学、华中师范大学等部属师范院校。由此可见,教师教学评价主体研究已经受到专业院校师生的广泛关注。

三、教师教学评价主体研究的主要内容

(一)关于学生评教的研究

学生是教学活动中最直接的参与者,与其他评价主体相比,他们与教师接触的时间最长,更能够准确地感受到教师的教学水平和能力。从20世纪20年代开始,国外学者围绕学生评教的合法性、有效性、稳定性、一致性等多方面,逐步展开了深入研究。国内对学生评教的研究起步较晚,且多借鉴国外的研究方法和研究成果。虽然学生评教在我国开展的历史较短,但发展颇为迅速,目前该评价方式已被不同层次的高校广泛采用。国内学生评教30多年的研究大体可分为两个阶段:早期的研究主要集中于学生评价教师教学的可行性、信度及效度等方面;近些年的研究则主要集中于学生评教的权重分配、影响因素和局限性及改进对策等方面。

我国学者很早就对高校学生评价教师教学质量的可行性进行了研究。魏红、胡祖莹从评价项目的一致性程度、评价者之间的一致性程度、学生评价教师教学效果的稳定性三个方面来考查学生评价教师教学的可靠性,结果表明评价项目间具有较高的一致性程度,而评价者之间也存在较高的一致性程度,并且不同时期的学生对同一教师的评价结果较为稳定。[1] 此结果与国外研究结果相似,表明学生评价教师教学是可信的、可行的。天津师范大学的王学兰对学生评价教师教学的可靠性进行了探讨,指出学生是教育的主体,是教学工作的直接感受者,其受益程度与教师教学质量密切相关。所以,学生评价教师教学具有重要的实际意

---

[1]　魏红、胡祖莹:《关于学生评价教师教学质量指标体系的研究》,载《高等师范教育研究》,1992(3)。

义。广大学生的评价是为获取更多更高深的知识而对教师提出的高期望，而且学生已有日渐成熟的认识、分析问题的能力，因此，他们对教师教学的评价是比较客观、公正、稳定、可靠的，是能够促使教师改进教学的。[①] 但是，学生评教的客观公正性受到了一些因素的影响。魏红等人从课程的重要性、教师职称、学生对课程的兴趣、班级学生人数、课程的负担和课程的深度六个背景特征出发，就不同背景特征对学生评价结果的影响进行深入分析，得出影响学生评价结果的最主要因素应该是教师的教学，但背景特征对学生评价结果的影响也不容忽视。学生对教师教学的评价存在一定局限性，只能作为教师改进教学的参考；高校在利用学生评价结果进行教师的人事决策时，应采取谨慎的态度。[②] 彭豪祥在对影响学生评教客观公正性的社会心理因素进行分析时指出：学生对教师的认知偏差直接影响他们对教师教学评价的公正性，学生对教师和学科的情感与态度会左右他们对教师教学评价的客观公正性，师生中的人际互动心理会影响学生对教师教学评价的客观真实性。[③]

如果要说哪个主体的评价最为准确和科学，学者的看法基本是统一的。他们认为，相对于其他评价主体来说，学生对优秀教师评价的一致性和准确性较高；相对于领导评教、同行评教、教师自评等评价方式来说，学生评教能够达到较好的信度、效度和区分度。但是，学生评教也存在较大的局限性。吴国娟、温文君在参与管理视角下对高校学生评教进行调查研究发现，许多学生对评教活动并不了解和认可，甚至质疑，导致他们参与评教活动的积极性不高，也难以充分、广泛地参与到整个评教活动中，严重影响了学生评教的效度。学生参与评教的意识需要增强，学生评教的能力有待提高。[④] 正因为学生评教存在一定的缺陷，所以学者们在如何利用不同的主体进行评价方面基本上都坚持多元主体的评价。

（二）关于教师自评的研究

20 世纪 70 年代后期，国外课程评价、教育评价者中流传一种新的评价思想，即"第四代教育评价"。它以建构性探求方法为基础，强调评价是一种民主协商、主体参与的过程；被评价者既是评价的参与者，也是评价的主体，突出被评价者

① 王学兰：《学生评价教师教学可靠性的探讨》，载《现代教育论丛》，1999(4)。
② 魏红、申继亮：《背景特征对学生评价教师教学的影响》，载《高等教育研究》，2003(4)。
③ 彭豪祥：《影响学生评教客观公正性的社会心理因素分析》，载《黑龙江教育(高教研究与评估)》，2009(3)。
④ 吴国娟、温文君：《参与管理视角下高校学生评教的调查研究》，载《教育学术月刊》，2012(9)。

在评价过程中的参与身份，从而使被评价者在评价中的主体地位得到提升。第四代教育评价思想在教师教学评价领域也得到了广泛的关注，越来越多的人开始认识到教师教学评价中的被评价者——教师作为评价主体的重要性，不再把教师单单看作被动的评价对象，开始关注教师在评价中的主体地位。我国学者对于教师自评的研究也多集中于强调教师自评作为教师评价体系中的核心内容的重要性，分析教师作为一个评价主体的可行性和合理性，以及有效进行自评的内容和方法。

我国在 2001 年颁布的《基础教育课程改革纲要（试行）》中强调"建立以教师自评为主"的评价制度，这肯定了教师自评在教师评价和教师专业发展中的地位。自我评价是教师对自身素质、教学情况及教学水平的认识。教师能对自己的教学活动进行客观反思评价，才能真正提高教学水平。而教师自评也被视为促进教师成长的重要手段。杨辛认为自我评价是教师评价体系的核心内容，也是促进教师专业发展的关键举措。① 侯彩颖在《教师反思性自我评价》一文中也强调了教师自我评价是促进教师专业发展的有力手段，体现了人本主义思想。文章还结合国外学者的研究成果，提出了教师自我评价的内容及实施的详细过程。② 除此之外，教师自评的意义还体现在教学质量上。刘一在《教师自评是教学评价制度现代化的标志——兼论教师专业发展的新路径》一文中指出，通过自评，教师可以不断地总结教学进程中的得失，调整教学设计中的各种预案，相机生成更符合学生学习需求和状态的问题情境，使教学更具节奏感和分寸感，以实现有效的教学目标。③

教师自评的重要地位得到认可，那么如何有效地实施教师自评自然而然也成为学者们关注的问题。虽然教师相对来说更了解自己在专业方面的优缺点，但并不是所有教师都能恰当地评价自己。李淑兰就发现在有的学校，教师的自我评价过程成了防御性评价或是表扬自己、争功的过程，这反过来影响教师评价的其他部分的评价过程（如同行评价、专家评价），使教师评价本身失去了促进教师发展的意义。④ 因此，教师自评需要形成一种外部保证、内部努力的机制。外部保证

---

① 杨辛：《教师自我评价，促进教师专业发展》，载《天津教育》，2004(9)。
② 侯彩颖：《教师反思性自我评价》，载《教育理论与实践》，2003(4)。
③ 刘一：《教师自评是教学评价制度现代化的标志——兼论教师专业发展的新路径》，载《四川教育学院学报》，2005(5)。
④ 李淑兰：《教师自评的机制与运用技术》，载《教育探索》，2007(5)。

包括制度上的保证，技术、方法上的帮助，还有环境的支持；内部努力可以采用各种形式来实现自我提高，如书写教学反思日记、与学生沟通、进行专业对话、进行行动研究等。另外，教师对自身优缺点的深刻了解，使得教师自我评价成为一种实际有效的评价方法，但受一些客观因素的影响，教师自我评价应建立在其他评价主体的评价反馈和总结的基础上。[①] 只有正确地评价自我，才会真正引导教师提高自身教学水平、教学能力、教学热情及专业素质，这样的评价结果才是客观、真实的。

（三）关于同行评教的研究

教师同行评教是以教学目标为依据，由同一领域的教师运用一定的评价技术，对其他教师的教学行为和过程、教学效果和业绩进行测定、分析并给予客观评价的过程。追溯教学评价的发展历史，同行评教最早出现于 20 世纪 80 年代初期。美国俄亥俄州托莱多（Toledo）学区在 1981 年首次设立了一个"同行评价项目"，将那些在教学中取得卓越成就的优秀教师选拔出来，作为学校的教学评价员，对新教师和部分老教师的教学现状进行评价。这种方式当时受到了美国各州的广泛关注，并在各州迅速传播。我国学者对于教师同行评教的研究，多集中在同行评教的优势、内容、方式、有效性及其影响因素等方面。

教师同事及专家作为教师教学评价的一类主体，本身就有着得天独厚的资源，这也使得教师同行评价这种方式具有其他主体评价不具有的优势。周玉容等人将大学教学同行评价视为一种场域，认为大学同行评价是从科学场域中分化出来的，因而也承袭了科学场域的惯习，在评价的民主性、专业性和公正性三个方面有天然的独特优势。学术共同体的共同决策决定了教学同行评价的民主性，大学教师职业的自主性决定了教学同行评价的专业性，大学教师的学科归属感决定了教学同行评价的公正性。[②] 蔡敏在其研究中指出，同行评价与其他教学评价手段相比，具有两个独特的优势：一是实现教学评价的民主参与。由于学校领导同时担当许多方面的行政管理工作，很少有时间深入课堂进行细致的调查研究，而且许多校长并非学科教学的专家，因此，单独由学校领导做出的评价结论往往比较片面，不能反映教师教学的真实情况，经常受到教师工会的质疑或反对。邀请优秀教师参与到教学评价中来，与学校领导一同开展评价，能够有效解决评价结

---

① 张馨予、王杜春：《高校教师教学评价研究文献综述》，载《黑龙江教育（理论与实践）》，2017(7～8)。
② 周玉容、沈红：《大学教学同行评价：优势、困境与出路》，载《复旦教育论坛》，2015(3)。

果不全面的问题。教师评价员可以根据本校教师的实际情况,自行选择评价的时机、周期、标准和方法,制定有针对性的评价方案,使教学评价扎实进行,充分实现民主参与。二是促进全体教师的专业成长。在评价过程中,经验丰富的教师成为"咨询教师",对在教学上亟待改进的教师进行动态评价,给予长期的关注、监督和帮助,能够明显改善被评教师的教学策略和方法,提高其教育教学能力。[1]

另外,在同行评价的有效性和实现路径上,杨清指出,教师同行评价的有效性深受教师文化的影响,在具体实践中存在着事不关己型、人际关系型和真实型三种教师同行评价类型。事不关己型认为评价只是一种形式,态度敷衍了事,体现了个人主义的教师文化;人际关系型则将评价当作争夺利益的工具,体现了派别主义的教师文化;只有真实型将评价当作促进教师发展的重要途径,能够对评价对象做出客观、公正的评价。因此,在实施过程中,应充分重视对教师同行评价的引导。[2] 杜海平从伦理的视角对教师同行评价进行了审视,阐明教师同行评价作为学校教育实践中的一种客观存在,影响着教师的职业成就感、心理健康水平和学校的发展。同时,他也指出教师同行评价存在"事不关己型"和"拉帮结派型"两种不符合教育伦理规范的类型。他倡导合作主义的教师同行评价范式,在正确的伦理法则指引下,摒弃教师同行之间的偏见,以共同提高为目的,以真诚合作为基础,互相给予同行真实评价。[3] 王芳亮等人也在对高校教师同行评价有效性的影响因素进行分析的基础上,提出了增强同行评价有效性的路径:营造和而不同的教师文化,倡导发展导向的评价功能,规范同行评价的实施程序,建立基于理解的评价模式。[4]

(四)关于领导(督导)评教的研究

20 世纪 80 年代中后期,我国恢复、重建了教育督导制度。教育督导制度是学校为完善教学质量保障体系而建立的一种监督机制,是教学质量监控体系中的重要组成部分,发挥着"监督、指导、评估"教学的重要作用。《中华人民共和国教育法》也明确规定学校及其他教育机构要实行教育督导和评估制度。而督导评价通常是督导组专家采取随堂听课的方式,对全体任课教师进行评价。我国学者对

---

[1]　蔡敏:《同行评价:美国中小学教育评价的重要方式》,载《教育科学》,2006(4)。
[2]　杨清:《教师同行评价的文化分析》,载《江西教育科研》,2007(4)。
[3]　杜海平:《教师同行评价的伦理审视》,载《中国教育学刊》,2011(10)。
[4]　王芳亮、道靖:《高校教师同行评价有效性的影响因素及路径选择》,载《当代教育科学》,2012(11)。

于督导评教的研究多集中于其优点和局限性上。

吴静指出：督导通常是具有丰富教学经验的资深专家；督导评价的出发点是为了帮助、促进教师改进教学，提高教学水平，保证教学质量；评价重点是教师的教学质量和学生的学习状况，对教师评价会显得客观、细致和深入。但督导评价也存在一定的局限性，受人力、时间、专业、个人认知、尺度把握的限制，又是随机听课，督导很难全面、真实、准确地评价教师的教学情况。① 刘婉姿等人总结出督导评价具有四个特点：一是规范性。督导对教师的课堂行为有一定的要求，体现了规范性和仪式感。督导对教师教学行为规范性的要求，一方面，有助于教师养成良好的教学习惯，有利于创设良好的教学氛围和维持正常的课堂教学秩序；另一方面，它也是学校教风和学风展示的窗口，体现了该校的精神面貌。二是督导性。督导对教师教学的日常监督有助于培养教师的组织纪律性，提高教师对课堂教学重要性的认识，同时也使教师能自觉遵守规章制度，使其行为符合学校的基本要求。三是客观性。从督导团的组成来看，他们多是来自各个学院的退休教师或教学管理人员，没有利益牵涉，因而能不偏不倚地进行评价，相对而言比较客观。管理人员基本认同督导评价的客观性，并且一致认为督导的评价立场是客观、公正的。四是形式性。督导评价的形式性表现在督导评价的意见流于教学表层，而未深入专业、学科内容。② 此外，督导评价方面的研究成果集中表现为区分性教师督导和评价体系，旨在为不同的教师选择适合其发展的督导模式，在实践上统一督导和评价功能，在二者之间建立一种良性互补的区分关系。

四、教师教学评价主体研究的主要特点

根据所收集文献进行内容分析，发现近年来我国教师教学评价主体研究主要呈现为：单一主体研究以学生评教为主，研究对象涉及各教育阶段及各个层次，多元主体研究缺乏系统性及可操作性。

---

① 吴静：《督导评价与学生评教结果一致性研究》，载《北京工业职业技术学院学报》，2014(2)。
② 刘婉姿、郭丽君：《走向发展性的高校教师教学评价——多主体参与高校教师教学评价的研究综述》，载《中国农业教育》，2015(3)。

（一）单一主体研究以学生评教为主

从国内关于教学评价主体的研究论文来看，目前相关学者对多元主体参与评价这一理念达成了共识。不少学者针对某单一主体进行深入研究，尤其以"学生评教"的研究较多，研究内容较深入，研究方法较全面，研究领域也较宽广，而关于"教师自评""督导评教""同行评教"等方面的研究进展相对较为缓慢。

学生是与被评价者接触最多的人，是教育的主体，是教学工作的直接感受者，其受益程度与教师教学质量密切相关，所以，学生评价教师教学具有重要的实际意义。学生作为教师教学评价最重要的一个主体，被众多学者关注。从学生作为教师教学评价主体的可行性问题到信度、效度问题，从学生作为评价主体的优势和局限到影响学生评价的因素和改进策略等方面，研究深入、全面。相对而言，随着第四代教育评价思想的深入影响，虽然教师这一评价主体的地位被学者们肯定和认同，但是教师自评研究的深度和范围均不及学生评教。另外，同行评教和领导评教的相关研究进展较慢。

（二）研究对象涉及各教育阶段及各个层次

既然学生是教师教学评价主体的重要组成部分，那么学生的生理年龄、心智因素、知识体系结构肯定也对教师教学评价主体的研究有着很大影响。另外，在不同教育阶段，在不同层次学校任教的教师作为被评价者及评价主体，其本身的不同特点势必对评价研究产生不同的影响。目前国内学者多围绕高校及中小学教师教学评价主体进行研究，并且强调多元主体参与评价的重要性。值得肯定的是，也有一些学者单独针对幼儿园、地方院校教师教学评价主体进行相关研究，丰富了研究内容，并扩展了研究领域与层次。

此外，不同学科之间存在着一定的共性和个性，而被评价的多位教师可能教授着相同或者不同的学科。因此，一些学者针对特定学科的教师教学评价主体进行了相应研究，例如，有部分学者针对体育、美术、语文、英语等学科进行了教师教学评价主体的相关研究。其中，针对当前高校体育人文社科类课程教师教学评价多为学生评价和专家评价的现状，他们指出，应该构建多元化评价体系，不同的评价主体在评价中应该各有侧重，找出适合不同评价主体的评价内容，从而使评价更具科学性。

（三）多元主体研究缺乏系统性及可操作性

尽管国内很多学者的研究都提到了多元主体参与评价的重要性，但是对于多元主体的研究并不深入，浮于表面，缺乏系统性和可操作性。大多数学者只是简单针对多元主体参与评价的必要性与可行性、原则、方式进行分析，着眼于在宏观的理论层面对多元主体的构成、多元主体参与评教的原则与方法等内容进行研究。然而，多元主体如何在具体实施中参与评价，如何优化组合，如何分配权重，让每个主体发挥各自的功能等方面的探索少之又少。

梳理相关研究文献还发现，多元主体的研究缺乏新意，多数研究文献内容大同小异。教师教学评价涉及的几个主要主体的地位早已有相关研究，然而，近年发表的一些文献还在尝试站在自身的角度论述多元主体中各个主体的合理性、优缺点，并未展开新的研究或者深入的研究，缺乏理论价值和实际指导意义。

五、教师教学评价主体研究的发展方向

近年来，我国学者对于教师教学评价主体的研究做了许多总结和探索，取得了一定的成果。他们从对传统评价模式的改革中吸收了多元主体参与评价的观念，并且得到了政策的支持及评价参与者的认同。这为多元主体参与评价的研究创造了良好的条件，但同时也存在一些不足。未来针对教师教学评价的研究应重视多元主体研究的全方位拓展，重视被评教师主体性发挥的研究，重视多元主体评教理论和可操作性的研究，重视利用网络平台开展多元主体评教的研究。

(一)重视多元主体研究的全方位拓展

根据多元智能理论，科学的评价应该是评价理念科学化、评价主体多元化，注重过程评价与结果评价相结合，同时应注重评价结果的有益化，注重教师教学水平的提高。科学评价对于评价主体多元化的要求，需要我们重视每一个评价主体研究的发展。

学生评教发展至今，已有很多年历史。其研究领域广泛，内容深入，不管是从理论研究还是从实践反馈来看，其研究意义和影响都十分重大，但如今"唯学生评教"的局面应该有所改观。学生评教有其自身的局限性，不能单纯地把焦点放在学生这一类主体上，需要多元主体参与教师教学评价。教师本人、同行、领导都是教育活动直接或间接的参与者，研究者应该给予充分的关注。这样可以进一步扩大评价数据来源，从而增强每个评价主体评价数据的比较性和最终评教结果的信服力。因此，应围绕学生、教师、同行、领导这四个评价主体进行深入研

究，积极探索符合各类学校特点的教学评价体系，实现关于教师自评、同行评教、领导评教的研究水平向学生评教的研究水平靠近，实现多元主体研究中各主体研究的均衡全面发展。

(二)重视被评教师主体性发挥的研究

教师教学评价的意义不在于评价结果本身，而在于通过教师教学评价，最终促进教师的专业成长及自我发展。从高等教育发展和教师发展观念的角度看，教师教学评价体系中的"他评"只是课堂教学评价的外部力量，而被评教师个人才是促进其发展的真正动力。教师同时作为评价者和被评价者，是最为特殊的一个评价主体。其对自身的优缺点有着深刻了解，在评价的过程中要让被评教师有充分的发言权。被评教师在评价的过程中，应可以质疑，可以申明个人观点，这就是其主体性发挥的表现。被评教师应在评价中积极地对自身专业水平与能力进行反思、建构与提升。通过反思，教师不断地总结教学得失，及时做出教学内容、方法的调整和改进，提高教学水平，从而促进学生的发展。因此，只有让被评教师处于主体地位，才能真正引导教师提高自身的教学能力和水平，促进自身的专业发展，评价结果也才能保证客观、真实。

(三)重视多元主体评教理论和可操作性的研究

多元教学评价主体概念的提出已经有数十年，对多元主体的研究不应该停留在名词概念解释层面，应当深入进行理论分析，科学指导实际操作，从而真正发挥多元主体在教师教学评价中的作用。

评价主体的选择对评价效果有至关重要的影响，由于各评价主体都有其自身的优势及缺陷，如果能将各评价主体有机结合，将会使教师教学评价达到更佳效果。因此，多元主体的研究应当针对不同教学评价目标，确认多元主体的最优组合；针对不同主体设定相应的评教方法、实施细则，并对各个主体评价的结果数据差异进行定性、定量分析，确认差异来源及影响因素，最终科学分配各个主体在评教活动中的权重。此外，还应当根据各个主体自身的特点，研究相应的评教机制，使各个主体评教尽量客观、公正。

(四)重视利用网络平台开展多元主体评教的研究

随着网络平台的建立，开展教师教学评价可以利用的平台越来越多，例如，学校建立的 BBS、QQ 群、电子邮箱、微信群等。以 QQ 群、微信群开展评教为例，由于发言可匿名、有文件可随时上传，这样，在群里开展评价时想提意见，又不愿意让对方知道自己是谁，就可以匿名发表意见；在群里不愿意让别人知道自己所提的意见，也可以发私信给对方，避免了面对面评教时带来的人际困扰。如果有资源想分享，还可以随时上传各种资料。因此，利用网络平台开展多元主体评教值得研究，包括适宜的评教平台的开发，以及利用现有的平台开展教师教学评价的组织方式等。

第二部分

教师教学评价标准

　　教师教学评价标准主要解决评什么的问题，核心是评价内容的确定。评价是价值判断的过程，而进行价值判断必然要依据一定的评价标准。以鉴定、选拔为目的的评价必然是标准在先，也即预定式的标准。但随着教育评价的发展及新的评价理念的建立，评价不再拘泥于甄选的功能，而主要是为了改进和发展。如此，以改进和发展为目的的教师教学评价则青睐非预定式的评价标准。此标准针对评价对象或其群体的不同而定，不是预设的，而是在评价过程中不断生成的。

　　预定式标准的主要功能、建构原则、建构方法，以及非预定式标准的价值、特征及生成过程，成为本部分的重要研究内容。

第四章　教师教学评价的预定式标准

美国著名的评价专家古贝和林肯将教育评价分为四代，前三代教育评价模式被认为是预定式评价，即先预定标准再实施评价，而且这个标准是根据评价的目的由实施评价的主体统一预设的，评价过程就是对照这个预设的标准来考查达成度，其实是将评价当成了测量工具，其根本目的是为选拔和奖惩服务。为了体现公平性，让评价对象比高低，自然就得有一个统一的标准，就像我们量东西要有一把统一刻度标准的尺子一样。我们希望无论由谁来评价，也不论评价对象是谁，采用的都是一个标准，认为只有这样才称得上是客观评价。[①]

一、教师教学评价预定式标准的主要功能

(一)导向功能

预定式标准是评价前设定的，这样对被评教师具有很好的引导作用，其具体表现在以下三方面。

第一，引导被评教师认识评价者的预期，并不断调整个人发展方向。教师教学评价标准中明确规定了对教学目标设定的要求，对教学内容、方法、效果等都会做相应的规定，这样使被评教师能够明确评价者对自己教学行为的要求。预定式标准寄托了评价者的要求，更是新的评价理念的展示，能够使被评教师了解并不断更新教学理念。以往教师教学质量的评价多从教师提供的条件及环境的角度设立目标，使教师多追求个人素质的提高、追求环境的丰富性，但并没有真正关注其追求与教学效果的关系。随着教育理念及评价理念的转变，评价标准倾向于以学生的学习结果来考查质量，这将引导教师产生新的追求。

第二，引导被评教师关注评价重点。预定式标准通过给重要指标加权，加大该指标的分量来引导被评教师。例如，现代评价理念要求评价内容从只关注知识

---

① 史晓燕：《发展性教育评价的理论与实践》，33～34 页，石家庄，河北教育出版社，2003。

与技能一维目标，到同时关注知识与技能，过程与方法，情感、态度与价值观三维目标；强调学习方式的变革，要求教师的教学设计改变授受模式，而强调自主、合作、探究。

第三，引导被评教师在关注教学基本要求的基础上出特色。预定式标准设计的指标及要求是针对一类或所有教师的，是完成教学任务及保证教学质量的基础性要求。要达到标准，就需关注各方面的目标，并落实行为化的指标。这样，可以引导被评教师不一味地追求个性化的东西，而是在保证完成基本要求的基础上追求特色。

(二)鉴定功能

预定式标准具有鉴定功能，就是其可以对教师教学活动结果的优劣进行判断。这种鉴定可以是水平(资格)鉴定，也可以是评优鉴定。[①]

水平鉴定，即通过所确定的预定式标准考查教师教学对目标的达成度，从而鉴定教师的教学水平。这是一种绝对性评价，预定式标准则是其参照的外部客观标准。教师职业最核心的工作内容是教学，所以，从一定意义上讲，教师教学评价的预定式标准也是教师资格鉴定的重要内容。

评优鉴定，是以预定式标准来比较教师间的教学优劣，按达成标准的程度来确定优胜者。以绝对评价为基础，最终采用的是一种相对评价，比较教师教学间达到标准水平的高低。评优鉴定功能实质反映的是一种选拔功能，教师入职、晋级等名额有限，都是通过预定式标准选拔实现的。

(三)监控功能

监控功能在一定意义上也是一种管理手段，它包括两层含义：一是监督功能，二是控制功能。

监督功能主要是指对教学的环节、过程进行察看、督促，使教学结果反映评价标准中预定的目标。有了预定式标准，评价者才能明确察看什么，才能发现问题并及时解决问题。也正是由于有了预定式标准，评价者才能确定督促什么，使工作向什么方向和水平发展。

控制功能主要是指通过预定式标准(实质是建立了一个理想状态)控制教学活动，使其向标准规定的状态发展。预定式标准实质是建立了一个闭环控制系统，

---

① 王景英：《教育评价理论与实践》，40页，长春，东北师范大学出版社，2002。

通过对教学过程的监察，发现现实的教学活动与预定式标准间的偏差，从而不断调整教学活动，使其向理想状态迈进。

二、教师教学评价预定式标准的建构原则

教师教学评价标准的建构与评价目的密切相关。建构预定式的教师教学评价标准，往往以甄选为基本的评价目的，评价结果强调可量化、可比较，故而建构标准应考虑可操作性与可测性、完备性与独立性、可行性与针对性。

（一）可操作性与可测性

这里的所谓可操作性与可测性，是指评价的末级指标可以用文字加以定义，可通过直接观察、测量和评定等方式进行度量，获得结论。预定式教师教学评价标准要具备可操作性与可测性，指标系统中的末级指标就应尽可能可量化，如果无法量化，也应设法使那些较为抽象的、无法测量的指标具体化和可操作化。

一般而言，评价指标的上级指标被称为目标，指标的建立过程其实就是目标不断细化为指标的过程，分解到末级指标，有的可以直接量化。例如，以教师教学质量评价的"教学质量"为目标，教师"教学效果"则是其下位的一级指标，该指标便可以学生测验分数来衡量。而有些指标难以量化。还以教师教学质量评价为例，"教学目标"也是其下位指标，却显然无法直接量化，这就需要使其间接地具备可测性。评价教学目标制定的好坏，时常用"明确"来表达，这就需要很好地定义"明确"并具体化、可操作化。所谓"教学目标明确"，一是指"正确"，符合并反映课程计划、课程标准的要求。二是指"具体"，反映三维目标，设定知识与技能目标要具体到是什么知识与技能，列出知识点与技能项目，且标明达到的程度，越具体才越易测量、描述。同样，设定情感目标也不能笼统地表达，应具体地说明培养什么样的情感。三是指"反映学生实际"，教学目标是教学的出发点，也是教学的归宿，只有与教学对象相适应，才能反映其明确性。

（二）完备性与独立性

完备性与独立性是评价指标体系最基本的品质。完备性是指分解出来的评价指标应与"目标"相等，不遗漏任何一个重要的指标。独立性是指同一层次的各指标必须有明确的独立含义，指标间各自独立，不存在交叉、包含、因果等关系，在逻辑上必须是并列关系；各指标内涵准确、外延清楚、措辞清晰、语义明白。

完备性是建立指标系统的要求。观察指标系统的基本结构更易理解这一原则，见图4-1。

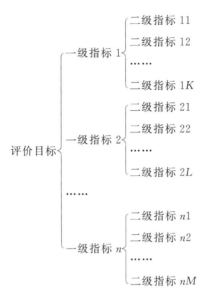

图 4-1　指标系统结构图

图 4-1 表示，评价目标被分成了 n 个一级指标；第 1 个一级指标被分成了 K 个二级指标，第 2 个一级指标被分成了 L 个二级指标，第 n 个一级指标被分成了 M 个二级指标。分解指标时，同层次指标可以个数不等，即可以 $K \neq L \neq M$，但指标范围应与目标相等，即评价目标＝一级指标 1＋一级指标 2＋…＋一级指标 n。一级指标 1＝二级指标 11＋二级指标 12＋…＋二级指标 1K。事实上，现实中不可能穷尽指标，使指标之和等于目标，教学评价也不必锱铢必较，所以，指标完备性可理解为所分解出的指标能反映"目标本质"。更何况真实的评价情境下，越少的指标能反映目标的可操作性越强，如果能以学生选课、听课的人数来反映教师教学受欢迎的程度，便没有必要罗列更多的指标。当然，前提是学生选课、听课人数能反映教师教学受欢迎程度的本质特征，而不是各种因素制约的结果。

要求指标独立，是为了防止出现两方面问题：一方面，指标间出现交叉、包含、因果等关系会造成指标冗长，增加评价的负担；另一方面，指标不独立，破坏了指标间的可比性，加大了某些指标的重要性，导致在一些指标上重复计分，影响评价结果的科学性。从指标获得的关系看，在越是靠近总目标的指标上，同

层次评价指标间的不独立问题出现的概率越高。例如,评价教师教学质量的一级
指标设为 5 个:教学态度(A1)、教学效果(A2)、教学准备(A3)、教学方法(A4)、
教学能力(A5)。看似独立的 5 个指标在评价中却出现了交叉、包含问题。具体过
程是选取相关人员给 4 个任课教师(B1、B2、B3、B4)在教学态度、教学效果、教
学准备、教学方法、教学能力 5 个指标上打分,打分标准是优为 5 分、良为 4 分、
中为 3 分、差为 2 分、劣为 1 分,结果如表 4-1 所示。

表 4-1　四位教师教学质量评价得分表(平均分)①

指标	教师 B1	教师 B2	教师 B3	教师 B4
教学态度 A1	5	5	3	2
教学效果 A2	2	3	4	5
教学准备 A3	5	5	2	3
教学方法 A4	1	5	3	1
教学能力 A5	2	4	5	1

从表 4-1 的得分结果可以看出,在"教学态度"与"教学准备"指标上,各教师
得分都出现了"教学态度"得分高则"教学准备"得分也高,"教学态度"得分低则
"教学准备"得分也低的情形;在"教学方法"与"教学能力"上同样可以看到如此结
果。计算指标间的相关系数发现,"教学态度"与"教学准备"指标间的相关系数达
到 0.8,"教学方法"与"教学能力"指标间的相关系数达到了 0.6。这表明,打分者
认定某教师"教学准备"好则表明其"教学态度"好,"教学方法"好则表明其"教学
能力"强;反之亦然。此例表达了这五个指标间是不独立的,可考虑采用聚类的
方法,使各指标独立出来。

(三)可行性与针对性

教学评价需要收集信息和处理信息。收集信息上的可行性,主要反映在能收
集到足够的信息资料,既要考虑方法,也要考虑现实条件的限制。例如,进行教
学评价常用的手段是深入课堂观察,然而,被评教师与学生对课堂的主观体验是
难以通过观察反映的,这就需要采用问卷、访谈等其他手段,如果信息无法收集
或收集难度很大,则属于评价标准不可行。同时,所收集到的信息需要处理,信

①　国家教育委员会人事司:《中小学教育评估》,104 页,北京,北京师范大学出版社,1997。

息量过大、人力不足，或缺乏相关的处理信息能力，即人力、物力、财力等条件不能保证，也可称为标准不可行。

就现代教学评价而言，计算机及先进的技术手段使以往不可行的标准变得可行，同时也使教师教学评价标准有了改变。如果在 20 年前教师教学评价标准预设要求教师课堂使用多媒体，例如，以计算机呈现实验过程，这样的指标就不可接受，因为绝大多数教师不具备这样的能力，而随着计算机技术的普及和多种教学软件的开发，类似的评价标准变得可行。从某种程度上讲，可行性也反映了针对性，针对性则是要求预设标准适应评价对象的实际水平。一般而言，由于预设评价目的更多地是甄选，进行比较的前提需要符合正态分布。如果所设指标是绝大多数教师教学无法达到的，也就超出了评价对象的实际水平，这样的标准就失去了预设标准的意义。

三、教师教学评价预定式标准的建构方法

评价标准是对评价对象的各项指标所达到的要求和程度在数量和质量方面进行价值判断的准则和尺度。教师教学评价预定式标准是在开展教师教学评价前确定的标准，对教师教学具有导向功能。评价标准也称"评价指标体系"，包括指标系统、权重系统、标准系统。

(一)指标系统

指标系统是反映评价对象某方面本质特征的主要因素的集合，也可以说是评价的内容。一般而言，同层次指标的上级指标称为目标，故而指标是评价目标的具体化，是对评价对象进行价值判断的依据。显然，目标居于上位，具有原则性、抽象性和笼统性的特点，反映的是指标的全貌，难以直接作为评价的依据，需要我们把抽象的目标具体化。教师教学评价预定式标准表明，目标是预先设定的，建立指标系统的过程就是集结一群指标来反映目标。正是由于某一个目标可以分解为若干指标，这些指标又能分解成更多的指标，不断地细化，直至设计者认为它们完全反映了目标且可测可评，才会构成一个庞大的指标系统。

1. 教师教学评价指标分类

按照指标分类原则，教师教学评价指标可以分为素质指标、职责指标和效能指标三类。

素质指标又称为"条件指标"，是指那些能反映教师完成教学活动应具备的基本条件的指标。开展教学活动需要教师具有先进的教学理念、知识体系，也需要教师具有相应的能力和情感。这里的素质是教师教学工作的基础和条件，对教师教学工作起作用并制约教师的发展。而这类指标又难于直接测量，往往会以间接方式来考量，例如，教师的知识水平常常以学历、专业成就来表达。

职责指标又称为"过程指标"，是从教师所应承担的教学工作责任和完成教学任务的情况进行评价的指标。例如，教师授课质量评价的职责指标，反映在教学环节，即教师在各教学环节是否都按要求履行了职责：认真备课，做到备教材、备课堂、备学生；认真上课，创造性地实施教学计划，落实三维目标；作业反馈等。建立教师教学职责指标，可以使教师关心教学工作的全过程，不是只考虑教学结果或只关心学生考试分数。

效能指标又称为"结果指标"，它包括效果指标和效率指标。效果指标就是从工作效果的角度确定的评价指标。教师教学质量效果主要考查通过教学，与预期目标相比，学生在知识与技能，过程与方法，情感、态度与价值观方面的长进。效率指标指根据产出与投入的比例来衡量工作成果，不仅考虑结果，而且考虑结果和投入的关系。教学效率的评价需要将师生在教学过程中投入的精力、时间等纳入评价指标，引导教师教学不仅关注教学目标的实现结果，而且关心以最小的投入获取最大的效果，进而不断地提升自身素质并研究教学，追求高效能。

以上三类指标只是评价教师教学工作基本的、主要的指标，在各个具体的评价活动中，三类指标并非占据同等重要地位，根据评价目的的不同，可能会有所偏倚。

2. 教师教学评价指标系统的建构方法

建构指标可分两步走：第一步是初拟指标，第二步是筛选指标。

（1）初拟指标

初拟指标的基本思想是吸收和利用他人的经验、智慧或已有的研究成果。

初拟教师教学评价指标可利用集体智慧，最典型的是头脑风暴法，即召集教学研究专家或有经验的教师，由其提出可能的教学评价指标，再加以整理，形成初步的指标系统。当然，为避免性格差异或利益关系而造成的麻烦，可将面对面的会议法改成问卷征询法，由专家或教师背靠背写出个人意见，此方法也被称为德尔斐法。

初拟指标还可利用专家或教师的个人经验，也即因素分解法。根据其对教学的认识和理解，先分出一级指标，再依其认同的逻辑结构逐级分解，直到分解出末级指标。例如，有人认为教师教学评价可分为教学目标、教学内容、教学方法、教学效果，据此层层分解，直到分出具体、明确、可操作的指标。还有人认为教师教学评价可分为教学条件、教学过程、教学效果，则依顺序分至可观测的末级指标。

理论推演法也是创建教师教学评价指标常用的基本方法，是指利用已有的研究成果来推演指标的方法。如关于教师知识，通常认为教师应掌握三个方面的专业知识，包括普通文化知识、任教学科知识、教育学科知识。[①] 舒尔曼则认为教师的知识至少应该包括：学科内容知识，一般教学法知识，课程知识，学科教学法知识(学科内容知识与教育专业知识的混合物)，有关学生及其特征的知识，关于教育情境的知识，有关教育的目的、目标、价值、哲学与历史渊源的知识。[②] 林崇德、申继亮等人将教师知识分为本体性知识、实践性知识和条件性知识。[③]

以下为组织学生利用头脑风暴法而形成的部分教师课堂教学评价初拟指标：具有亲和力；举止端庄；说普通话；与学生互动；教学方法适宜；能说出每个学生的名字；具有个人观点；课件做得好；利用发现教学法；说话亲切；面带微笑；有激情；板书有条理；有耐心；能介绍学科前沿；信息量大；说话速度适当；幽默；态度好；衣着整洁；公平地对待每一个学生；不照本宣科；能有效利用多媒体……

从以上利用头脑风暴法获得的教师课堂教学评价指标可见，初拟指标数量较多，有些能反映教师课堂教学的本质特征，有些则不然，一些指标只是个别人的观点，一些指标表达的意思相近，一些指标出现相互包含等问题。这是初拟指标的必然现象，需要进一步筛选。

(2)筛选指标

正是由于初拟指标可能相互包含、交叉，内容重复或相互矛盾，不能满足指标的独立性和完备性两个基本品质，有必要对初拟指标进行筛选。

筛选指标的方法可分为两大类：一类是经验的方法，另一类是数学的方法。

---

① 万文涛：《论专业化教师的知识结构》，载《教育研究》，2004(9)。
② 转引自教育部师范教育司：《教师专业化的理论与实践》，55 页，北京，人民教育出版社，2003。
③ 林崇德、申继亮、辛涛：《教师素质的构成及其培养途径》，载《中国教育学刊》，1996(6)。

①经验的方法。

经验的方法是凭借经验对初拟评价指标进行归类合并，决定取舍的方法。它可分为个人经验法和集体经验法两种。

个人经验法是指设计者个人依经验筛选指标的方法。教师教学评价指标筛选的个人经验法是专家或有经验的教师根据自己拥有的知识或经验，对提出的初拟指标进行比较、排列、组合，通过思维加工，决定指标的取舍。

集体经验法是指集中多方意见，运用统计方法进行指标取舍的方法。具体做法是将初拟指标制成问卷，发放给有经验的人员，要求其根据经验判断指标的重要程度，然后回收问卷，统计不同人员对每项指标重要程度的意见，以所占百分比来决定指标的取舍。

以下为邀请专家及有经验的教师对教师教学评价一级指标筛选的过程。

设计问卷，由 30 名专家及有经验的教师对教师课堂教学评价初拟指标进行重要性判断，初拟指标包括教态、组织教学、授课语言、授课方法、授课内容、授课的广度与深度、师生联系、课程负担、授课效果。各指标的赞同人数见表 4-2。

表 4-2　关于教师课堂教学评价各指标重要程度的调查表

初拟指标	重要程度				
	很重要	重要	一般	不重要	很不重要
教　　态	5	8	15	2	0
组织教学	25	5	0	0	0
授课语言	20	10	0	0	0
授课方法	27	3	0	0	0
授课内容	22	8	0	0	0
授课的广度与深度	2	13	15	0	0
师生联系	20	8	2	0	0
课程负担	0	7	17	6	0
授课效果	24	6	0	0	0

统计各指标量化值：将"很重要""重要""一般""不重要""很不重要"五个重要程度分别赋值为 5、4、3、2、1。

"教态"指标量化值：$5×5＋8×4＋15×3＋2×2＝106$。

"组织教学"指标量化值：$25×5＋5×4＝145$。

"授课语言"指标量化值：$20×5＋10×4＝140$。

"授课方法"指标量化值：$27×5＋3×4＝147$。

"授课内容"指标量化值：$22×5＋8×4＝142$。

"授课的广度与深度"指标量化值：$2×5＋13×4＋15×3＝107$。

"师生联系"指标量化值：$20×5＋8×4＋2×3＝138$。

"课程负担"指标量化值：$7×4＋17×3＋6×2＝91$。

"授课效果"指标量化值：$24×5＋6×4＝144$。

统计各指标量化值占满分值的比：满分值为 $30×5＝150$，故各指标量化值占满分值的比为"量化值/150"。

"教态"指标量化值占满分值的比：$106/150＝71％$。

"组织教学"指标量化值占满分值的比：$145/150＝97％$。

"授课语言"指标量化值占满分值的比：$140/150＝93％$。

"授课方法"指标量化值占满分值的比：$147/150＝98％$。

"授课内容"指标量化值占满分值的比：$142/150＝95％$。

"授课的广度与深度"指标量化值占满分值的比：$107/150＝71％$。

"师生联系"指标量化值占满分值的比：$138/150＝92％$。

"课程负担"指标量化值占满分值的比：$91/150＝61％$。

"授课效果"指标量化值占满分值的比：$144/150＝96％$。

取舍指标有两种方法：相对取舍、绝对取舍。

"相对取舍"是先确定保留指标的个数，若事先规定留取 7 个指标，则删除排在后二位的"课程负担"（61％）、"教态"（71％）。

"绝对取舍"是先确定指标量化值占满分值的比，若事先规定留取量化值占满分值高于 80％的指标，则会将"课程负担"（61％）、"教态"（71％）、"授课的广度与深度"（71％）3 个指标删除。

根据指标设计完备性的要求，并结合本示例的指标筛选过程，单独采取相对取舍或绝对取舍均存在问题，应两种取舍方法结合，并以绝对取舍为基础来取舍指标。有 3 个指标量化值占满分值的比未达到 80％，其中，"授课的广度与深度"可以归入"授课内容"，留下的 6 个指标基本可反映教师课堂教学的本质特征，故而可将排在后三位的 3 个指标删除。

②数学的方法。

数学的方法是指运用数理统计的方法筛选指标。常用的数学方法有因素分析法(主成分分析法)、聚类分析法等。因素分析法是指在不损失或极少损失原有信息的前提下，将指标转换成新的少数几个彼此独立的综合指标。这种综合指标使得原有指标的方差信息获得综合，综合后的新指标被称为"第一主成分""第二主成分"等。当前几个主成分的累积贡献率超过 80% 或 90%，则后面几个主成分可以略去。在提出的末级指标很多时，归类特别复杂，单凭直觉，难度较大，而且缺乏科学性，可采用聚类分析法。其基本思路是先将各研究对象分别看作一类，然后确定对象之间的相似系数，再按照模糊聚类或普通聚类的方法处理，以得到分类方案。

以聚类的方法筛选教师教学评价指标的例子见下。[①]

在评价教师的教学工作水平时，设计者根据经验列出了 5 项评价指标：教学态度(A1)、教学效果(A2)、教学准备(A3)、教学方法(A4)、教学能力(A5)。从内容上看，5 项指标都同教师的教学水平密切相关，仅凭经验是不容易对指标进行合并或删节的。现用模糊聚类的方法进行归类筛选。

第一步：首先对每项指标进行详细的文字说明，并定出等级分。如果采用 5 级分，可以描述为：优，5 分；良，4 分；中，3 分；差，2 分；劣，1 分。

第二步：用 5 项指标对若干名教师进行试评。例如，对教师 B1、B2、B3、B4 由一组人进行评价，获得表 4-3 的结果。

表 4-3　四位教师关于教师教学评价的指标得分表(平均分)

指标	教师 B1	教师 B2	教师 B3	教师 B4
教学态度 A1	5	5	3	2
教学效果 A2	2	3	4	5
教学准备 A3	5	5	2	3
教学方法 A4	1	5	3	1
教学能力 A5	2	4	5	1

---

① 刘淑兰：《教育评估和督导》，85～86 页，上海，华东师范大学出版社，2000。

第三步：利用绝对值减法求指标之间的相似系数。

$$r_{ij} = 1 - c\sum_{k=1}^{m}|x_{ik} - x_{jk}| \qquad \text{(式 4-1)}$$

c 为常数，设为 0.1；

k 表示所评价的教师；

m 表示所有教师第 i 项指标与第 j 项指标的评价结果差数的绝对值；

r_{ij} 表示第 j 项指标与第 i 项指标的相似系数；

x_{ik} 表示第 k 位教师第 i 项指标的评价结果；

x_{jk} 表示第 k 位教师第 j 项指标的评价结果；

$|x_{ik} - x_{jk}|$ 表示第 k 位教师第 i 项指标与第 j 项指标的评价结果差数的绝对值。

第 1 项（A1）与第 2 项（A2）指标评价结果的相似系数为：

$r_{12} = 1 - 0.1[|(5-2)|+|(5-3)|+|(3-4)|+|(2-5)|] = 0.1$

同样：

$$r_{13} = 0.8 \quad r_{14} = 0.5$$

如此得出相似系数表，见表 4-4。

表 4-4　教师教学评价指标的相似系数表

	A1	A2	A3	A4	A5
A1	1.0	0.1	0.8	0.5	0.3
A2	0.1	1.0	0.1	0.2	0.4
A3	0.8	0.1	1.0	0.3	0.1
A4	0.5	0.2	0.3	1.0	0.6
A5	0.3	0.4	0.1	0.6	1.0

5 项指标分为三类——{A1，A3}{A2}{A4，A5}，即将"教学态度"和"教学准备"归为一类，"教学效果"自成一类，"教学方法"和"教学能力"归为一类。这样可以将指标简化为"教学的认真度""教学的技能度""教学的效果度"3 个，达到简化指标的目的。

3. 教师教学评价指标示例

(1)教师教学评价指标示例1[1]

• 一堂好课应整体体现三个方面：真实的学习过程，科学的学习方式，高超的教学艺术。

• 一堂好课应以学生的发展来衡量，做到知识与能力同步发展，认识与情感和谐发展。其具体体现在五方面：教学目标的多元性，教学过程的生成性，教学内容的开放性，教学评价的激励性，媒体使用的恰当性。

• 一堂好课的总体要求是建构性、生成性和多元性的统一。

• 一堂好课应明确凸显在学生的学习活动状态上，具体体现在三方面：学生的参与状态，学生的交流状态，学习目标的达成状态。

(2)教师教学评价指标示例2[2]

• 学生主动参与学习：学生参与的时间和广度；学生与他人的合作；学生参与高水平的认知活动，在解决问题中学习；学生参与过程中有情感因素的投入，学生被学习内容和学习过程吸引。

• 教学过程中，教师对学生创造性地培养：教师有没有在教学中贯彻创造性思维教学的基本原则；学生回答问题及学生的提问有没有独创性。

• 教师的教学设计：教师的教学观念及设计思想；教师对学生发展水平的了解程度；教师对教学内容、方法的整体把握；教师能否为学生提供主动参与的时间和空间；教师思考问题的深度和广度。

(3)教师教学评价指标示例3[3]

①教学目标：教师要把全班学生培养成推理缜密，思维方法与行为方式及社会价值观念都有助于学习的学习者。

• 教师不仅应表现出尊重，而且一定要对所有学生的各种不同见解、技能和经验都表示尊重。

• 教师要使学生在决定教师应该教什么和应提供什么学习环境的时候有真正的发言权。

---

① 万伟、秦德林、吴永军：《新课程教学评价方法与设计》，43～47页，北京，教育科学出版社，2004。

② 唐晓杰等：《课堂教学与学习成效评价》，75～81页，南宁，广西教育出版社，2000。

③ 钟启泉、崔允漷、张华：《为了中华民族的复兴 为了每位学生的发展 〈基础教育课程改革纲要（试行）〉解读》，318～331页，上海，华东师范大学出版社，2001。

·教师要在学生中间培养协作精神。

·教师要将学生的技能、思想方法、行为方式和价值观念作为重点加以培养。

②教学设计：教师要为学生制定合理的教学方案。

·教师要为学生制订一个包含年度目标和短期目标的计划。

·教师要针对学习内容设计课程，使之适合学生的经历、兴趣、知识水平、理解力和其他能力。

·教师应选择教学和评价方案，以提高学生对知识的理解能力，把学校变成学生积极参与学习的场所。

③管理学习环境：教师要营造和管理好学习环境，为学生们学习科学提供必要的时间、空间和资源。

·教师要安排好可以利用的时间，使学生们有机会参加扩展性研究。

·教师要创造一种灵活的、有助于学生学习的环境。

·教师要确保学习环境的安全。

·教师要使可以利用的设备、学习教材等能够为学生所利用。

·教师要能鉴别和利用校外的学习资源。

·教师要使学生参与学习环境的设计。

④促进教学：教师要学会引导学习，会将学习活动化难为易。

·教师要组织好学生围绕学习问题进行讨论。

·教师要设法使学生认识到并承担起他们在学习中所应承担的那份责任。

·教师要认识到学生们存在的巨大差异，并能采取相应的措施，鼓励全体学生充分参与到学习中。

·教师要利用学生的数据、有关人员对教学工作的评议，以及同事间的交流，总结和改进教学。

⑤对学习的评价：教师要参与对自己的教学及学生们的学习所进行的评价。

·教师要使用多种方法，系统地收集关于学生的理解能力与其他能力的数据。

·教师要分析评价数据，指导教学。

·教师要指导学生进行自我评价。

·教师要向学生、其他教师、家长、决策人员及公众报告学生的学习过程和学习效果。

(二)权重系统

权重是表示某一个量在总量中重要程度的数值，又称为"权数"。权重系统则是所有权数的集合。教师教学评价中涉及的指标并非同等重要，为了表示不同的量在整个评价总量中的重要程度，分别对教学评价指标赋予不同的系数值的过程叫作加权。在教师教学评价中，如果将教师教学评价指标系统的一级指标分为"教学准备""教学实施""教学总结"，显然，三个指标中，"教学实施"居于核心地位，而"教学准备"较之"教学总结"又更重要，故而可通过加权来凸显"教学实施"的重要性，可设置为："教学实施"占60％，"教学准备"占30％，"教学总结"占10％。

1. 教师教学评价指标加权的作用及表现形式

各指标的重要性不同，需要加权。概括起来，指标权重的作用包括：保证教师教学综合评价结果的科学化；使教师教学评价指标间形成有机联系的整体；突出教师教学评价的重点；使评价结果可以量化。

由于建立指标系统的过程是不断地把目标分解为指标的过程，任意一个指标都不反映目标的全部，只反映目标一个方面的规定性。若将目标视为整体，以1来表示，各指标所占的比例显然小于1；而根据指标完备性的要求，指标加起来应当等于目标，即等于1。故指标权重最基本的表现形式为小数，且若设W表示权重，W_i表示第i项指标的权重，在同一层次上，指标应满足两个条件：

$$0 < W_i \leqslant 1(当1个层次上只有1个指标时为1) \qquad (式4-2)$$

$$\sum_{i=1}^{n} = 1(i = 1,2,\cdots,n) \qquad (式4-3)$$

小数的变式可以是百分数，也可以是整数，故权重既可以用百分数表示，也可以用整数表示。

2. 教师教学评价指标权重建构的方法

教师教学评价指标权重建构的方法有多种，虽然有些引入了统计分析的方法，但基础都离不开经验判断，只是判断的方法不同而已。

最简单的应该是"专家意见平均法"，即由多名教学专家分别给各指标分配权重，每个指标所得权重的算术平均数则为该指标的权重。这一方法简单，但问题也较多，如果专家之间的教学评价理念不同，对教学的认识和理解不同，给出的权重差异将较大，最后的算术平均数有偏差。为了弥补这一缺陷，可采取反复征询的办法，将要赋权的指标制成问卷，发给教学专家或有经验的教师，进行第一轮调查。获得第一轮调查结果，得出各指标权重的算术平均数后，再进行第二轮调查。第二轮调查将第一轮调查时每个被调查者所给出的指标权重与算术平均数的差（离均差）反馈给被调查者，征询其调整意见。照此，再进行第三轮调查。实践表明，经过三轮调查，专家的意见基本趋于一致。这样避免了专家意见差异很大却直接进行平均的问题。

获得教学评价指标权重还可以通过"专家排序法"（也叫"秩和运算法"）。若有 m 个指标，聘请 n 个专家为 m 个指标进行排序，将其认为最重要的指标排为 1。每个指标排在第几位的序号叫该指标的"秩"；n 个专家所给的秩，加起来得到的结果叫该指标的"秩和"。各指标的权重计算公式为：

$$W_i = \frac{2[m+1]n - R_i}{mn(m+1)} \qquad \text{（式 4-4）}$$

W_i 为第 i 个指标的权重。

R_i 为第 i 个指标的秩和。

m 为指标的个数。

n 为专家的个数。

$i = 1, 2, \cdots, m$。

为了防止专家给指标排序的结果差异过大，应进行一致性检验。

$$x^2 = \frac{\sum R_i^2 - (\sum R_i)^2 / m}{\frac{1}{12} mn(m+1)} \qquad \text{（式 4-5）}$$

如果计算结果 $X^2 \geqslant X_p^2(m-1)$[①]，则认为 n 个专家对指标的排序结果具有一致性。反之，专家排序结果不具有一致性，则数据不可采用。

由于排序对专家有困扰，指标越多，排序难度越大，因此，确立教师教学评价指标权重可采用美国运筹学专家、匹兹堡大学教授萨迪（T. L. Saaty）在 20 世纪 70 年代初创立的"层次分析法"，也即采用"两两比较"的方式判断重要程度。

具体步骤：第一，将选取的指标进行两两比较，以确定它们的相对重要程度；第二，对矩阵的每一列分别进行归一化处理；第三，将归一化处理后所得矩阵的每一行数字分别相加，得到一个列数为 1 的矩阵；第四，对这个 1 列矩阵再"归一"，则获得指标权重。

---

① 其中，p 表示置信度。

建构指标权重的方法还有许多，在此用德尔斐法表述求取指标权重的过程（使用表 4-2 数据）。

根据绝对取舍法，将量化值与满分值的比低于 85% 的指标删除后，保留"组织教学""授课语言""授课方法""授课内容""师生联系""授课效果"6 个正式指标。要为这 6 个指标"赋权"，需请专家判断其"重要性"（见前述利用集体经验法筛选指标的方法，在此仍使用原判断数据），获得各指标量化值，见表 4-5。

表 4-5　专家判断教师教学评价各指标量化值

指标	组织教学	授课语言	授课方法	授课内容	师生联系	授课效果
量化值	145	140	147	142	138	144

将指标量化值归一化处理后，"组织教学""授课语言""授课方法""授课内容""师生联系""授课效果"指标得分分别为：0.169，0.164，0.172，0.166，0.161，0.168。验证 0.169，0.164，0.172，0.166，0.161，0.168 之和是否为 1，若不为 1，则依权重思想再行处理。此处恰为 1，赋予指标权重，获得表 4-6 的数据。

表 4-6　各指标权重

指标	组织教学	授课语言	授课方法	授课内容	师生联系	授课效果
权重	0.169	0.164	0.172	0.166	0.161	0.168

3. 教师教学评价指标权重分布示例

如前所述，指标的权重可以是整数、小数，也可以是百分数。任何一级指标所赋的权重都应在整体 1 之下。表 4-7、表 4-8、表 4-9 分别展示了教师教学评价指标的权重分布。

（1）以整数表示的一级指标权重分布示例

表 4-7 显示，教师教学评价包括两部分内容：一是教学的内容，二是学习的内容。共含 7 个一级指标，权重值总数为 100：教学目标权重值为 6，教学设计权重值为 20，教学方法权重值为 16，教学效果权重值为 12，学习目标权重值为 6，学习过程权重值为 28，学习效果权重值为 12。比较教学和学习两部分指标，教学部分的权重占 54%，而学习部分的权重占 46%，此评价指标体系更偏重于教学部分。在教学部分内部，教学设计的权重值最大，显示了该指标的相对重要性。而学习部分的学习过程权重值更是占据所有指标权重值之首，表明该评价指标体系最重视学习过程。

表 4-7　以整数表示的一级指标权重分布表①

一级指标	权重	一级指标	权重
教学目标	6	学习目标	6
教学设计	20	学习过程	28
教学方法	16	学习效果	12
教学效果	12		

（2）以整数表示的多级指标权重分布示例

表 4-8 是一个交叉列联表，所显示的评价指标系统共含有 4 个一级指标、4 个二级指标，总的权重值为 100，包括：教学目标的制定，权重值为 12；教学活动的组织，权重值为 36；教学方法的运用，权重值为 28；教学结果及评价，权重值为 24。相比较而言，教学活动的组织指标权重值最大，显示其最为重要。在 4 个一级指标下，又含有 4 个二级指标，包括：主体地位，权重值为 30；情感体现，权重值为 16；教师行为，权重值为 32；教材处理，权重值为 22。其中，教师行为的权重值最大。

表 4-8　以整数表示的多级指标权重分布表②

指标及权重		主体地位 30	情感体现 16	教师行为 32	教材处理 22
教学目标的制定	12	4	2	2	4
教学活动的组织	36	12	6	12	6
教学方法的运用	28	6	4	12	6
教学结果及评价	24	8	4	6	6

（3）以小数表示的多级指标权重分布示例

表 4-9 显示，该评价指标系统总的权重值是 1，含有 5 个一级指标：教学目的，权重值为 0.15；教学内容，权重值为 0.25；教学方法，权重值为 0.25；教学基本功，权重值为 0.10；教学效果，权重值为 0.25。其中，教学内容、教学方法、教学效果具有同等重要性，且较其他评价指标更重要。在每个一级指标下，

---

① 万伟、秦德林、吴永军：《新课程教学评价方法与设计》，60～61 页，北京，教育科学出版社，2004。
② 万伟、秦德林、吴永军：《新课程教学评价方法与设计》，61～63 页，北京，教育科学出版社，2004。

又分别有不同数量的二级指标(在此既是末级指标,也是测量的标准)。这些二级指标的权重值和为1,分别对应一级指标(或称目标)。例如,教学目的这个一级指标,由"教学目标符合教育目标和教学大纲的要求""有知识、智能和教育因素""目的正确、具体、恰当,符合学生实际""学生能直接或间接地明确本课的学习目的""在一切课的教学中,围绕教学目的进行教学"5个二级指标构成。这5个二级指标的权重分别是0.27,0.13,0.20,0.13,0.27,其和是1。相比较而言,"在一切课的教学中,围绕教学目的进行教学"最重要,权重值最大。

表 4-9　以小数表示的多级指标权重分布表①

评价指标	评价标准	权重
教学目的 (0.15)	教学目标符合教育目标和教学大纲的要求	0.27
	有知识、智能和教育因素	0.13
	目的正确、具体、恰当,符合学生实际	0.20
	学生能直接或间接地明确本课的学习目的	0.13
	在一切课的教学中,围绕教学目的进行教学	0.27
教学内容 (0.25)	教学内容具有科学性、思想性,教书、育人有机统一	0.16
	讲授知识正确无误、系统、连贯	0.12
	重点突出,难点突破,释放疑点,抓住关键	0.16
	能发掘思想教育因素,并且自然、贴切	0.16
	演示实验(或示范)符合教材要求,操作合理,结果正确	0.12
	讲解知识、应用知识能联系学生思想、生产、生活、科技实际	0.16
	重视基础知识,加强技能训练	0.12
教学方法 (0.25)	所用教学方法与课型符合教材内容和学生班级情况	0.08
	教思路、教方法,培养学生的自学能力和自学方法	0.12
	从学生原有知识出发,通过观察、分析、比较、归纳、推理等方法,形成正确的概念,明了规律;同时,开发智力,培养能力	0.12
	向学生说明本节课的学习目的和意义,激发学生的学习动机	0.08
	教学有整体性、程序性,中心明确,首尾呼应	0.12
	反馈及时,调控得当,应变能力强,偶发事件处理恰当	0.08
	恰当运用教学手段	0.08
	注意对学生意志、气质、性格等个性品质的培养	0.12
	在教学过程中体现教师的主导作用和学生学习的主体作用	0.12
	贯彻落实课堂教学常规,并注意教学卫生	0.08

---

① 王汉澜:《教育评价学》,194~196 页,开封,河南大学出版社,1995。

续表

评价指标	评价标准	权重
教学 基本功 （0.10）	语言清晰、严谨，无语病，音量适度，富有感染力	0.30
	板书整洁，布局合理，无错别字和非规范字符	0.30
	教态端庄自然、亲切大方	0.20
	教学辅助用具出示恰当，操作自如	0.20
教学效果 （0.25）	完全达到本节课的教学要求，实现了教学目的，全班95％的学生完成了学习任务	0.48
	课堂学习情绪高涨，气氛活跃，兴趣深厚	0.28
	有节奏，教学秩序好	0.24

（三）标准系统

标准系统所指的标准是评价指标体系的组成部分之一，特指针对评价指标体系末级指标进行价值判断所规定的准则和尺度。评价是对评价对象价值高低、大小做出判断的过程，因此必须有一个价值判断的标准，需明确评价对象达到什么程度才是合乎要求的。这里的标准与指标不同，指标是评价的方向和内容，而标准则像是一把尺子，要精确测量各指标的状况。指标与标准密不可分，没有无指标的标准，也没有无标准的指标。

1. 教师教学评价标准系统的构成要素及要求

（1）标度

标度是评价时测定的单位标准，或者说是评定的档次。教师教学评价可规定定性标准，例如，合格、不合格，优、良、中、差，一等、二等、三等；也可规定定量标准，例如，在100以内连续记分。

（2）标号

标号是用符号将标度表达出来。例如，"二分"的标度用"合格"与"不合格"表示，四个等级用"优、良、中、差"或"甲、乙、丙、丁"表示。标号本身没有独立意义，只是起辅助作用。

（3）标度测量的具体要求

对标度测量的规定，一般用文字来描述。如果规定了标度为"合格"与"不合格"，则应界定什么是合格，什么是不合格；标度是"优、良、中、差"，就应具体规定达到什么程度是优，什么程度是良，什么程度是中，什么程度是差。

教师教学评价常会采用评分标准、等级标准、评语标准等。评分标准是用数量来表示教师教学在各项指标上达到要求的程度，例如，"优秀"是 90～100 分，"良好"是 80～89 分。等级标准是通过标号(赋予一定意义)来表示评价对象的各项指标达到要求的程度。例如，A 级、B 级、C 级、D 级，A 级表示最好的等级，而 D 级表示最差的等级。评语标准是用语言来描述教师教学的各项指标达到要求的程度。例如，教学目标明确，教学方法适宜。

2. 教师教学评价标准系统的设计

教师教学评价标准要体现完整性、协调性、比例性的特征。即标度、标号及具体内容应相互补充、相互衔接，共同构成一个完整的整体；标准内容各档的标度之间存在一定的质量或数量的比例关系。

评价指标体系内的三个系统是按顺序建构的，即指标系统—权重系统—标准系统。预定式教师教学评价标准多为实现鉴定及选拔功能，形态特征多种多样，常用的标准为积分式、分档式、隶属度式等，需根据其形态特征展开设计。

积分式标准是指对针对末级指标的要求，以评语的形式表达出来，然后给每一条评语指派独立的分数。积分形式可分两种：一种是等分积分，另一种是累计积分。

等分积分是指对给定的各个末级指标的评语赋予相同的分数，见表 4-10。

表 4-10　等分积分式

末级指标	分值	评语及分数	
业务素养	5	①对学生心理活动具有敏锐的观察能力	1 分
		②具有良好的思维方式和表达能力	1 分
		③具有组织、管理学生的能力	1 分
		④掌握教育艺术，善于运用教育机智	1 分
		⑤具有坚强的意志力，能控制自己的情绪变化	1 分

累计积分是指对给定的各个末级指标的评语赋予不同的分数，累加之和等于末级指标的分值，见表 4-11。

表 4-11　累计积分式

末级指标	分值	评语及分数	
教学目标	20	①正确	10 分
		②具体	5 分
		③符合学生实际	5 分

分档式标准是指将每个末级指标分为若干等级，然后将指派给该指标的分数（权重）按等距分到相应的各个等级中，再将每个等级的分值分成若干小档（即幅度），见表 4-12。

表 4-12　分档式标准

指标			A（优）	B（良）	C（中）	D（差）
			上　中　下	上　中　下	上　中　下	上　中　下
教师语言（20分）	说普通话	6分	4.9～6分	3.7～4.8分	2.5～3.6分	2.4分以下
	音量适中	6分	4.9～6分	3.7～4.8分	2.5～3.6分	2.4分以下
	语速适当	4分	3.3～4分	2.5～3.2分	1.7～2.4分	1.6分以下
	抑扬顿挫	4分	3.3～4分	2.5～3.2分	1.7～2.4分	1.6分以下

隶属度式标准是以模糊数学中的隶属度函数为标度的评价标准，它表达的是一个事物在一个整体中所隶属的程度。例如，随着人的寿命的不断延长，人们往往将 18～50 岁的人视为青年，若 18～25 岁的人为 100％的青年，30 岁左右的人对于青年的隶属度则可能是 80％，而到了 45 岁就可能只有 20％了。为此，常用 [0，1] 来表示，目的是运用模糊集合概念来评价具有模糊性的教育现象，使难以精确定量的指标得到较为客观、合理的评价。

隶属度式标准有两种表达形式：一种是分段式，另一种是全域式。

隶属度分段式标准是将要素的各个等级分别规定属于隶属度的某个范围。一般来说，要素的等级若是递进关系，可采用这种形式，见表 4-13。

表 4-13　隶属度分段式标准

末级指标	A	B	C	D
专业	专业基础扎实，教材运用自如	专业基础较好，能驾驭教材	专业有一定基础，勉强能处理教材	专业基础差，不能掌握教材
隶属度	0.75～1.0	0.5～0.74	0.25～0.49	0～0.24

　　隶属度全域式标准是指评价者对因素的每个等级（要素）都可选隶属度 0 至 1 之间的任一实数。一般来说，等级若是并列关系，可采用隶属度全域式标准，见表 4-14。

表 4-14　隶属度全域式标准

末级指标	评　　语	隶属度
授课的广度与深度	①反映本学科的最新成果	0～1
	②提供补充阅读材料	0～1
	③为学生提供参考文献	0～1
	④授课旁征博引	0～1
	⑤发掘教材的内涵	0～1

3. 教师教学评价标准系统示例

　　本部分提供两个评价标准表：一个是"综合实践活动课程质量评价标准"，见表 4-15；另一个是"教师教学评价标准"，见表 4-16。

表 4-15　综合实践活动课程质量评价标准[①]

评价项目	评价要点	评价标准
目标内容	目标明确	符合情感态度、实践能力、综合知识、学习策略的培养目标
	贴近生活	贴近学生的生活实践、社会实践、劳动技术实践、科学实践
		内容综合、宽泛、新异，逻辑顺序与学生心理发展顺序一致
		丰富学生的直接经验

① 万伟、秦德林、吴永军：《新课程教学评价方法与设计》，147～148 页，北京，教育科学出版社，2004。

续表

评价项目	评价要点	评价标准
	内容综合	引入多种信息
		围绕主题，运用多门学科知识
	实践性强	分量适当，有操作性
		难易适当，意义重大
方式与方法	组织形式	走上社会，面向大自然
		其他组织形式多样
	学生活动	方法得当，体现探究式学习方式
		自主活动，主体性得到充分发挥
	教师指导	教师从台前退到幕后，或讲解时间不超过 1/4
		指导方法得当，教师主要是组织者、指导者和服务者
活动过程	活动要素	学生亲自实践，动手、动脑、动口
		各实践环节有机结合
	活动步骤	活动导入
		活动完整
		活动拓展
活动效果	学生体验活动	自主思考、设计、操作和解决问题，最后有真实体验，陶冶情操，愉悦身心
	学生主动活动和创造性活动	学生主动活动面大，得到实践锻炼
		能力得到提高
		以活动促进发展
		有标新立异、创新成果
	学生知识面和学习策略	知识面有所拓宽
		方式、方法多样，体现学会学习

注：表中"评价标准"分 4 个等级，包括优、良、合格、不合格。

表 4-16　教师教学评价标准①

评价项目	评价要点	评价标准
教学能力	搜索教学资料的能力	会根据教学需要选用有关参考资料、工具书
		会从教学资料中选择补充教材及课外阅读材料
		能根据资料提供的信息，挖掘大纲、教材的内涵
	钻研与组织教材的能力	能根据大纲、教材确定教学的目标要求，制订好单元与课时教学计划
		会根据教学目标，确定教学的重点、难点，组织教学内容，对教材提供的内容做详略、增删处理
		会分析和选定课本中的练习和作业
		能挖掘教材中的德育因素，准确找到渗透的结合点
	选择与运用教学方法的能力	掌握教学法的理论，会运用多种启发式教学方法
		会根据具体的教学内容、教学对象，选择和运用教学方法
		会指导学生的学习，使教与学有机统一
		会分析、研究、总结自己的教学，写出有关教学方法的专题论文
	教学科研能力	每学期至少有一篇论文公开发表，或获市级以上论文奖，或在市属学校公开交流
		能承担学校或上级教研部门交给的教研课题研究任务，并按要求完成
		会从教学中找教学科研的题目，每学期至少有一个主题，解决一个问题，且计划完整，材料齐全
		能制作教具，改进和完善实验
	口头与书面表达能力	能用普通话教学
		教学语言准确、流畅，条理清楚，逻辑性强，有启发性
		会设计，布局合理、新颖、醒目，有提纲挈领的板书，粉笔字书写规范、美观
		作业批语准确、恰当、简洁
	教学实践与动手操作能力	会使用本学科常见的教具，理科教师能准确完成演示实验
		会使用投影仪、录像机、语音设备等电教仪器
		会维修简单的教学设备，制作与改进简单的教具
		能指导学生使用教具

---

① 顾春：《教育评价专题》，212～214 页，北京，华夏出版社，2002。

评价项目	评价要点	评价标准
	组织课堂教学的能力	掌握组织课堂教学的有关理论，如原则、方法
		能维持课堂的良好教学秩序
		能采用适当的教学组织形式，合理安排一节课的教学
		对课堂上出现的偶发事件，能妥善处理
	教学诊断与评估的能力	掌握教育测量、评估的有关知识
		分析学生作业，了解、研究学生
		会运用问卷、提问、听讲、观察等方法评价学生的学习，获取教学反馈信息
		能科学编制诊断性测试题，从试卷分析中了解学生
教学工作	备课	能按要求备课，保质保量写出教案
		备课中能做到既备教材又备学生
		能准确把握教材的知识体系，抓住重点、关键，精心处理教材，合理组织内容
		能准备好上课所需的教学用具、实验仪器等
	课堂教学	课堂结构安排合理，组织严密；教学密度适中
		坚持启发式教学，做到因材施教；教学语言准确、生动；板书清晰、规范
		注重学生能力的培养和学法的指导，能正确处理好主导与主体的关系
		寓德育于学科知识传授之中
		会根据教学需要，使用教具和现代化教学手段
	作业的布置与批改	能结合课堂教学的目的与要求，精心选择和编制作业
		作业的量和度均适中，对学生的作业有明确的规范要求
		能认真、规范地用多种方法及时批改作业
		能根据作业反馈的信息调整教学计划
	课外辅导	有辅导计划，设有分类辅导档案
		会指导学生科学地安排学习时间，有措施地督促学生养成良好的学习习惯
		能较准确地分析学生的学业状况，有成效地辅导学有困难的学生
		会指导学科兴趣小组和学校组织的主题活动，并取得一定的成绩

续表

评价项目	评价要点	评价标准
	测试与质量分析	会运用多种方式评价学生的学业成绩，方法科学、合理
		会编制教学目标的双向细目表，并据此编制试题
		能及时做好各种测评结果的分析，对教学效果做出较准确的判断
		能根据测评所反馈的信息，对教与学做出改进
教学效果	学习习惯与方法	学生具有良好的学习习惯，大多数学生能做到课前预习，听课认真，课后及时复习、做作业
		学生明确上课的常规要求，能自觉遵守课堂纪律
		学生掌握正确的学习方法，懂得怎样制订学习计划、安排学习时间，学会做学习小结和自我检测
		学生能主动与教师配合，及时弥补知识缺陷，主动克服学习困难
	学业成绩	考试的合格率达到学校规定的指标要求
		考试的优秀率高于其他平行班级
		后进生的低分率控制在学校规定的指标要求内
		后进生的学习成绩有显著提高
	能力发展	学生能积极主动地学习，学习能力明显提高
		学生具有较强的独立作业、实验等能力，理化实验的会考合格率达到规定要求
		在学科竞赛中，所教学生成绩显著
		辅导学生在学校组织的主题活动中取得较好的成绩

注：表中"评价标准"各项依表现的达成度计分，"优秀"的计分范围为 $90\sim100$，"良好"的计分范围为 $80\sim89$，"一般"的计分范围为 $70\sim79$，"合格"的计分范围为 $60\sim69$，"不合格"的计分范围为 $0\sim59$。

第五章　教师教学评价的非预定式标准

教师教学评价的非预定式标准是建立在开放性的教师评价基础上的，对教师发展具有重要价值，因此，有必要探究非预定式标准的特征及生成过程。

一、非预定式标准基于开放性的教师教学评价[①]

在我国，长期以来占主导地位的教师教学评价是采用泰勒及布卢姆教育思想形成的行为目标模式。这是一种预定式的评价，以目标（标准）当作教师教学评价的主要依据，判断教师教学行为达到预设目标的程度。这种预定式的教师教学评价方式之所以一直占据统治地位，是因为其管理意义明显：管理者设定目标，为教师教学行为提供导向；行为化的目标易于量化，可为奖惩教师提供依据。预定式的教师教学评价有利于管理，但对教师专业发展的作用不明显。因此，我们倡导开放性的教师教学评价，打破预定式评价的程式，改变教师教学评价目的，将教师教学评价过程变成对教师的培养、发展过程，真正让教师教学评价活动产生教育性。

(一)开放性教师教学评价的理论依据及特征

1. 理论依据

(1)存在主义哲学和现象学的方法论

存在主义哲学是人本主义思潮中最具代表性的一种，它认为人的存在就是自我完善的过程。它强调人的中心地位，主张理解人，重视人的尊严和价值；要以人为核心，关心人的潜能和发展。个体存在的人具有差异性，要注重人的主体性和创造性，不应用统一的标准来评价自由发展的人。

现象学由德国哲学家胡塞尔在 20 世纪创立。现象学方法体系与实证主义方法体系对立，是一种通过"直接的认识"描述现象的研究方法，强调发掘当事人的经

---

① 史晓燕、霍素君：《开放性教师评价研究》，载《中国教育学刊》，2011(11)。

验，把人理解为完整的和在一定情境中的个体，开展反思分析。

以存在主义哲学及现象学方法论为理论依据，开展教师教学评价，就是要以教师为本，关注教师教学的态度和价值，强调对教师的理解，注重其情感和感受。要坚持整体的观点开展教师教学评价，注重教师在教学活动真实情境下的表现，强调描述和记录的方法。

（2）第四代教育评价理论

大约在 20 世纪 60 年代后，教育评价有了新的发展，在批判行为目标模式的基础上，许多新的教育评价思想（西方现代教育评价理论流派）及教育评价模式出现了，主要有斯塔弗尔比姆的 CIPP 模式、斯克里文的目标游离模式、斯塔克的应答模式等，美国学者古贝和林肯将它们概括为第四代教育评价理论。第四代教育评价理论将之前所形成的评价理论概括为三代，分别以"测量""描述""判断"总结这三代的特征。古贝和林肯挖掘前三代评价理论的共性，认为尽管每一代都有进步，力图改变前一代的不足，但都没能跨越"预定式评价"。第四代教育评价理论就是要打破"预定式评价"范式，使评价走向开放。

第四代教育评价基于建构主义的方法论，以"回应和协商"为标志，以此为基础，开展教师教学评价，要使评价主体多元化，强调被评教师在评价活动中的主体地位；重视形成性评价的作用；强调质性与量化评价的结合，并重视质性评价；强调评价的改进作用。

2. 主要特征

采取开放性的教师教学评价，是为了打破预定式教师教学评价对教师发展的局限性，通过评价活动为教师教学发展提供切实的帮助，故而开放性的教师教学评价重实效，重视教师的主体参与性。

（1）以实效为导向

所谓以实效为导向，是指通过开展评价，能够对教师教学有切实的帮助。如果评价更多的是给教师教学做"鉴定"，得一个分数，排出个名次，为奖惩教师提供依据，那是在为管理者服务，对被评教师改进教学和专业发展不会有太大的帮助。要实现对教师改进教学和专业发展产生实效的目的，就需要在教师教学评价活动的组织上下功夫。首先，在评价者的选择上，要考虑被评教师需要什么人的帮助。例如，当教师在教学内容的选择、重点与难点的处理上需要帮助，应选择同学科有经验的教师参与评价；当教师在组织教学上需要帮助，应选择教育及心理方面的专家参与评价。其次，应考虑评价活动的组织方式能够帮助被评教师。被评教师要想改进教学，需要获得多方面的反馈信息，这就需要多元主体参与评价，而且所反馈的信息是被评教师能接受的。只有被评教师认同的意见，才有可能被其在今后的教学中采纳，从而改进个人教学。

(2)重视教师的主体参与性

在预定式的教师教学评价活动中，被评教师是游离于评价过程之外的。评价者根据预定的评价标准收集被评教师开展教学活动的信息，衡量其达到标准(目标)的程度。被评教师处于十分被动的地位，只需接受评价结果。这种评价活动忽视评价过程对教师的教育价值，即所谓"无人化"评价。开放性的教师教学评价活动则不然，它将被评教师置于主体地位，因为被评教师是评价实践活动的承载者，是改进和发展的主体，其主体地位的缺失就意味着评价发展功能的丧失。所以，整个评价过程是被评教师与评价参与人共同开展的教育活动。在活动中，被评教师可以对评价结果和所提出的问题解释、质疑，还可以分享他人的经验并予以"扬弃"。开放性的教师教学评价确认了被评教师的主体地位，必然重视教师的主体参与性。

(二)开放性教师教学评价的基本范式选择及运用

1.以"观察—理解"为基本的评价范式

评价基本范式一般可分为两种，其提法不一，例如，"观察—理解范式和控制—量化范式""理性主义范式和自然主义范式"(古贝和林肯)、"人本主义范式和科学的实证范式"(胡森)、"人文化评价方式和实证化评价方式"(刘志军)，最常见的提法是"定性评价和定量评价"，但并没有太大的原则上的分歧。总体而言，一种重视实证，强调用量化的方法进行评价，给出量化的结果，作为价值判断的结论；另一种注重参与性观察，强调对评价的各方面做尽可能详尽的描述。

就现有的研究来看，由于两种范式的优缺点共存，研究者倾向不一。倾向于"控制—量化"范式的主要是强调此范式的优点，认为准确、客观，操作性强，说服力强，具有可移植性。而倾向于"观察—理解"范式的人认为量化范式有较多缺陷。例如，安徽师范大学的赵必华认为，突出量化评价会使教育评价丢失许多有价值和有根本意义的东西[①]；华东师范大学的庞守兴也认为，强化这种量化评价

---

① 赵必华：《教育评价范式：变革与冲突》，载《比较教育研究》，2003(10)。

会对科学管理理论产生片面的理解。[①]

开放性教师教学评价选择"观察—理解"为基本范式，是因其改变了"控制—量化"范式重结果、重数量关系分析、重外部行为的特征，打破了预定式评价结构。评价的组织过程围绕被评教师的发展而设计，不拘泥于统一的标准，重视过程，重视评价的多元性，强调评价者与被评教师间的交流沟通。"观察—理解"范式对教师成长的作用，是开放性教师教学评价选择其为基本范式的最重要缘由。

2. 教师教学评价活动的开展过程

所谓以"观察—理解"范式开展教师教学评价，就是通过评价者与评价对象共同开展教学活动，即利用参与性观察，多角度收集信息，在共同协商不断达成共识的基础上，改善评价对象的教学行为。其没有预设的、固定的操作程序，但是基本操作过程可以包括以下三个方面。

(1)建立多元的评价组织系统

开放性的教师教学评价以促进教师发展为目的，需要吸收对被评教师发展有价值的人员组成评价组织系统。这个评价组织系统应包括教育教学专家、有经验的教师、学生及被评教师本人。教育教学专家可以在评价的过程中指导教师依据教育教学规律分析自己的工作，给教师以专业性的改进意见和建议；有经验的教师可以提供更多的教育教学经验与被评教师分享；学生是教师的主要工作对象，教师的教育教学设计需要顺应和满足学生的需求而改进；被评教师吸收来自多方面的信息，并通过自我反思来实现改进教学和自我发展的目的。评价组织系统中没有所谓权威，也不分上下级，他们都是评价的信息源。

(2)通过参与性的观察获取评价信息

以"观察—理解"范式开展的教师教学评价重视过程，也要求参与评价的人员深入教育教学过程中，不仅站在评价者的角度观察和准确记录被评教师的教育教学行为，还要参与到教育教学活动中，以切身的体验和感受来提供相关信息。学生本身就是教育教学活动的主体，因此，这里所指的参与性观察，主要指向教育教学专家及有经验的教师。他们通过参与教育教学活动，能够更好地理解被评教师的教学意图，切实感受活动过程的效果，从而为被评教师提供有效的信息和更加有针对性的意见与建议。

---

① 庞守兴：《教育评价中的量化质疑》，载《教育导刊》，2000(2～3)。

（3）以大型面谈为基本组织形式进行评价分析

采取大型面谈形式开展教师教学评价，也是基于给被评教师所带来的实际影响。面谈要求在相互理解、相互信任的基础上展开，所有参与评价的人员可以向被评教师提问，表明自己的观点，提供个人经验。被评教师可以说明自己的想法，表达自己的看法，对不同意见可以解释、质疑。不能强迫被评教师接受评价者的意见，应使评价过程成为一个吸收不同价值观并不断达成共识的过程。只有这样，才能真正使被评教师愿意改进、主动发展。在此要特别注意，不能把评价内容作为奖惩教师的依据，否则有悖于评价伦理。

（三）开放性教师教学评价实施的意义

1. 创新教师教学评价模式

传统的教师教学评价模式主要是被动接受式的，教师处于接受方，对于评价者的意见，要接受什么、怎么接受、为什么要接受、接受了如何用，被评教师无法掌控。而开放性的教师教学评价要求教师积极主动地参与沟通，收集信息，通过教育教学实践使自己的教育经验得到提升，教育反思能力得到提高，教育行为得到改善。可见，这种教师教学评价模式将教师被动接受式的学习变为主动学习，使评价活动变成了教师参与并为主体的教育活动过程。

2. "做中学"，丰富校本教研形式

我们应该认识到，学校不仅是培养学生的场所，更是教师专业成长的基地。校本教研就是一种效益高、成本低的教师培养方式，它可以使教师在教学实践岗位中逐步形成并发展专业能力。目前，专题报告、课题研究、教学研讨、案例分析、经验交流等多种活动形式已然推广到校本教研的实践中，而开放性的教师教学评价过程则融合了多种形式，针对教师的具体课堂教育活动更具实效性。可见，开放性的教师教学评价契合了校本教研的核心思想——在评价过程中通过教师和相关人员的共同合作，在教育教学实践中发现问题、解决问题。

3. 促进学校学习型组织的建设，形成经验共享的组织文化

开放性的教师教学评价重视评价主体的多元性，参与评价的人员通过对话、协商，合作学习或解决问题，从而获得解决问题的技能和自主思考的能力。这一过程也促使评价参与者不断学习，更新理念和知识结构，是一个共建学校学习型组织的过程。管理者、教师、学生之间不再是相互敌对和竞争的状态，取而代之的是合作与互助，从而促使个人的知识与收获向公共知识转移，经验共享，与学

校文化融合，并成为学校文化的一部分。

二、非预定式标准对教师发展的价值

教师教学评价非预定式标准是指在评价之初不预定标准，使评价者不为评价标准所拘束，在培养教师的过程中不断生成标准。如此，其价值不仅涉及标准本身，而且涉及标准形成过程中产生的价值，具体表现在以下三方面。

(一)非预定式标准可以使教师形成独特的教学风格

预定式标准是一种预期效应，目标明确，期望被评教师的教学依目标展开。在此，我们认同目标的作用，没有目标的活动是盲目的，也注定是失败的。然而，一方面，目标本身的合理性、可行性值得探讨；另一方面，教师的教学过程是动态的，会产生各种非预期的效应，有时，这种非预期效应的影响还会非常大。

非预期效应的产生是由教学活动的特点决定的。正是由于教师的教学活动是丰富多彩的，教育行为也因此纷繁多样。制定标准，目标不可能面面俱到，如此大量的非预期效应无法体现于评价标准之中。

非预定式标准一方面可以克服预定式标准的局限性，另一方面可以将教师教学反映在学生身上的非预期效应收纳其中。更值得关注的是，这种能促进学生发展的非预期效应可能正是教师的教学艺术所在，是教师潜在特质的一种表现。只有让教师对自己所有的非预期效应产生自觉意识，即将无意识的教育活动有意识化，教师才可能坚持下来，并形成独特的教学风格。

(二)非预定式标准可以使教师的教学经验获得提升

有研究表明，优秀教师是在教育教学实践中形成的，标志是从经验型转向专家型，实现自我监控、自我发展的结果。促成这一结果，需要多方面、多层次因素的交互作用，但"观点采择"和"外力内化"是极为重要的两个方面。"观点采择"是指在与他人的交流中，能了解他人的观点，并将他人的观点与自己的观点相协调；"外力内化"是指在借助外部力量的过程中，将外部力量转化为自我调节的能力。

非预定式标准决定了评价过程是多方利益群体参与的过程，其中有教育教学专家、有经验的教师，他们在评价过程中不断地与被评教师交流，起着价值引领和经验分享的作用。专家本身就有着极强的权威暗示性，其观点无疑会对被评教师产生影响；同行教师的经验也同样会引起被评教师的关注。不同的观点、意见，更使被评教师产生不同的感受，促使被评教师不断地审视个人经验，从而提升其对教学的理解和认识水平。

（三）非预定式标准可以使教师转变自我角色期待

非预定式标准不是没有标准，而是在评价过程中不断生成标准，使被评教师不断认识自我、定位自我，且不断追求成长。

预定式标准是由他人组织制定的标准，目标明确，对于被评价者主要是提供证据，表达个人达成目标的程度，而评价者也只是验证证据，来确认被评价者的达成度。非预定式标准则不然，生成标准的过程中，被评教师处于主体地位，不仅是标准生成过程的参与者，也是实践者。这种角色定位对被评教师是一种激励，要求其积极与相关人员沟通、收集信息，发现自身的教学问题，并确定改进计划和发展方向。这种角色定位使被评教师从被动地接受评价结果转为协同评价者共同完成非预定式标准的生成。这一过程已超越了教师以往对自我的角色认识，教师的角色绝不止于"知识的传递者"。

非预定式标准的生成过程已成为一种研究过程。被评教师不仅要成为一个优秀的教育教学者，更要使自己成为研究者，以学生的要求、社会的要求和自我发展的需要来重新规范自己。这也正是教师职业发展的生命力所在。

三、教师教学评价非预定式标准的特征

（一）协商性

对应预定式标准（评价的指标体系），非预定式标准的建构过程有所不同。预定式标准由评价者制定或预先选定一个标准，呈单向性，评价过程围绕评价标准展开。也正因为如此，我们称目标模式（泰勒模式）为"目标导向模式"。非预定式标准是在评价过程中形成的，是评价参与者的共识，也是为被评教师确定的努力方向，构建过程体现了民主协商精神。

从一定意义上说，预定式标准中的评价者是局外人，其任务不过是站在个人的角度，根据预定的标准，对教学活动的状态和价值进行判断，目的就是区分优劣，实施奖惩。也可以说，预定式标准导致的评价结果是使预定标准的目标强加于被评教师。非预定式标准则是由评价者与评价对象双方共同承担发展目标的任

务，旨在最终的发展，不是为了下一个简单的结论，因此需要双方协商评价目标、评价计划。由于教师教学评价的非预定式标准是在评价者与被评教师之间达成共识的基础上形成的，被评教师能积极主动地参与标准的生成过程。这与预定式标准的建构有本质的区别，也是对评价活动的极大突破，有效地防止了被评教师在评价中易于出现的防卫心理、焦虑心理及应付心理等影响评价的不良心理状态，且被评教师的这种有意识性和自觉性也是其进步和发展的基础。

也可以说，非预定式标准从其制定到实施都体现了协商性的特征，不仅评价者来自不同的群体或具有多方面的代表性，而且被评教师参与其中。非预定式标准的生成是多方主体共同协商的结果。

(二)个性化

预定式评价标准是针对教师教学的共性设计的，是所有被评教师需努力达成的目标，而非预定式标准是针对评价对象个体的，是对教师的培养过程。现实中，被评教师各具特点，其发展也是多方面的，难以用统一的预设标准来对其发展角度进行框定。

以往开展的教师教学评价，总是将我们认为有优势的东西总结出来，去与评价对象比较，符合得多就认为好，与之相悖就认为需要改进，甚至树立样本，让评价对象效仿。这恰恰泯灭了每一个评价对象特有的东西，使其总在向外部的、他人的东西靠拢，而失去了挖掘自我的机会。我们需要的是评价对象通过个性化的评价，能够在不断自我评价和反思的过程中找出自我可以发展的潜能及优势，将优势发扬光大，形成独特的自我表现。

由于非预定式标准是针对被评教师个人、着眼于教师发展而制定的，不以统一目标为核心，使评价突出"以人为本"的思想，强调个性，所以，非预定式评价标准的形成，应因地、因时、因人而异。

(三)生成性

教师教学评价的非预定式标准关注的是被评教师的发展，更重视发展的过程及进步的幅度，而不是与他人比较的结果。非预定式标准是针对教师个人的，需注重价值的多元化，要从教师的特点出发来协商评价方案。生成的评价标准反映的是被评教师发展的轨迹，且这种发展是多方面的、多角度的。非预定式标准评价的内容将不拘泥于知识、能力，还会涉及情感、性格的健全发展及审美情趣、创造天赋等，只要它能反映被评教师的发展需求。也就是说，非预定式标准的形成中不仅要考虑教师外在的行为、态度，而且要关注教师内在的精神气质和性格。更确切地说，它针对评价对象的评价内容丰富多彩，具有个性化的特征。

如此看来，这种教师的自我发展是无法用一个统一的标准来约束的，而且它主要是通过质性评价的方法来生成的。20世纪中期后，质性评价的方法渐渐为人所知、所用，尤其是近30年，大量的开放性评价方法被总结出来。例如，评价教师中，面谈、行为观察、记录等方法被采用，成长记录袋因其强大的记录功能，也成为教学评价的重要方法。质性评价能生动、逼真地反映教育教学现象，在解释、质疑中不断地发现问题，达成共识，并经过多次反复的评价过程生成评价标准。

四、教师教学评价非预定式标准的生成过程

非预定式标准打破了统一性、预设性和体系化，淡化了评价对象间的横向比较，强调了评价对象个体进步的幅度，这是不是在减弱竞争呢？我们认为，非预定式标准设定的目的，是为了有针对性地发展评价对象，这正是为了增强其竞争力。这种反体系化、反统一化的评价标准设计思想，主要是为了避免评价对象在全面、系统的指标导向下流于一般，导致其创新性被削弱。

那么，评价标准在评价的过程中不断变化、不断设定，会不会不可捉摸呢？毋庸讳言，这种评价标准的设定有难度，但并非无法设定，且其反体系化的特点较传统评价标准的设定而言，具有一定的简便性。说其有难度，主要是针对研究评价对象的个体的多样性而言的。非预定式标准的设计促使我们研究每一个评价对象，研究其可能的发展方向，研究其特质，并根据环境的规定性来设定个性化的评价标准，或者说个性化的发展目标。

（一）研究评价对象，协商评价方案

教师教学评价的非预定式标准是在教学评价过程中不断生成的，在评价准备阶段需要建立评价方案。而评价方案的确定，需要评价者与被评教师充分协商，在对被评教师进行深入剖析、确定发展方向和主要内容的基础上完成。

评价方案主要包括：评价目的，评价的重点及范围，编制收集和分析评价信息的整体方案。

评价目的主要是双方协商为何而评的问题，也就是要确定被评教师的发展方向。在此，要认真倾听被评教师的诉求，以确定评价目的。

评价的重点及范围是就评价目的而确定的被评教师发展的主攻点及主要方面，这些因素是被评教师获得发展的基础。重点及范围的确定要基于对被评教师的深入研究，需要收集被评教师以往的教学信息，不仅要听取被评教师的自我评价，而且要了解学生对教师教学的反映，分析和研究被评教师的教学特点和教学风格，判断发展的关键点。

编制收集和分析评价信息的整体方案是规定收集和分析评价信息的方式、途径及具体时间安排。应仔细编制方案，以保证收集到真实、有效的信息。

协商编制评价方案，能够更好地认识评价标准的作用，通过对整个评价过程的把握，结合评价对象的具体情况来确定评价标准。标准的多少一般会与评价次数相对应，可以在具体的评价过程中不断地确定。显然，标准不是统一的，但具有连续性。其集合是影响评价对象发展的关键性因素的系统，反映评价对象发展的历程。

(二)循环执行评价过程，聚焦关键指标

教师教学评价的非预定式标准指标不是面面俱到，而是限于教师发展的关键指标，需要在评价过程中寻找和发现并确定下来，它也是在反复的课堂观察过程中形成的。这类指标的性质犹如概括性问题。评价中的所谓概括性问题，是指那些难以量化并难以在评价对象间互相比较的指标。例如，上海青浦区实验小学在学生思想品德评价标准中既规定了量化指标又规定了概括性问题，而且根据不同的主体规定了多主体下的概括性问题。[①]

1. 教师评价示例

(1)教师评价指标体系表(表 5-1)

表 5-1　教师评价指标体系表

评价对象	指标	权重	评价标准	评价等级
小学生思想品德	①热爱祖国方面	0.1284	①升国旗肃立，唱好国歌，行好队礼 ②热爱队组织，佩戴红领巾 ③坚持读报、听广播、看新闻，关心时事 ④遵纪守法	

---

① 张辉华、雷顺利：《我区小学生思想品德评价标准——记上海青浦区实验小学的德育评价改革实践》，载《中小学管理》，2002(8)。

续表

评价对象	指标	权重	评价标准	评价等级
小学生思想品德	②敬师爱友方面	0.1185	①主动向老师问好 ②听从老师教导 ③尊重、体谅同学 ④积极参加献爱心活动	
	③诚实、知错能改方面	0.1222	①不说谎话 ②不弄虚作假 ③勇于承认并改正错误 ④遵纪守法	
	④热爱劳动、勤俭节约方面	0.1034	①会做值日 ②乐于参加集体劳动和公益劳动 ③爱护公物 ④衣着朴素	
	⑤合群与合作方面	0.1034	①喜欢与同学交往、相处 ②乐于协作完成任务 ③在集体活动中互助合作 ④会协调同学间的关系	
	⑥参加学校集体活动方面	0.0970	①积极参加小队活动 ②愉快地参加班级活动 ③主动参加身边的团体活动 ④乐于参加社会实践活动	
	⑦辨别是非、做事的毅力方面	0.1159	①不看不健康读物 ②能制止不良行为 ③做事有始有终 ④能坚持克服困难	
	⑧对待困难和挫折方面	0.1109	①遇到困难和挫折不慌张 ②冷静地分析困难和挫折 ③主动寻求别人的帮助 ④独立克服困难和挫折	
	⑨课堂表现与完成作业方面	0.1003	①不迟到，不早退，不旷课 ②遵守纪律，认真听讲 ③认真及时地完成和递交作业 ④在学习过程中能积极动脑筋提问	

注：指标"①热爱祖国方面"应先评"评价标准"中的第④项，第④项未达到者，即该学生因触犯法律或违反校纪校规而受到处分的，实行一票否决制。也就是说，该学生的整个思想品德评价等级为"需努力"。

（2）教师评价的概括性问题

①请您至少写出这个学生的一个优点，并对他保持这一优点提些建议。

②请您对这个学生在学习、生活上的一些变化进行描述。

③请您对这个学生的性格和个性（包括创新性和实践能力方面）进行描述。

2. 家长评价示例

（1）家长评价指标体系表（表 5-2）

表 5-2　家长评价指标体系表

评价对象	指标	权重	评价标准	评价等级
小学生思想品德	①孝敬长辈方面	0.1111	①进出门打招呼 ②尊称长辈 ③能记住父母的生日 ④理解和分担父母的难处	
	②体贴及与父母沟通方面	0.1025	①主动帮助父母做家务 ②关心父母的身体状况 ③主动与父母讲自己的学习 ④经常与父母谈心	
	③礼貌待人方面	0.1054	①主动迎送客人 ②与客人大方地交谈 ③能与小客人愉快地玩耍 ④主动为客人端茶送水	
	④与他人交往方面	0.0913	①与班级同学友好相处 ②与邻居和伙伴一起学习、玩耍 ③善于与他人沟通 ④能为其他小朋友之间的和解出力	
	⑤学习习惯方面	0.1100	①课前预习，课后复习 ②独立认真地完成作业，不抄袭，不偷懒 ③阅读各种课外读物 ④有自己的特长或兴趣爱好	
	⑥生活习惯方面	0.0941	①每天早晚洗脸刷牙 ②不偏食，不挑食，不暴饮暴食 ③不玩危险游戏 ④生活基本自理	
	⑦节俭方面	0.0889	①爱惜粮食，不浪费水电 ②不比吃穿 ③不乱花零用 ④学会储蓄	

续表

评价对象	指标	权重	评价标准	评价等级
小学生思想品德	⑧诚实方面	0.1134	①不说谎话 ②不隐瞒事实真相 ③不弄虚作假 ④为人正直，尊重事实	
	⑨对待困难和失败方面	0.1050	①遇到挫折不急不躁 ②遇到挫折能寻求父母和邻里的帮助 ③遇到挫折能利用现代通信工具 ④遇到挫折能自己努力解决	
	⑩热爱生活的社区方面	0.0783	①维护社区卫生 ②保护社区的花草树木 ③参加社区的活动 ④为人友善，互帮互助	

（2）家长评价的概括性问题

①您的孩子有哪些兴趣和爱好？特长是什么？

②您的孩子在空闲时间里通常做哪些事？

③您的孩子在日常生活中脾气怎样？

④您认为您的孩子在做哪些事时具有创造性？

3. 学生自评示例

（1）学生自评指标体系表（表 5-3）

表 5-3 学生自评指标体系表

评价对象	指标	权重	评价标准	评价等级
小学生思想品德	①课堂表现方面	0.1464	①不迟到，不交头接耳 ②认真听讲 ③踊跃发言	
	②友爱同学，帮助他人方面	0.1529	①经常使用礼貌用语 ②对同学友善，互帮互助 ③主动关心、帮助有困难的同学 ④帮助同学认识并改正缺点	
	③与同学交流合作方面	0.1410	①乐于与同学交往 ②能与同学友好相处 ③喜欢与人沟通 ④能化解同学间的纠纷	

续表

评价对象	指标	权重	评价标准	评价等级
小学生思想品德	④诚实和守信方面	0.1690	①不说谎话 ②答应别人的事情要努力办好 ③不隐瞒自己和他人的错误 ④为人正直，不弄虚作假	
	⑤节俭方面	0.1296	①节约水电 ②不乱花零用 ③不比吃穿 ④学会储蓄	
	⑥参加活动方面	0.1147	①愉快地参加班级活动 ②积极参加学校组织的活动 ③乐于参加社会公益活动 ④不参加不健康及危险活动	
	⑦卫生习惯和爱护公物方面	0.1464	①穿戴整洁，注意个人卫生 ②不在黑板、墙壁、课桌上乱涂乱画 ③爱护学校的花草树木 ④自觉维护学校和公共场所的环境清洁	

（2）学生自评的概括性问题

①你有哪些兴趣和爱好？特长是什么？

②请结合一个具体事例，说说在遇到困难和失败时，你是怎样做的？

③你有哪些优点？以后怎样保持和发扬这些优点？

④你存在哪些不足？如何改正这些不足？

4. 学生互评示例

（1）学生互评指标体系表（表 5-4）

表 5-4 学生互评指标体系表

评价对象	指标	权重	评价标准	评价等级
小学生思想品德	①课堂表现方面	0.1464	①不迟到，不交头接耳 ②认真听讲 ③踊跃发言	
	②友爱同学，帮助他人方面	0.1529	①经常使用礼貌用语 ②对同学友善，互帮互助 ③主动关心、帮助有困难的同学 ④帮助同学认识并改正缺点	

续表

评价对象	指标	权重	评价标准	评价等级
小学生思想品德	③与同学交流合作方面	0.1410	①乐于与同学交往 ②能与同学友好相处 ③喜欢与人沟通 ④能化解同学间的纠纷	
	④诚实和守信方面	0.1690	①不说谎话 ②答应别人的事情要努力办好 ③不隐瞒自己和他人的错误 ④为人正直，不弄虚作假	
	⑤节俭方面	0.1296	①节约水电 ②不乱花零用 ③不比吃穿 ④学会储蓄	
	⑥参加活动方面	0.1147	①愉快地参加班级活动 ②积极参加学校组织的活动 ③乐于参加社会公益活动 ④不参加不健康及危险活动	
	⑦卫生习惯和爱护公物方面	0.1464	①穿戴整洁，注意个人卫生 ②不在黑板、墙壁、课桌上乱涂乱画 ③爱护学校的花草树木 ④自觉维护学校和公共场所的环境清洁	

(2)学生互评的概括性问题

①请结合具体事例谈谈这位同学在哪些方面具有创造性。

②说说这位同学有哪些优点，并为其保持和发扬这些优点提些建议。

③说说这位同学还存在哪些不足，并为其改正不足提些建议。

这里的概括性问题是个性化的、难于量化的，但同时对评价对象而言，又具有很高的价值，可以帮助其很好地认识自己，也有助于评价者收集更多的评价信息，对评价对象有更多的了解。

教师教学评价非预定式标准的关键指标类似于概括性问题，需要根据被评教师的特点，通过课堂观察发现问题，并反复执行评价过程，累积关键指标。例如，人们常常认为，教学就是师生情感交流的过程，而情感交流最明显的是眼神的交流，可以通过观察教师课堂的目光分配来发现教师课堂与学生交流是否存在问题，观察记录工具见表 5-5。[①]

表 5-5　教师的目光分配观察表

教师目光停留位置	频次	比例
①全班学生		
②教室的前排学生		
③教室的中间学生		
④教室的后排学生		
⑤回答问题的学生		
⑥板书的学生		
⑦注意力不集中的学生（走神、做与任务无关的事、瞌睡）		
⑧黑板、投影屏幕、电脑、学习资料		
⑨与学习无关的事物（天花板、室外）		

说明：采用时间抽样的办法，每隔 5～6 秒，观察者就感受教师目光停留的位置，并记在表中。

通过多次观察记录，观察者可以发现规律性的东西，为教师找到一个关键的问题，用此方法可以累积关键性指标。

(三)改进问题并生成标准

通过循环执行评价程序，不断地利用有效的观察记录工具发现被评教师需要改进的关键指标，并累积指标。这些指标是教师教学评价非预定式标准的骨架，相对于预定式标准，也可称为一级指标。但真正的非预定式标准生成需要一个过程，这个过程就是针对关键指标的改进过程。

由于非预定式标准的评价内容是个性化的，评价角度是多向的，而且不同的被评教师间差异很大，这就会出现评价者之间的分歧，所以非预定式标准的形成对评价者的选择很重要。评价者应具有一定的权威性，能切实领会和把握发展性评价的思想，对评价对象的特点有较深刻的了解，有相当的教育能力及管理经验。最好是选择为评价对象认可且崇拜的教育专家或同行中的旗手。这样，尽管

[①]　沈毅、崔允漷：《课堂观察：走向专业的听评课》，120 页，上海，华东师范大学出版社，2008。

评价标准不是面面俱到的体系化的东西，但评价者能准确把握评价对象应具有的共性内容，并能从中发现评价标准中应具有的主要指标内容。评价者以小组(3～5人)为宜，其中一人负责，这样可以吸收和采纳较多的思想，又能有一个统一的意见。评价者对整个评价活动具有导向作用，选好评价者，就为评价标准的制定奠定了基础。

非预定式标准的生成过程是通过协商完成的，难免有一定的主观随意性，在具体的生成过程中会出现很多问题，所以要把握好评价周期，一个学期或几个学期甚至更长时期评价一轮。应边评价边修正标准，在评价过程中不断完善标准。

第六章　教师教学评价标准构建改革案例及分析

——生成性标准

一、教师教学评价标准构建改革案例

谭老师是一个很受学生欢迎的老师，每次期末网上评教成绩都能排全院教师的前 10％ 以内，然而，同行教师听课常常不以为然。一次，由 7 名有经验教师组成的评价小组按学校制定的教师课堂教学评价标准分别给谭老师打分，结果谭老师连"良好"的水平都没有达到。这一结果引起了谭老师的不满，也在学院中引起了不小的轰动。

参加评价的老师认为学生评教不客观，比如，评价标准中有教学目标的确定、教师教学内容的科学性和前沿性内容，学生根本无法打出客观的分数，况且经调查，大部分学生不会逐条看评价内容打分，往往凭印象"感觉这个老师不错，就在最高档次上画钩"（学生的话）。而谭老师认为评价小组打分不客观："只听了一次课，怎么就断定我处于'不良'状态？评价标准中有教学态度、遵守纪律等内容，只听这一次课怎么打分？"

学院教师们展开讨论，认为学校的教师教学评价标准构建及实施存在一定的问题。

第一，标准中的同层次指标存在重叠的现象，被评教师在某些指标方面表现得很好，而在另一些指标方面则存在问题，很难给出客观的结论。

第二，标准中的许多指标是学生无法直接判定的，这样学生即使打分也不客观。

第三，评价标准由相关人员预设，学生打分依照预设标准进行，但学生心目中的好教师与预设标准间有距离。

大家争论的焦点渐渐转向了不同评价主体应适应不同的评价标准，也即评价标准应呈现开放性。对于学生评教，应考虑学生的需求，转"自上而下"的评价为"自下而上"的评价。具体而言，即将预设标准变成生成标准，实质是把一个大家认为的普适标准，变为一个聚集到教师个体身上，通过发现和改进教师个体教学存在的问题而生成标准，通过开展"后设评价"①，确认教师改进教学的过程。

以评价谭老师为例，以往的评价，无论是学生还是评价小组老师，都是一次性对照标准打分，比较谭老师与其他老师的得分情况。而采取生成标准的评价形式，需追踪谭老师整个课程的教学过程，没有预设标准，评价目的也不是为了比较，而是通过收集谭老师的课堂教学信息发现改进点。

一个学期按照教学单元，确定进行 8 次教学信息收集。信息收集围绕以下问题进行：一是教学目标。了解学生是否了解和理解教师所确定的教学目标，并根据教师个人预设的教学目标，从基本知识、技能的角度了解学生的达成情况。二是教师教学资源的提供情况。学生体会到教师为其学习提供了哪些资源，如参考资料、实物展示、音（视）频材料、图文材料等。三是教学过程，重在了解学生的自主学习情况，包括：学生对采用的方法（如讲授、活动、讨论等）的接受程度，师生关系，满足不同层次学生的需求，注重学习方法的指导等。四是教师的特质，如教师的学识、语言表达、情感、教育机智、师生关系等。

第一次：学生的反馈集中于谭老师教学语言幽默，师生关系融洽。"谭老师讲的故事总能逗得我们大笑。""每讲一个问题，谭老师都会讲几个小故事。谭老师特别会讲故事，今天课上就连着讲了三个故事，我们听得都挺入迷。"问及谭老师的教学目标，学生表现得很茫然。收集信息的老师追问学生："你能说出谭老师讲这三个故事的目的是什么吗？"学生回答："为了使教学生动呀！""那你觉得谭老师讲的这三个故事和要讲的知识点的关系是什么呢？""嗯……这倒没考虑。"

（反馈：重点与难点的处理，案例与知识的联系性。）

第二次：因为第一次收集信息时老师引导学生关注了教学目标，第二次收集信息时老师发现学生有了改变。一个学生提到："谭老师连着讲了两个案例，我觉得两个案例说明的是一个问题，其实也就是故事本身有意思，对于要学习的知识点意义不大。我感觉不讲这个案例，我们也很容易理解这块内容。"几个学生认为谭老师组织的课堂讨论不太好："大家不太清楚该怎么讨论，感觉老师有点刻意安排讨论环节，是不是因为有听课老师在的原因呢？"还有同学说："我觉得谭老师课堂上讲的故事少了，我的注意力有点儿集中不起来。"

---

① 这里的后设评价是指通过一个阶段的标准建构，生成评价标准后，再进行一次评价。

（反馈：关注课堂教学的组织形式、教学内容的趣味性。）

第三次：学生认为谭老师课上讲的励志小故事令人印象深刻，而且对个人影响很大。"我一直挺自卑的，干啥都不如别人好，听了谭老师讲的，我很震惊，需要重新认识自己，我起码还四肢健全……""那么，你认为老师讲的这个故事与教学的联系性强吗？""虽然与所教内容的联系性不是很强，但我觉得有必要，因为它给了我们人生启迪，这就是谭老师的讲课风格，也是我们喜欢谭老师的重要原因。"这次收集信息时发现谭老师在课上讲的故事少了，似乎课堂不太能引起学生兴趣了。这一点也造成了谭老师的苦恼："我以前觉得自己的课讲得好，通过同行引导，我发现其实学生喜欢的是我的讲课风格，我爱收集一些能引起学生兴趣的话题，讲些故事，其实反而使真正的教学内容旁落。我开始寻求改变，但发现把课堂弄得枯燥无味了，我有些不知所措。"

（反馈：需关注学生知识的内化和加工过程，需要案例支持，也需要考虑引入案例的适切性）

第四次：……
………………

累积各次信息收集后学生聚焦的问题，最终生成了学生评价教师的标准：学生能够了解教师所确定的教学目标；教学组织形式与教学内容的适切性；讲授事例与教学联系紧密……

评价小组设计了对谭老师的后设评价：一方面，让学生在相关内容上打分，考查谭老师在相关指标上的改进程度；另一方面，对班上学生进行访谈，了解详细情况。

这一案例与以往采用的评价模式如行为目标模式不同的是：重视评价的过程，且采用了非预定式评价；标准是在对谭老师课堂教学评价的过程中生成的，是反映了学生对课堂的需求而构建的标准，是教师有效教学行为的反映。

二、教师教学评价标准构建改革案例的分析

谭老师的案例反映了教师教学评价标准的构建呈现出开放性。

（一）标准角度趋于多向化

非预定式标准是生成性标准，其对应预定式标准，不再像预定式标准那样，

由评价者制定或预先选定一个标准，呈单向性，而是体现民主性，是一种"自下而上"的构建过程。

预定式标准是开展评价之前设定的，它体现的是评价者（管理者）的意志，主要目的是对教师进行区分，实施奖惩。所以，标准中涉及的评价内容难以反映被评教师的需求，也难以反映教学活动的主体——学生的意见，它是评价者（管理者）所做的一种单向规定。

非预定式标准是在评价过程中通过自下而上地收集评价信息而累积生成的。就教师教学评价的非预定式标准构建而言，它需要在获取学生反馈信息的基础上对教师有效教学行为进行提炼。标准的构建不仅反映了学生的意见、评价者的思想，而且反映了被评教师对个人教学行为的认识和理解。

也可以说，生成标准的过程使标准呈现了多向性，不仅评价者来自不同的群体或具有多方面的代表性，而且有了学生的参与，在循环评价的过程中，使所有参与评价的人都有了不同程度的成长。

本案例在标准生成过程中不断地收集谭老师的课堂教学信息，这些信息是对所有学生意见的收集。这些学生学习程度不同，学习兴趣各异，案例就学生对谭老师的课的感觉而论：学生对哪些内容感兴趣？关注了哪些信息？有何意见和见解？在此，评价者关心的不是学生集体的评价结论，而是学生个人在谭老师的教学过程中的感受和收获。所收集信息的角度确定、关注点，又是评价小组成员及被评教师不同思想的表达。这一过程具有引导性，评价者发现学生喜欢谭老师的课的原因主要是她语言生动，会讲故事，并不关注课程内容和教学目标，因而评价者有意引导学生将课程内容和教学目标联系起来思考，使学生产生了新的认识；评价者还不断地把学生个人的课堂收获及对课的意见反馈给谭老师，引导谭老师不断地根据学生需求改进教学，使有效的教学行为生成标准的内容。如此生成的标准，是多元价值观的融合，也是多主体意见汇集的结果；是教育教学过程的点滴汇入，而不是评价者对教学的笼统印象；是评价者发挥主导作用而引导评价参与人共同建构标准的过程。

（二）标准内容趋向多元化

教师的教学活动面对的是学生和教师本人，两者都处于不断变化中。如果开展教师教学评价时，无视学生群体及教师个人的变化而采用统一预设的标准，难免造成课堂僵化。更何况被评教师各具特点，只依据统一预设的标准来评价，难以评出教师教学的特色。

生成性标准则不然，它是在教师教学过程中构建的，针对被评教师的实际表现收集信息，从而形成标准，能反映教师丰富的课堂表现，也是基于教师未来发展的设计，所生成的标准内容自然丰富多彩。

本案例中，评价标准是针对被评教师完整课程的教学过程而建立的，这一过程也许是一个学期，也许是一个学年。它是循环执行评价过程的结果，评价标准的具体内容自然也会是多角度内容的集合。对谭老师所教课程的评价一共设计了8次，涉及的内容有教学目标、教师教学资源的提供情况、教学过程、教师的特质。由于收集的信息是学生对课堂的反映，每个学生关注的内容各有不同。例如，第一次收集信息时发现学生们对谭老师课堂上讲的故事本身有兴趣，第二次收集信息时发现有学生关注谭老师对课堂教学的组织……所有信息都是学生对课堂的真情实感。如此建立的标准更贴近课堂实际和学生实际，也会使评价内容更加丰富，可以给被评教师提供更多的反馈信息。以往学生们对谭老师的课堂教学进行评价时，谭老师得到的反馈是"生动、有趣"，其实这只是课堂教学评价标准的一个方面，在学生们不关注预定式标准具体内容的情况下，谭老师的语言生动、善于讲故事，替代了优质教学必备的其他条件，相当于"语言"成了唯一的评价指标。如此，也导致谭老师将备课的重点转移，只考虑如何选"故事"（案例）吸引学生、如何讲"故事"（案例）激起学生的兴趣。她对课堂关注得更多的是形式，而不是内容。

由于非预定式标准的生成是一个持续的过程，如果在收集信息时每一次侧重于一个角度，则不仅会使标准本身更丰富，而且会给被评教师提供更多的反馈信息。谭老师在持续获得学生反馈后才发现，原来学生对其有"教学资源提供"的需求，例如，有学生反馈："我想知道谭老师所讲的故事或案例是从哪里找的，能不能给我们介绍几本相关的书，让我们阅读？"还有"教学组织形式"的需求，例如，有学生反馈："在提问后如果谭老师能组织我们讨论一下，我感觉上课就会轻松许多，而且可以听到别人的见解。"通过参与评价过程，谭老师了解了生成标准的过程，对生成标准的内涵有了深入的理解，而且在过程中不断地依学生需求改进教学，获得了专业发展。

（三）标准评定趋向质性化

生成标准的过程就是发现被评教师教学特点、存在问题的过程，以利于被评教师改进和发展。统一预设的标准反映的是具有共性的内容，有利于教师间相互比较，以达成标准的程度判定教师教学的差异，所以更重视数量化的结果。而教师的教学富于个人特征，表现各异，仅用抽象的数字难以表达和反映教师的教学过程。

20世纪中期后，质性评价的方法渐渐为人所知，尤其是近30年大量的开放性评价方法被总结出来。在生成标准的过程中不断地循环评价，其中使用最多的方法就是观察和访谈，生成标准的后设评价更需要重视评价的解释性，描述清楚问题才能更好地帮助被评教师改进。当然，在进行质性评价的同时，并不是完全排斥和否定量化评价，在评价中还需要适当地利用量化评价，将量化评价的功能整合于质性评价中。

本案例中，评价标准的生成依托的是谭老师的教学表现，而这种表现不可能用简单的数字来表达，这就使得不仅标准的生成过程是学生需求的概括反映，而且后设评价也会倾向于采用描述或解释性的语言来表达。如对"学生能够了解教师所确定的教学目标"的评价，是根据学生对教师教学目标的理解和把握的表达来获得和形成结论的。"谭老师今天在课堂设计了一个活动，让我们分组猜想导致那个结果的原因，看哪个组列得多。谭老师说可以是奇思妙想，也可以是胡乱猜想，反正列得多的组获胜有奖。我认为谭老师是想培养我们的发散性思维，让我们在学习知识的同时获得思维训练。"从学生的表达中，我们了解到了学生对教师的教学意图的理解，而如果依照以往的评价标准对教师进行评价，则关注的是教师对"学生能够了解教师所确定的教学目标"指标的达成度，以量化评价为主。而此处谭老师在教学目标的确定和实现上的表现，是通过学生的理解和把握获得的。透过学生的描述，评价者不仅能想象谭老师在课堂上的表现，而且收获了教学效果的相关信息。

附录 2　教师教学评价标准研究的回顾与展望

教师教学评价标准作为教师教学评价的依据，承担着引导和促进教师专业发展、学生发展和提高课堂教学质量等重要功能。随着素质教育和基础教育课程改革的深入，教师教学评价标准问题逐渐引起了学者与教育管理者的广泛关注和研究。对相关文献的阅读与梳理发现，在实际研究中，教师教学更多指向的是教师的课堂教学行为与课堂教学质量，而本章也是在此基础上进行回顾与展望的。

20世纪80年代以来，我国的课堂教学评价活动深受苏联"一堂好课"标准的影响，倡导"以教师为中心""以书本为中心"，评价内容大多依据教学的各要素确定，重结果、轻过程，操作性强且容易量化，因此被广泛实施。然而，随着时代的进步及教学评价研究的不断发展，这一标准在实践中逐渐暴露出其弊端：课堂僵化，教师照本宣科，学生缺乏思考等。随着西方先进教育评价理论与方法的传入，以及我国学者对现行评价状况和标准的反思，我国的课堂教学评价与教师评价标准又出现了新的发展。本章希望通过对我国教师教学评价标准研究的梳理，了解我国学者在该方面的研究成果和进展，探讨亟待完善的研究内容及未来的发展趋势。

一、教师教学评价标准研究的数据采集与数据样本

基于研究问题和研究内容，本章将中文检索的关键词确定为"教师教学评价""课堂教学评价""教学评价标准"，将英文检索的关键词确定为"teaching evaluation""teaching evaluation standard"，并分别在中国知网（www. cnki. net）、百链学术（www. blyun. com）等中文数据库和 EBSCO（https：//www. ebsco. com）、ERIC（https：//eric. ed. gov）等外文数据库中检索。

在中国知网上，以"教师教学评价"为关键词，按篇名进行精确检索，共获得318篇文章（其中，期刊文章222篇，硕博士学位论文50篇）；以"课堂教学评价"并含"标准"为关键词，按篇名进行精确检索，共获得173篇文章（其中，期刊文章

81篇，硕博士学位论文14篇）；以"教学评价标准"并含"教师"为关键词，按篇名进行精确检索，共获得12篇文章（其中，期刊文章7篇，硕博士学位论文2篇）。根据相关性、非重复性、学术性原则，经筛选，共得到有效文章74篇（其中，期刊文章64篇，硕博士学位论文10篇）。文章梳理过程中，发现它们涉及的教师教学评价标准大多为预定式标准，因此，又以"教师教学评价生成性标准""生成性教学评价"为关键词，按主题进行精确检索，共获得5篇文章（其中，期刊文章4篇，博士学位论文1篇）。在EBSCO数据库，分别以"teaching evaluation"并含"teacher"，以及"teaching evaluation standard"并含"teacher"为关键词，按标题进行模糊搜索，共获得215篇文章。在ERIC网站上以同样的关键词进行模糊搜索，结果大致相同。但分析发现，多数文章内容与研究主题并不完全相关，不具有很高的参考价值。

在百链学术上选择图书检索，以"教师教学评价"和"教学评价标准"为关键词进行标题搜索，并将范围确定为"教育领域"，分别获得21本和9本相关书籍，其中，《教师课堂教学评价指南（第5版）》《新课标下的教学评价技能》等书对于研究教师教学评价及其标准具有重要借鉴意义。最终，本章确定以这79篇文章和部分相关书籍为基本资料，对教师教学评价标准的相关研究进行梳理，但由于部分论文的题目与上述检索词不完全一致，本章的统计数据可能并不完整。

二、教师教学评价标准研究的基本情况与定量描述

（一）年份分布

由图附2-1和表附2-1可知，相关文章的发表时间跨度很大，且研究一直持续，从1998年到2017年这二十年间，几乎每年都有相关主题的研究。特别是在新课程改革的大背景下，1998年到2002年、2007年到2009年的论文呈递增趋势。2006年论文数量达到最多，有9篇；2009年也有8篇；近年来研究文章的篇数较之前有所下降，但总体上仍呈增长趋势。笔者认为，一方面，可能是近年来相关论文的题目与本次检索的主题不吻合，没有收集全面；另一方面，自新课程改革以来，有关教师教学评价的研究层出不穷并日趋成熟，想要找到新的突破点或者创新点比较困难。

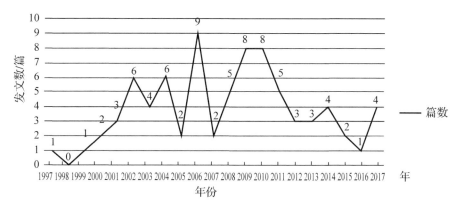

图附 2-1　79 篇教师教学评价标准文章的年份及数量分布图

表附 2-1　79 篇教师教学评价标准文章的年份分布表

年份	篇数/篇	比例/%
1997	1	1.27
1998	0	0.00
1999	1	1.27
2000	2	2.53
2001	3	3.79
2002	6	7.60
2003	4	5.06
2004	6	7.60
2005	2	2.53
2006	9	11.40
2007	2	2.53
2008	5	6.33
2009	8	10.13
2010	8	10.13
2011	5	6.33
2012	3	3.79
2013	3	3.79
2014	4	5.06
2015	2	2.53
2016	1	1.27
2017	4	5.06
总计	79	100.00

(二)刊载文章的期刊分布

刊载了 2 篇及以上关于教师教学评价标准文章的期刊情况见表附 2-2。

表附 2-2　刊载了 2 篇及以上关于教师教学评价标准文章的期刊

期刊	篇数/篇	比例/%
教育研究	5	13.51
中国教育学刊	3	8.10
当代教育科学	2	5.40
教育科学研究	3	8.10
华东师范大学学报(教育科学版)	2	5.40
教育探索	4	10.81
现代中小学教育	3	8.10
教育发展研究	2	5.40
教育与职业	2	5.40
教育理论与实践	8	21.62
教育测量与评价	3	8.10
总计	37	100.00

刊载文章的期刊共 36 种,其中仅发表 1 篇文章的期刊有 25 种,发表 2 篇及以上文章的期刊有 11 种,每种期刊的载文量约 2 篇。载文量较高的 11 种期刊中,有 7 种属于教育类中文核心期刊,如《教育理论与实践》《教育研究》《教育探索》等。刊载论文最多的期刊为《教育理论与实践》,共有 8 篇。这表明教师教学评价标准的研究价值已得到国内主流学术期刊的认可,同时也说明了教师教学评价标准的研究成果越来越多,影响越来越大,研究越来越深入。

(三)高产作者的分布

通过对发表相关文章的第一作者进行统计,发现第一作者共有 74 位,其中发表了一篇相关文章的作者有 70 位,占作者总数的 94.59%;发表 2 篇的有 3 位,分别是刘志军、卢立涛和庞丽丽,占作者总数的 4.05%;发表 3 篇的只有叶澜 1 位,占作者总数的 1.35%(见表附 2-3)。这说明 4 位学者对该主题的研究较为深入,后续研究者可优先参考、借鉴他们的作品。同时我们也了解到,虽然教师教学评价标准的相关研究已引起了学者的广泛关注,但对此深入且持续研究的学者较少,教师教学评价标准的研究群体和核心力量有待形成。

表附 2-3　发表相关文章最多的作者

作者	篇数/篇	作者	篇数/篇
叶澜	3	刘志军	2
卢立涛	2	庞丽丽	2

(四)学位论文情况

由表附 2-4 可知,本研究共收集了 11 篇与教师教学评价标准相关的学位论文,其中 10 篇为硕士学位论文,1 篇为博士学位论文。10 篇硕士学位论文的发表时间集中在 2003 年到 2012 年,正好处于新课程改革的大背景下,说明高校研究与国家教育政策改革紧密相连。但相关的硕博士学位论文数量不太可观,也说明该主题还未受到研究生们的广泛关注。硕士学位论文中有 7 篇来自师范院校,占相关学位论文总量的 64%,由此也凸显出师范院校在教师教学评价标准研究领域的前瞻性和优势。

表附 2-4　学位论文的基本情况

作者	年份	单位	论文名称
庞丽丽	2007	华中科技大学	《"以学生为本"的课堂教学评价标准研究》
刘素丽	2012	重庆师范大学	《新课改背景下小学课堂教学评价标准建构与实施研究》
潘娟	2004	首都师范大学	《教师课堂教学评价标准重构》
郑瑛	2006	云南师范大学	《我国发展性教师评价体系初探》
潘学中	2002	华东师范大学	《课堂教学评价实证研究——从"多元智能"实验看课堂教学评价》
陈敏	2011	中南民族大学	《高校教师教学评价体系研究》
刘皓	2010	上海外国语大学	《高校教师课堂教学评价指标的研究与设计》
张金泉	2004	曲阜师范大学	《新课改中的教师教学评价研究》
林向东	2005	福建师范大学	《新课程背景下的课堂教学评价研究》
蒋萍	2003	西北师范大学	《中小学教师教学评价的现状、问题及对策研究——以天水市部分中小学教师教学评价调查为例》
韦剑剑	2014	苏州大学	《本科教学评价的后现代主义反思》

三、教师教学评价标准研究的现状与主要特点

根据对所收集文献的定量描述与内容分析，发现近年来我国学者对于教师教学评价标准的研究主要包括标准的制定依据、标准的内容、标准的构建与评价方法、标准的实施四个方面。不同的学者从多角度对这些方面进行了阐述与探究，因此，本章也主要从这四个方面对教师教学评价标准进行总结与梳理。

(一)教师教学评价标准的制定依据

教师教学评价是针对教师个体的教学进行价值判断的过程，评价的依据不同，标准和结果也就不同。通过对文献的整理发现，当前教师教学评价标准的制定依据大致可分为四类。

第一类是以我国相关的教育政策、方针与法规为依据的。例如，惠洲鸿等人认为，教学评价是以国家规定的办校方针和办学思想为依据的。[1] 曹莉莉、薛忠慧认为，教师教学评价标准的制定依据是新课程改革中国家所倡导的"新课程评价理念"，即促进学生发展，促进教师成长，"以学论教"。[2][3]

第二类是以相关科学理论为依据的。陈兴桂主张，以建构主义理论为依据构建建构主义的教师教学评价标准，即以学生为中心，强调对学习环境设计及媒体的评价。[4] 曾晓洁则强调以多元智能理论所主张的"智能本位"和"情境化"评估的理念为指导，进行教学评估活动。[5]

第三类是以不同的价值取向为依据的。李长吉认为，教学评价标准的源泉有两种，一种是学生作为价值主体的需要与教师作为价值主体的需要，另一种是社会作为价值主体的需要，即主张社会本位与个人本位价值取向相结合。[6]

第四类是以不同的评价目的为依据的，即从教师教学评价是为了什么的角度思考标准的制定。当前教师教学评价存在两种不同的评价目的：一种是发展性教

① 惠洲鸿、朱晓丽、杨蒙：《对课堂教学评价标准的探讨》，载《山西教育学院学报》，1999(4)。
② 曹莉莉：《新课程理念下课堂教学评价的标准》，载《教育科学研究》，2003(7～8)。
③ 薛忠慧：《新课程小学课堂教学评价标准》，载《现代中小学教育》，2005(7)。
④ 陈兴桂：《建立建构主义课堂教学评价标准的几点探讨》，载《温州师范学院学报(哲学社会科学版)》，2000(2)。
⑤ 曾晓洁：《多元智能理论的评估理念及原则》，载《比较教育研究》，2003(6)。
⑥ 李长吉：《论教学评价标准——主体与内容体系》，载《天津师范大学学报(基础教育版)》，2006(3)。

师教学评价所倡导的以促进教师专业发展和个性发展为评价目的;另一种是奖惩性教师教学评价所反映的以对教师的鉴定分等、奖优惩劣为评价目的。随着教育理论与实践的发展,个体的需求与发展得到重视,发展性教师教学评价所提倡的评价目的成为主流。

(二)教师教学评价标准的内容

指标体系是标准内容的外在表现,教师教学评价标准的内容主要是由各项指标反映出来的。本章通过对文献中评价指标体系表内的一级指标进行整理,归结了三类不同的教师教学评价标准内容。

第一类认为,教学评价指标就是对教师教学行为与过程的分解。如惠洲鸿、赵印奖等人在有关教师教学的指标设置中认为,一级指标主要包括教学目标、教学内容、教学过程、教学效果等方面。[1][2] 个别学者也把教学方法(模式)、教师基本功(教师素质、教学艺术)纳入其中,共同构成评价的主要内容。

第二类是在新课程理念的指导下,将促进学生的全面发展作为评价依据,以三维目标为导向设立的。例如,周汉锋等人认为,教师教学评价标准的内容主要包括知识与技能,过程与方法,情感、态度与价值观,效果与价值四个方面。[3]

第三类则认为教学活动是师生互动的双边活动,因此,评价内容中既要包括教师的教,也要包括学生的学。陈瑞生将教学内容的一级指标设计为学生的课堂状态、教师的课堂行为与状态、教学设计与效果。[4] 韦芳则直接将教学内容分为教师的教(包括教学目标、设计、方法等)和学生的学(包括学生的参与状态、思维状态等)两大部分。[5] 郝志军则提出了"六关系十三指标",将评价内容分解为教师与课程、学生与课程、教师与学生、学生与学生、教师与课堂文化、学生与课堂文化六大关系下的具体指标。[6]

总之,教师教学评价虽然以教师为主体,但教师教学活动是师生互动、沟通与交流的过程,不是单一的教师主场,对于评价内容的设定必然离不开参与其中

---

[1] 惠洲鸿、朱晓丽、杨蒙:《对课堂教学评价标准的探讨》,载《山西教育学院学报》,1999(4)。

[2] 赵印奖:《谈课堂教学评价标准》,载《现代中小学教育》,2009(12)。

[3] 周汉锋、阎立泽:《新课程视野下课堂教学评价标准的探析》,载《临沂师范学院学报》,2004(3)。

[4] 陈瑞生:《让师生在践行中成长——江苏省常青藤实验中学有效课堂教学评价标准探讨》,载《教育测量与评价》,2010(12)。

[5] 韦芳:《新课程教学评价标准初探》,载《天津教育》,2009(6)。

[6] 郝志军:《中小学课堂教学评价的反思与建构》,载《教育研究》,2015(2)。

的教师与学生的活动。

(三)教师教学评价标准的构建与评价方法

教师教学评价标准即教师教学评价指标体系，包含指标系统、权重系统和标准系统三部分，不同的系统具有不同的构建方法。

关于指标系统，大多数学者采用因素分解与问卷的方法进行构建。刘志军主要从系统整体观点出发，将课堂教学作为整体来认识，综合运用整体分析法和内涵分析法，把课堂教学分成若干层次或因素。[①] 廖圣河等人认为，教学评价指标体系的构建应同时运用自下而上的实证归纳法和自上而下的理论演绎法。[②] 阚维则通过问卷调查的方法，确定了有效教学的评价指标。[③]

关于权重系统，学者们均采用定量的方法确定，并且越来越倾向于科学的计算方法。张丹等人基于教师教学评价的模糊性和不确定性，主张采用层次分析法和模糊综合评价结合的综合评价量化模型进行赋权和信息处理。而指标的确定则多采用定性与定量相结合的方式，能量化的尽量量化，不能量化的则采用定性描述。[④]

关于标准系统，大部分学者主张采用定量与定性相结合的评价方法。丁朝蓬认为在进行课堂教学评价时，要综合使用定量方法和质的方法。定量方法可用于精确地描述教师行为和学生行为；质的方法可提供课堂情境脉络，提供评价人对课堂行为的意义的理解。[⑤] 林向东则认为，基于某些内容与行为的复杂性与不可观测性，评价方式可以是量表评价、质性评价、定性评价与定量评价相结合。在具体实践中，单一的量化无法完整反映真实的结果。定性与定量不是对立的，二者结合，才能实现评价结果的公正与完整。[⑥]

(四)教师教学评价标准的实施

在教学评价的准备阶段，首要的工作就是确定教学评价的标准。长期以来，在教学评价的实践中，评价标准的预定性是其主要特征。评价主体根据之前按照

[①] 刘志军：《课堂教学质量评价标准的探讨》，载《中国教育学刊》，2000(2)。
[②] 廖圣河、翟启明：《研制课堂教学评价标准的注意事项》，载《现代语文(教学研究)》，2006(4)。
[③] 阚维：《有效课堂教学评价标准框架的实证研究——以北京市两区中学问卷调查为例》，载《教育学术月刊》，2013(1)。
[④] 张丹、高鸿斌、庞美严：《教师教学评价量化模型》，载《科技信息》，2010(25)。
[⑤] 丁朝蓬、梁国立、Tom L.Sharpe：《我国课堂教学评价研究概况、问题与设想》，载《教育科学研究》，2006(12)。
[⑥] 林向东：《新课程背景下的课堂教学评价研究》，硕士学位论文，福建师范大学，2005。

一定目标预设好的标准收集有效信息，对教师的教学进行评价。我们上文涉及的指标构建方法也是从预定式评价标准的设计来谈的，但在实践中，预定式评价标准逐渐暴露出其弊端：一元且僵化，忽视评价主体与教师间平等的对话与理解，从而限制其发展。① 随着后现代主义解释学的发展，人们意识到教学评价是一项动态且长期的活动，不能缺少理解性。只有评价主体与被评价者互相理解，才能真正实现评价的意义，因此，标准的生成性与非预定性就尤为重要。刘志军认为具体标准的确定应根据教师实际的课堂教学情况而定，这里所确定的标准不是一个面面俱到的标准，而是一个体现教师课堂特点的期待性评价标准。随着评价的开展，教师教学水平有了提高，标准也应随之调整，从而促使教师教学水平不断提高。② 魏艳春也强调我们要注重标准的生成性，在形成评价标准时，既要考虑评价者的意志，也要研究被评价者的意志与需求，双方逐渐形成共识。同时，评价双方共同生成的标准只是一个大致的概括性评价标准框架，具体标准要基于现实生活。③

总之，在实践中，预定式评价标准是对教师的共性要求，能够为教师的教学质量提供保障。而开放性的、非预定式的评价标准建立在沟通、理解、对话的基础之上，能有效地促进教师的个性化发展与教学水平的提高。二者不可偏废，我们应在保证教师教学质量的基础上促进教师更好地成长。

四、教师教学评价标准研究存在的问题与未来展望

通过对我国教师教学评价标准研究的回顾，我们了解到这些年教师教学评价标准的研究快速发展，成就显著。但同时，我们也无法回避在梳理、总结时发现的许多问题。展望未来，就教师教学评价标准而言，今后应加强以下工作。

(一)评价指标的设计应发挥其导向功能，与时俱进

如今，发展性教师教学评价逐渐成为主流，大多数学者认为教师教学评价的目的是促进教师的专业发展、提高教学质量，指标的设定也应围绕这一目的进行。随着素质教育、新课程改革等政策的推进，学生的主体地位日益凸显，教师

---

① 魏艳春：《后现代主义视野下的理解性教学评价》，载《基础教育》，2010(9)。
② 刘志军：《走向理解的教学评价初探》，载《教育理论与实践》，2002(5)。
③ 魏艳春：《后现代主义视野下的理解性教学评价》，载《基础教育》，2010(9)。

教学指向促进学生的发展，教师教学过程中学生的参与和表现也被认为应当作为教师教学评价的内容之一。"以学论教"有其合理性，今后评价指标的设计应该突出"学生参与""师生互动"的内容，发挥其导向功能，从把握学生主体地位的角度评价教师教学。此外，随着科技的快速发展，评价指标也应更具时效性。比如，多媒体技术的掌握在过去并不是教师教学评价的硬性指标，在当今却是。随着时代的快速发展，人们对教师的要求越来越高，因此，指标的设计应紧跟时代步伐，及时增加与更新评价内容。

(二)增强标准的区分度，形成分层的、具有多样性的评价指标体系

指标体系是评价系统的核心部分，既是评价内容的载体，也是其外在表现。因为教师教学评价主体具有多样性，包括专家、同行、学生等，不同主体基于自身的经验与角色，对于教师教学会有不同的价值判断。例如，专家比较关注教师的教学方法，而学生更关注师生关系、教师态度等。因此，今后教师教学评价指标体系的构建可以按照不同的主体分为不同的层次，从各个主体的角度设计评价内容，评价结果也应反映出不同主体的看法与观点。另外，目前制定的教师教学评价标准被认为是适用于所有学科、所有教师的，然而，不同的学科课程有不同的特点，新入职教师与教龄长的教师的授课方式与风格不同，不同学段、不同类别的学校具有很大的差异性，还有地域差异、城乡差异等，统一的评价指标体系必然无法真实地反映评价结果。因此，今后应针对不同的学校、学科、教师、环境等具体因素，制定出分层的具有多样性的教师教学评价指标体系。

(三)构建非预定式评价标准，强调对教师教学的形成性评价

当前以泰勒的"行为目标模式"为理论基础的终结性评价仍是主流，其评价标准是根据目标提前预设生成的，而对教师教学的评价也主要是对照标准看其目标达成度，这样的评价造成了评价者与被评价者的对立，造成了价值取向的单一、僵化，不利于教师改进教学工作和提升自我。目前，也有部分学者意识到预定式标准在实践中的不足，提出非预定式标准的构建，但制定方法与具体运用尚不成熟。因此，未来的研究应更多地重视标准的生成性，强调教学评价的过程性和理解性，探讨教师教学评价非预定式标准的研制与应用，在实践中不断地检验与修正，在活动中发现问题，为教师提供反馈，以期达到教学评价结果的发展性，促进教师的专业与个性发展，提升教学质量。

第三部分
教师教学评价模式

评价模式反映了评价活动中评价要素间联结的方式，教师教学评价模式则是对评价者、被评教师、评价内容、评价方式等评价要素间关系的反映。评价模式与评价目的直接相连，采用奖惩性评价体系还是发展性评价体系，所选用的评价模式截然不同。奖惩性评价的直接目的是为奖惩教师提供依据，强调可比性，故会更多地选择"控制—量化"模式；而发展性评价的目的是为教师发展服务，需要为教师发展提供更多的信息和帮助，故会更多地选择"观察—理解"模式。

第七章　两种教师评价体系及教学评价模式的选择

一、两种教师评价体系[①]

两种教师评价体系是指奖惩性教师评价体系与发展性教师评价体系。一直以来，在开展教师评价中奖惩性的评价体系占主导，但随着评价理念的更新，发展性教师评价思想已为人们所熟识，并渐渐地被引入教师评价实践。然而，评价实践中，困惑迭出：奖惩性教师评价存在的价值无法否定，而其存在的弊端同样显而易见，对奖惩性教师评价是抛弃还是扬弃？发展性教师评价如何具体操作，是否要确定具体的操作模式？其实，追究起来，矛盾源于对奖惩性教师评价与发展性教师评价关系的理解。就现有的观点来看，无非两种：一种认为奖惩性教师评价与发展性教师评价共存但相互独立，互不干涉；另一种认为两种评价体系是互相融合共生的关系，将两种评价进行整合，利用奖惩机制中积极的激励性因素来拉动教师的发展。为此，有必要认识两种评价体系的理念和特征、功能及相互关系。

(一)不同的评价理念和特征

奖惩性教师评价一般是指一种规定性的、有一定范式的教师评价制度，重点在于发挥评价的甄别、监督功能，通过奖惩的方式为管理者对教师做出聘任、晋级、增薪等决策提供依据。而发展性教师评价是为教师的专业发展提供有效指导，以促进教师专业发展为最终目的的评价。

从以上表述可以看出，两种评价体系的本质相同，开展教育评价就是要进行价值判断，但目的各异，存在着为奖惩和为改进发展的不同目的。正是因为评价目的的差异，它们表现出了不同的特征。

第一，评价指向不同。奖惩性教师评价面向过去，发展性教师评价面向未

---

① 史晓燕、张世贤：《奖惩性与发展性教师评价关系探析》，载《教育实践与研究》，2007(5B)。

来。传统的教师评价考查教师的工作表现，以此来区分优劣，给出评价结论，显然是面向过去，对以往的状况做出价值判断。而发展性教师评价强调教师评价的改进、激励功能。了解教师的现实水平和工作表现的目的是为教师指明发展方向，发现和改进现存的问题，一切都是为了教师未来的发展，可见其评价指向的是未来。

第二，评价关系不同。奖惩性教师评价活动中，评价者与被评价者是一种主动与被动的关系，即由于评价标准与评价方法既定，对于评价者进行评价不过是根据所得信息考量达成度，同样较为被动。并且评价的对象表面上是教师，但实际考查的是工作表现，整个评价是围绕工作进行的。而发展性教师评价活动中，评价者与被评价者间是一种合作伙伴式的平等关系，双方协商开展评价活动，被评教师可以对评价结论进行解释、质疑，整个过程是对被评教师的培养、教育过程，采取以人为本的价值取向，对工作的评价只是鉴定和分析教师发展状况的手段和材料，评价围绕着如何促进教师发展进行。

第三，评价标准不同。奖惩性教师评价的标准是统一的、预设的，这一标准的制定总是采用自上而下的办法，更多地采用他人评价和外部评价。其实，这也是与评价目的相对应的，由于传统评价更注重鉴别优劣，统一的预设标准便于比较，无论由谁来评价，也不论评价对象是谁，采用的都是一个标准，认为只有这样，才称得上是客观评价。发展性教师评价的标准是个性化的、动态的，其标准的制定采用自下而上的方法较为适宜，因为如此建立的标准有针对性，符合评价对象的实际，也能够使被评价者更好地认识评价标准的作用。发展性教师评价标准的制定过程是通过协商完成的，难免存在一定程度的主观随意性，在具体的实施中会发现很多问题，因此会边评价边修正，在实施中不断完善。

第四，评价方法不同。奖惩性教师评价强调量化评价（追求客观、准确），多采用外部评价，注重结果；发展性教师评价强调质性评价（提倡解释性、改进），提倡自我评价和形成性评价。由于奖惩性评价是预先设定的标准，其主要功能是鉴别评价对象的水平，让评价对象比高低，不关心教师工作的具体过程，而主要关心工作结果，自然主张评价标准刚性化，就像我们量东西要有一把统一刻度标准的尺子一样，并注重以数量化关系来表达标准，认为这样才能够进行客观评价，也利于比较。而发展性教师评价为了产生教育性，需要评价标准有较强的针对性，能通过评价使评价对象获得对自己的正确认识，与评价者达成共识，改正问题，把握发展方向。因为它不只关心结果，更关心过程，这样的质性评价更具价值。

第五，评价过程不同。由于奖惩性评价主要是为了区分优劣，所以收集信息、下结论成了主旋律，评价时间短，一堂课、一次教育活动就可以解决问题，被评教师自然是处于被动状态。而发展性教师评价要将教师的教育教学活动过程纳入评价的全过程，评价是与教师的教育教学活动同步进行的，评价本身也是教育教学活动的一个组成部分。这样一个对教师的培养过程，不可能一蹴而就，所以是呈周期性推进的。基本的评价程序为：评价双方共同协商评价目标—确定评价计划—收集评价信息—实施评价—指导反馈。这样经过多次循环，形成螺旋上升状态，完成一个培养过程。评价活动呈周期性推进，不仅使教师能深刻了解教育教学过程，也使其了解评价过程，从而学会自我评价，不断改进、提高。

（二）相同的促进教师发展的功能

奖惩性教师评价与发展性教师评价有着不同的理论假设。

奖惩性教师评价认为：第一，学校的教育质量靠摒弃不称职的教师来保证；第二，学校没有培养教师的义务；第三，教师是靠外部压力而被迫改进和提高的。

发展性教师评价认为：第一，教师靠自我激励而发展；第二，学校、教师机构应帮助教师，为其提供发展的机会；第三，通过培养、指导，教师是可以发展提高的。

从中可见，奖惩性教师评价通过管理手段，以相对评价为主要的价值判断方法，利用评价结果影响教师的声望，营造一种外部压力，迫使教师改进和提高。具体而言，奖惩性教师评价认为只有通过外部的奖励才可以调动教师的积极性，而对于那些不称职的教师，只有通过惩罚才能够使其改进。发展性教师评价是要通过评价给教师一个改进和提高的机会，在评价过程中帮助教师发展。教师作为受过高层次教育且以教育人为职业的群体，内部动机比外部动机更具有激励性，教师的进步和发展应以自我激励为主。

在此暂且不论两种评价体系理论假设的过失，可以认定的是两种评价体系均具有促进教师发展的功能，各有其存在的合理性。奖惩性教师评价关注教师的德、能、勤、绩，关注教师的工作态度、工作表现和工作质量。这对提高教师的职业素养和教育教学能力有一定的作用，对保证学校教师的整体素质及实现教师利益的合理分配均是一种必要的手段。所以，奖惩性教师评价制度在现在乃至未来均不可能废弃。发展性教师评价认为，开展教师评价的真正目的不应只为鉴别教师间的差异，教师间存在差异是永恒的真理，开展教师评价最值得关注和研究的是如何通过评价促进教师的成长和发展，通过教师评价将弱小的力量扶植起来，将潜在的力量挖掘出来。

(三)评价体系的选择

具体到两种评价体系的关系，还是需要以辩证的观点来分析和处理。

若将发展性教师评价视为一种思想，将两种评价体系进行整合，利用奖惩机制中积极的激励性因素来拉动教师的发展，将支持前述观点——两种评价体系是互相融合共生的关系。正如素质教育思想的贯彻一样，无论采用什么样的教育模式，只要符合素质教育思想，就可以被认同。开展教师评价只要能促进教师发展，什么样的评价体系都可以被接纳，奖惩性教师评价和发展性教师评价均有促进教师发展的功能，当然可以相互融合共生。

但在进行教师评价的具体操作上，还是需要将两种评价体系割裂开来，也就是采取奖惩性教师评价与发展性教师评价共存但相互独立、互不干涉的方法。即根据不同的评价目的选择不同的评价操作体系。对教师入职考查、教育教学活动完成质量考查、年度专业考核、专业标准达标情况认定、选先评优、晋职晋级等，选择奖惩性教师评价体系。以泰勒目标行为模式开展教师评价，主要评价教师的目标达成度。这里的标准是统一、预定的，此标准越是信度、效度高，评价结论的客观性越强，同时，被评教师间的可比性越强，当然也就会为实施奖惩提供强有力的证据。而以教师培养、改进为目的的评价则采取发展性教师评价体系，以"协商和回应"为基本特征，被评教师与评价者共同商定评价方案、确定评价目标、收集信息，进行价值判断，为改进问题和未来发展提出建议和措施。这种评价体系更强调形成性评价、自我评价的作用，评价标准是一个动态的确定和完善过程，具有个性特征，以个体内差异评价为主要的价值判断方法，不以给出结论作为评价的完结，评价结果不具备与他人的可比性。

之所以将两种评价体系割裂开来，是为了确保发展性教师评价操作过程的顺畅，同时也是评价的伦理道德决定的。开展发展性教师评价要充分地暴露问题，如果将发展性教师评价过程的信息资料作为奖惩的依据，被评教师会产生抵触、焦虑、防御等不良心理，同时也有违道德。

综上，奖惩性教师评价体系和发展性教师评价体系各具特征和功能，由于目前我国的评价主要是奖惩性教师评价，我们倡导开展发展性教师评价。值得注意的是，奖惩性教师评价不会消亡，我们应根据不同的评价目的选择不同的评价体系，建议以实践为导向，在强化可操作性的基础上理解和确立二者的关系。

二、教师教学评价模式的类型

(一)"控制—量化"模式

"控制—量化"模式是指采用结构性的评价方式，即首先明确评价标准(目标)，再收集评价对象开展教育活动的信息，衡量评价对象达到标准(目标)的程度，是一种预定式标准的评价。

"控制—量化"模式以目标及预定标准来控制评价。"控制—量化"模式的主要代表是泰勒的目标达成度模式，也称为"行为目标模式""泰勒模式"，其基础是布卢姆的教育目标分类思想。泰勒模式的核心是评价目标达到的程度，把预定结果与实际结果进行比较。布卢姆的教育目标分类学则是要把模糊的教育目标变为具体的、可操作的，从而也可进行评价的目标。可见，"控制—量化"模式出于科学实证的哲学观，是客观主义的认识论。它认为，存在着一个客观的、实在的教学质量(或水平)，这种客观实在可以通过某种科学的方法得到正确的反映。

"控制—量化"模式的控制性表现为：评价的指标体系和标准是固有的，不针对某一被评对象设立，使得评价者有标准可依，减少了主观因素；整个评价方案力求反映教学过程的本质和特点，充分考虑教师的主导作用，又考虑学生的学习心理特点；评价指标不断细化，分解教学行为，从而可测、可比，简化繁杂的形式，直接量化打分。

可见，"控制—量化"模式追求客观、准确性，根据教育目标确定评价标准，运用科学的统计分析方法确定评价模型的基本指标和各项数据。

量化，即追求评价数量化。"控制—量化"模式认为只有精确的数量化结果才能反映出评价的科学性，因而要建立完善的数学模型。此观点基于桑戴克和麦柯尔的著名论断——"凡客观存在的事物都有其数量""凡有数量的东西都可以测量"。分析常见的教学评价模型，从指标到标准，无不数量化。从指标看，教学评价模型中的指标是具体的、可测的目标，通过观察教学过程，以等级语言分类后赋值。当然，教学评价中，有的因素的指标可以直接量化，有的则不然。例如，在教学效果中，学生完成教学目标的人数（比例）、成绩，教学有效时间等，可以直接量化。而学生对学科的兴趣、师生关系的融洽及情感领域的指标就无法直接量化，只能定级赋值。通常可根据即时观察达标学生的人数比例（70％为及格线，80％为良好线，90％为优秀线）或教师达标的程度来定级（及格、良好、优秀）。从权重看，评价者根据指标在目标中的不同地位和作用，分别赋予各指标不同的数值，解决指标价值大小问题。权重可以用小数表示，也可以用整数表示。

分析"控制—量化"模式，其主要特征可概括为以下几点。

第一，评价活动依据预先制定的教育目标展开，强调评价活动要严格遵守与执行教育目标的规范性和一致性。

第二，依据预定教育目标确定评价内容；通过分解或细化教育目标来制定评价标准，每一个标准都是可以测量的；在评价过程中，评价标准是确定的、统一的，不能随便调整。

第三，评价过程是一个闭合过程，以教育目标为出发点和归宿；评价过程是评价者对评价对象的单向评价，评价对象只能被动地接受评价；在具体操作中，评价的实施步骤也是按照实现目标的需要预先设计好的，整个评价过程都是在评价组织者与实施者的控制之中进行的。

第四，在评价方法上，"控制—量化"模式强调采用具有很强操作性的量化方法，采用定量分析法判断评价结论。

第五，教学过程结束则整个评价过程随之终结。评价结果所呈现的信息主要为教育管理者所使用，满足其管理需要。[1]

（二）"观察—理解"模式

"观察—理解"模式是一种开放性的评价，即评价者与评价对象在共同开展的教育活动中进行参与性观察，多角度收集信息，共同协商，不断达成共识，从而改善评价对象教育行为的一种评价模式。[2]

"观察—理解"模式源于美国学者所建立的教师发展系统。[3] 20 世纪 80 年代，美国得州大学教授哈里斯（Ben M. Harris）和希尔（Jane Hill）发展出一套"教师发展评价系统"——通过教师的自我分析、评价者入教室观察、学生对教学的反应等

---

① 李艳华：《高校学生学业评价模式选择研究》，硕士学位论文，河北师范大学，2013。
② 史晓燕、马丽媛、贾周圣：《基于"观察—理解"模式的教师评价探索》，载《教育实践与研究》，2010(8A)。
③ 史晓燕、赵华：《"教师发展评价系统"探析》，载《教育理论与实践》，2008(9)。

方式，收集教师的教学表现资料；鼓励教师和评价者在互相信任和合作的基础上设定专业成长计划并实施，从而不断促进教师的专业发展。[①] 这一评价系统没有在美国本土大面积推广，也没有造成太大的影响，却为英国人所用。英国在广泛调查的基础上，于20世纪80年代末至90年代初开展了发展性教师评价。

"观察—理解"模式的组织实施过程及操作可用一个实践案例，以"专家协同强化反馈"模式具体开展教师教学评价。[②]

所谓"专家协同强化反馈"，是指由教育教学专家、有经验的教师组成专家团，以学生对教师课堂教学的不断反馈为切入点，形成自我、他人全方位的反馈，为教师自我反思及评价分析提供信息。

1. 组织实施过程

参与的人员主要是教师本人、学生、教育教学专家、学科有经验的教师。以课堂教学为切入点，采用发展性教学评价思想，通过不断进行诊断性评价、过程性评价及教师自我评价等，参与人员合作完成教师教学评价过程。

教师本人是实践的载体，在整个教育教学过程中处于最积极的状态，要不断地收集、整合来自多方面的信息源，通过自我反思实现改进教学和自我发展的目的。

学生主要通过提供课堂反馈信息来参与教师教学评价过程。教育教学专家和学科有经验的教师等相关人员听课获得的课堂观察信息只是外显部分，而学生对课堂的需要、对课堂各方面肯定或否定的意见，以及学习效果信息，采用问卷、访谈、测验等方式更为适宜，且可进行连续反馈，使信息更全面、客观。

教育教学专家和学科有经验的教师主要依据教育教学规律，帮助教师分析课堂，指导教师提高教育教学水平，跨越经验，向专家式教师迈进。

值得一提的是，参与者无论是教育教学专家、学生还是教师本人，在整个活动过程中都是一种平等、合作的关系。以往无论是从管理角度还是从评价角度来看都处于弱势、被动地位的教师或学生，在这里却是最大的受益者。

2. 采用的评价工具及操作手段

观察采取课堂实录（笔录）及摄像机实录、填写课堂教学行为观察表等形式，

①　刘淑兰：《教育评估和督导》，154页，上海，华东师范大学出版社，2000。
②　史晓燕、张世贤、李亮：《"专家协同强化反馈"教师教育模式实验研究》，载《河北师范大学学报（教育科学版）》，2007(4)。

将课堂的情况反映出来，以备评价分析，主要由教育教学专家和学科有经验的教师操作。收集学生对课堂的意见及学习效果，主要利用学生课堂反馈表、访谈及测验的方式进行。

具体的操作手段如下。

一是教学技能培训。采取专家讲座、研讨、观摩课等形式，使教师了解和掌握教学技能。这一过程主要是发挥专家的作用，教育心理专家、学科专家、学科有经验的教师利用不同的形式，从不同的角度使教师获得教学技能指导。

二是教学反馈技术。一般教师课堂教学反馈从主体上可分为自我反馈、专家反馈、学生反馈、同行反馈等。"专家协同强化反馈"的教师发展模式更强调学生的课堂反馈，通过持续性的每周甚至每节课，使教师获得学生在各教学环节对教师教学任务完成情况的评价，从而奠定教师形成教学能力和获得发展的基础。全过程的评价反馈形式简单、切实可行。专家反馈主要是指学科专家、同行有经验的教师在逐步了解教师的情况下，参与课前对教学的设计，进行课后面谈式的评价活动。这样通过教学反馈，教师对自己的教学情况有一个准确、客观的认识，从而使"问题教学行为"得以改正。

三是现场指导技术。教育心理学专家、学科专家及学科有经验的教师深入课堂，指导教师在不同教学情境下选择最佳教学策略，使教师的课堂教学得到有效的调控和校正。可利用微格教学法，分步骤帮助教师：表现出积极的个人品行，掌握环境创设的能力，提高提问技巧，强化准确表达教学信息的能力。

综上，"观察—理解"模式的主要特征可概括为：第一，以改进和发展为目的开展评价；第二，以协商和回应形成评价关系；第三，以形成性评价推进活动过程；第四，以个体内差异评价为主要的价值判断方法。

三、教师教学评价模式的选择

(一)不同的评价目的使主体选择不同的评价模式

评价模式的选择以评价目的为依据，进行教师教学评价同样需考虑评价目的的不同。从主体的角度，我们可以将教师教学评价目的分为三类：为管理者改进管理服务，为教师改进教学服务，为学生改进学习服务。不同的评价目的会倾向于选择不同的评价类型，从而选择不同的具体评价模式。

1. 为管理者改进管理服务的评价模式的选择

教师教学评价如果是为管理服务，则较倾向于选择区分教师、为教师排队的相对评价，采纳奖惩性教师教学评价体系。如此，"控制—量化"模式类型为基本选择，具体的评价模式适于目标达成性的评价。

我们不否认为管理服务而采用的评价模式的存在，因为有其存在的合理性，但运用此类模式易出现的问题也不容忽视。阎续瑞等人认为，这种管理性的评价模式强调学校对教师的管理，却易忽视教师的个人发展，尽管对学校工作有一定的积极作用，但过于强化此功能或片面地运用此功能，不利于教师发展，也不利于学校的可持续发展。[①] 管理性评价往往以学生的考试成绩或升学率为评价教师的标准，使教师困于其中，导致教师发展出现片面化及功利化的倾向，甚至为了获得好的评价结果而弄虚作假，很难去关注自己的专业发展。这种评价多以管理者为主导开展评价，忽视了其他主体的评价，被评教师只是被动地接受评价结果，缺乏自我发展意识，也就失去了专业发展的内驱力；同时，缺失了专家学者的学术性评价及学生的意见，也会使评价缺失许多有益的信息。这种管理性的评价模式强调教师的适应性，忽视了评价过程的互动性，评价中领导与教师、教师与教师、教师与学生之间处于隔离状态，这种状态不利于教师在教学过程中的成长。这种管理性的评价模式强调短期的业绩，忽视对教师的长期激励。

因此，在选择和运用为管理服务的教师教学评价模式时，应建立新的评价理念。一方面，如无特殊目的，尽可能不采用或少采用此类评价模式；另一方面，在选用时如能加以改进，尽可能为教学、教师发展服务。例如，评价主体多元化，以满足教师发展的需要；评价方法引入质性评价，增强评价结果的解释性，使被评教师在评价中受益。

在此，汤声平改编徐永平教授的综合素质教育的设计而形成的"发展性教师绩效评价模式"[②]可供参考。

绩效评价本是管理性评价，而汤声平引入了发展性评价思想。在第一个环节确立评价目标成效上，确立评价教师的"知识、技能与情意"三方面目标，采用基于标准的参照式评价，使教师在努力达成评价表的要求时多方改进教学。在第二个环节确定评价方法时，强调成功运行评价要保持教师的绩效压力，同时也保持

① 阎续瑞、吴建华：《管理性评价模式对教师评价的影响及对策思考》，载《沧桑》，2008(6)。
② 汤声平：《发展性教师绩效评价模式的设计与实践》，载《重庆工商大学学报(社会科学版)》，2010(6)。

对教师的内在激励。其中，重视通过多渠道提供评价反馈以激活教师专业发展的心理需求，便是一种隐性的内在激励手段。第三个环节是通过教学过程评价与修正达到成效，主要是由督导及专家来组织教师评议，反思评价结果，从而使教师获得发展。第四个环节是评价结果的运用，一方面，区分优劣，这也是绩效评价（管理性评价）的根本目的；另一方面，通过强有力的评价信息反馈，如同事间互评、学生网上评教数据等，达到发展性教学评价的最终目的，改进教学，促进教师发展。

为管理服务的评价模式的选择的基本要求如下：第一，采用标准明确的预定式评价模式。这样可以在评价过程中发挥评价的导向功能，使被评教师在追求目标的同时获得自身发展。第二，建立以绝对评价为基础的相对评价模式。管理性评价往往是为奖惩提供依据，大多倾向于相对评价，让被评教师排序，相互比较，如此不利于诊断，故而应以绝对评价为基础，在相互比较的同时明确目标要求及个人的目标达成度，这样可以发挥评价的改进和发展功能。第三，在满足管理需求的同时，处理好评价与教师专业发展的关系。

2. 为教师改进教学服务的评价模式的选择

为教师改进教学而评价，首先需要确定评价的基本内容。这时选择"控制—量化"模式无法真正取得实效，因为教师改进教学需要的是切实地了解教学问题，并进行分析诊断，提出改进计划和措施，因此，为教师改进教学服务的评价模式应是"观察—理解"模式。

北京师范大学的胡定荣在研究薄弱学校的教学改进时认为，需要进行四个方面的诊断：教师教学动力、教师教学设计、教师教学实施、教师教学反思。在教师教学动力诊断方面，研究发现教师教学压力、拉力、推力是教师动力结构的主要表现。如果压力欠缺、推力不足、压力不够，则教师不会有教学积极性。要想提高教学积极性，需给教师具体的目标、适度的压力，并帮助教师进行专业发展规划，运用教学拉力来提升教学效能感。在教师教学设计诊断方面，他认为有效的教师教学设计是达成教学目标的前提，直接影响教学效果。开展教师教学设计诊断，需要了解教师怎样认识教学设计，在进行教学设计时是怎样思考的，又是如何进行具体的教学要素设计的。具体而言，要诊断教师教学设计的指导思想；诊断教师是如何对教学活动要素进行总体规划和细致设计的；诊断教师能否依课程标准及学生实际来处理和把握教学内容，准确定位教学的重点和难点；诊断教师对学情的具体把握情况；诊断教师是否能在教学设计中把教学目标的核心地位凸显出来；诊断教师是否遵循学生的学习规律；诊断教师教学设计所采用的教学方法及手段是否符合完成特定教学任务的需要；诊断教师是否关注并合理进行教学反馈的设计。在教师教学实施诊断方面，他提出教学设计的最终落实要靠课堂，反映于具体的教师教学行为中。所以，教师教学实施的诊断表现为对教师教学行为的诊断，教师在教学过程中对教学任务的呈现、组织、实施和检查。有效教学任务的呈现要求包括：①教学任务的内容和要求明确，反映学科知识的性质，使学生知道学什么、为什么学。②从学生的认知和情感状态出发，遵循从已知到未知的认识规律，激发学生的求知欲。③创设问题情境，激发学生思考。而任务组织阶段是教师向学生分派学习任务，让学生了解应做什么、怎么做及具体要求是什么。教学任务的实施，要求教师充分发挥学生的主体作用，根据教学目标的要求，将任务难度分解，给学生足够的探索学习空间，逐级实施教学任务。教学任务的检查要通过课堂反馈进行，通过有效的反馈了解教学目标的实现情况，以此了解学生的变化，以目标激励并让多数学生实现教学目标。在教师教学反思诊断方面，一方面，要通过诊断使教师了解教学反思是教学过程的一部分，从而了解过程与结果的关系，通过反思不断改进教学过程；另一方面，使教师再认识自己的教学过程，审视自己的教学观念及行为的合理性。他特别指出了有效的教学反思的特点：①以自己的教学活动为对象。通过对自己经历的教学活动进行反思来获得教学知识，而不是通过对他人实际的和理论的教学活动的思考来获得教学知识。②以对自己教学观念和行为的合理性质疑为内容。③以观察和系统的思考为方法。④以增长自己的教学实践知识和提高教学效果为目的，而不是获得理论知识。[①]

可见，为教师改进教学服务的评价模式具有利于教师了解个人教学情况，并能够针对具体教学活动进行分析、诊断的基本特征。

为教师改进教学服务的评价模式的选择的基本原则如下：第一，被评教师可参与整个评价过程，使其获得大量的多方反馈信息，更有利于其了解、分析个人教学行为。第二，评价参与者具有平等地位，是合作关系，有利于被评教师分享他人经验，从而改进个人教学问题。第三，尽量选择非预定式标准评价模式，这

① 胡定荣：《薄弱学校的教学改进——大学与中学的合作研究》，70～99 页，北京，教育科学出版社，2013。

样有利于被评教师关注学生的需求。

3. 为学生改进学习服务的评价模式的选择

开展教师教学评价，为学生改进学习服务，需要所选模式在整个评价过程中以学生为中心，这就意味着要通过评价引导教师关注学生的需要及学生的收获。同样，关注学生改进学习，需要诊断，故而选择"观察—理解"导向的模式为宜。

在此以目标游离模式的教师教学评价为例。目标游离模式缘于泰勒模式评价中不关注非预期效应的问题。开展教师教学评价要改进这种只评价预期效应（目标）的情形，则需要采取抛开目标的做法，收集教师有效的教学行为。而判断教师教学行为是否有效，更多地来自学生的反馈。不断地征询学生的意见，看教师的哪些教学行为对其产生了影响或使其受到了启发。如此，一方面，学生能不断地认识教师的教学过程；另一方面，被评教师对学生用心，能真正地关注学生的认识和需求。

兴盛于学校的课例研究同样意在于此。课例研究关注学生的学习过程，使学生的思维可视化，以分析和改进教师的教学，形成一种间接的教师教学评价。

以往的教师教学常常以任务为中心，很少考虑学生的需求。例如，某一单元教学需要学生学习某个理论、定理、公式，便由教师讲给学生，然后要求学生理解、应用。当然，最直接的表现就是解决问题，这一教学过程是一个"演绎"的过程，从抽象到具体，从一般到特殊。其实，这也是一种学科逻辑。至于学生的学习水平如何、对什么感兴趣，往往被忽略了。而开展课例研究，根本的变化是关注点的转向，从教师转向了学生，追究的不再是教师素质和组织能力问题，例如，某个问题是否讲清楚了，活动设计得怎么样，活动组织得如何，而是将注意力直接转向了学生在解决问题和参与活动时是如何思考的，是否掌握了目标。由于课例研究是团队在行动，课例准备经过了教师集体的反复讨论，初始的教学设计是团队对学生学习心理预设的结果，授课教师在课堂上只是团队的代言人，团队其他成员的工作是观察和记录学生的学习过程。这就需要在课堂上给学生更多的学习材料、学习问题，使教师能将对具体现象的研究上升为理论，获取答案。教学过程是一个"归纳"的过程，从现象到本质，也是一种依学生学习心理设计的教学过程。教师通过课堂的观察记录，课后分析学生的思维过程，再设计教学，不断地满足学生的学习需求。

课例研究通过学生的学习反映，不断地修正教学设计，在不断满足学生学习需要的过程中，改进教师的教学，同时使学生的学习获得改进。

为学生改进学习服务的评价模式的选择的基本原则如下：第一，要设计好课堂观察表，全面、准确地收集课堂信息，特别是学生的思维过程信息。第二，要让学生理解这一评价过程是为学生改进学习服务的，因此，学生也是评价的积极参与者。学生思维过程的可视化需要学生通过表达、行为呈现，所以需要处理好学生与评价者的关系。第三，所选评价模式尽量具有开放性，被评教师应成为评价的参与者，在评价过程中不断生成评价标准，以促使学生改进学习为目的。

(二)选择不同的评价模式，实现不同的评价功能

评价目的是对未来评价实现功能的设计，而评价功能是评价活动对教育活动产生的实际影响。评价活动本身具有多重功能，有直接的功能，也有间接的功能，但具体要实现什么样的功能，需要通过选择不同的评价模式。

1. 甄别功能的实现

甄别功能是教育评价主要、直接的功能。开展评价的基础是比较，这就需要有明确的目标，在比较目标达成度的基础上实现甄别功能。因此，实现甄别功能的教师教学评价模式的选择应把握如下原则：第一，评价者与被评教师处于一种分离状态，被评教师的主要作用是提供证据，以备甄别之用，一般不直接参与评价过程。第二，评价的标准是预定的，评价指标的可测性强，便于量化。评价者也是依证据得结论，没有太多的自主空间。第三，评价往往以教学比赛的形式开展，评价的方法以量化为主。

2. 改进功能的实现

改进功能实现的前提是发现问题和诊断问题，相对而言，改进功能是一种间接功能，也是目前新的教学评价理念的体现。因此，促成改进功能实现的教师教学评价模式的选择应把握如下原则：第一，评价队伍应吸纳教学专家、学科能手，形成评价者对被评教师的指导关系。第二，被评教师应参与整个评价过程，在评价过程中应给予被评教师解释和质疑的机会。第三，教师教学评价的组织过程最好以大型面谈形式开展，这样可以吸收多元价值取向下的不同观点，为被评教师提供更多的反馈信息。第四，评价结果的处理不应仅停留在信息反馈上，而应与被评教师协商制定好改进计划。

3. 激励功能的实现

激励功能本是教师教学评价应具有的直接功能，但如果组织不力，这一功能可能难以实现。因此，要实现激励功能，选用的评价模式需注意把握如下原则：第一，教学评价过程及结果应与被评教师具有密切关系，或来自外部驱动，与其名利有关；或来自内在的动力，使其感悟到有利于自身发展。第二，应考虑被评教师自身的特点来选择教师教学评价模式。例如，新手型教师以参评者互动、经验分享式的面谈组织更为有效；成熟型教师则着重于被评教师的自评，分享其教学设计理念和教学感悟。第三，评价过程中准确抓住问题的同时，应给予被评教师足够的尊重和鼓励，使其树立改进的信心，才能起到激励作用。

　　4. 发展功能的实现

　　发展功能是指通过教学评价起到促进被评教师发展的作用。发展功能属于间接的评价功能，需要通过良好的组织来实现。欲实现发展功能，选择评价模式时应把握如下原则：第一，全面、准确地收集教师的教学信息，通过教师教学评价了解教师教学的特点及主要问题，为教师改进奠定基础。第二，了解教师教学改进的内在需求，激发教师改进、发展的内在动力，这就需要选用发展性的教师教学评价模式，根据被评教师的特点不断生成评价标准。这样不仅能通过教师教学评价发现问题，而且能够制订好改进计划，为被评教师指明发展方向。第三，评价应具有持续性，以学期、学年来制定评价周期，以便被评教师通过不断的评价持续改进，达到发展的目的。

第八章　典型评价模式及其运用

这里涉及的典型评价模式主要有行为目标模式、CIPP 模式、目标游离模式。选择这些模式，最重要的原因是其或为众多的评价者所运用，或对教师的培养、改进和发展具有较高的价值。

一、行为目标模式

(一)行为目标模式的基本思想及价值分析

"行为目标模式"又称"泰勒模式"，是美国"八年研究"的成果，由美国"教育评价之父"泰勒创立，是现代西方乃至整个世界出现较早的一种教育评价理论流派，也是教育评价史上第一个具有完整结构体系的教育评价模式。该模式是一种以教育目标为中心，判断实际活动是否达到预定目标及达到目标的程度的模式。教育目标是整个评价活动的中心。在实际操作中，目标既决定着评价的内容及标准的确定，也规范着评价的组织过程及方向。目标模式追求的最终结果是找出实际行为偏离目标的程度，根据评价结果所提供的信息，帮助管理者改进教育目标，进而提高实际工作接近目标的程度。

泰勒在 20 世纪 30 年代提出的这一行为目标模式是典型的预定式评价模式，即将目标及标准建立于评价之前，评价围绕着目标进行。其创立的根源是人们发现"教育测量运动"时期兴盛的"测验"无法测量出教育的全部效果，且测量分数缺乏解释性。泰勒认为，评价就是依据评价目标，将评价内容分成具体、可见、可操作的行为目标，测量教育活动结果的目标达成度。

该模式实施的一般步骤如下：①拟定教育目标；②将目标分类；③用行为术语描述、界定教育目标；④创建具体目标达成时的情境；⑤选择恰当的测量方法；⑥观察或统计学生的行为表现；⑦确定学生行为达到既定目标的程度。

与过去以学生为焦点的评价相比，该模式扩大了评价的范围，改变了"教育测量运动"时期仅围绕教科书考查学生背诵情况的局面，把评价的重心转移到了教育方案的其他方面，这就使得评价者关注教学目标、教学过程及教学程序等与学生学业相关的内容。更突出的优势是，它提高了评价的价值，改变了"教育测量运动"时期通过评价对象相互比较得到评价结果而造成成本花费较高的做法。它以目标为中心，要求反映教育结果与目标的关系，这样就可以通过了解学生与目标的差异来判断学生的改变情况，并且明确地了解到学生在某个具体目标上的差异。目标的这种明确性，十分有利于对学生进行诊断和改进。如果形成一个良好的评价结构，从评价目标确定到目标实施再到良好的反馈，乃至修正和弥补目标，则会提升实际的教育效益。

进行学生学业评价时，行为目标模式强调学业评价过程是判断学生学习行为变化情况及所取得的成就的过程。此外，该模式还强调评价过程是周期性的、循环进行的，并不是一个直线过程。泰勒的这些观点对教育评价理论的发展具有非常积极的影响，一度受到学校教师的广泛推崇与使用。

但在长期的实践过程中，行为目标模式的局限性逐渐暴露。例如，评价是从教育管理者的角度出发的，它过于强调教育目标的规范性与统一性，忽视了学生的需求和个性发展的需要；注重对结果的评价，忽视了对非预期效果和影响的评价；评价过程中重视总结性评价，忽视形成性评价。

泰勒的行为目标模式是第一个结构体系健全、完备的教育评价模式，对教育评价理论与实践的影响非常深远。虽然其出现后一直是各评价理论流派争论的焦点，但它在教育评价实践中处于指导地位近30年，对教育评价的发展有着十分重要的影响。时至今日，由于操作简单、容易控制，并且拥有一套完整的评价结构体系，行为目标模式仍然深刻地影响着我国学校的评价工作实践。

(二)行为目标模式在教师教学评价中的运用

将行为目标模式引入教师教学评价，是由于该目标的主要思想同样适合教师教学评价，具体表现如下。

第一，以目标为导向的教师教学评价，可以使教师明确目标，并依目标而为。行为目标模式的特点是目标明确、标准在先，这就使被评教师能在目标的引导下开展教学活动。例如，评价目标中如果强调"学习方式变革"，要求课堂体现学生"自主、合作、探究"的学习方式，那么，教师在课堂教学设计时就会考虑如何能够实现"自主、合作、探究"。如果以往教师的课堂常态是"授受式"的，在"学习方式变革"的目标导向下，教师会谋求改变，放弃"授受式"的教学。

第二，目标明确，有利于教师诊断和改进教学。行为目标模式要求末级指标可测可量，为可观察、可操作的具体化目标，这就为观察教师的教学行为提供了依据，对照目标，易于诊断和发现教师教学行为上的问题和不足。刘本固将教师课堂教学目标确定为五个方面：教学内容、教学艺术、课堂结构、课堂管理、教学效果。评价的要点十分明确，如课堂管理表现为按时上下课、严格要求学生、课堂纪律良好、正确评价学生几个方面；教学效果表现在以下几方面：课时计划的完成情况，学生当堂对知识、技能的掌握程度，学生作业或练习的质量，学生负担是否合理。[1] 评价者易于对照目标来考量被评教师的教学行为，从而做出较为准确的诊断。

第三，行为目标模式有利于将教师教学评价的关注点从教师间的比较引向教学本身。一直以来，教师教学评价主要是为管理服务的，更直接的是为奖惩教师提供依据，如此，在开展教师教学评价时更倾向于采用相对评价的方法，评价者关心的是教师间的比较结果、排序情况。而采用行为目标模式开展教师教学评价，目标是基础，评价者关注的是目标达成度，弱化了教师间的竞争，这样就使评价者关注教学本身，更多地思考如何改进教学，更好地达成评价目标。

当然，运用行为目标模式开展教师教学评价同样也存在着局限性，例如，用一把尺子衡量教师教学，限制了教师教学个性的彰显，评价目标的预设影响了评价者的积极性，重目标的达成度而轻达成过程，忽视教学的"非预期效应"等，需要在操作过程中避免。

行为目标模式的具体操作程序可以做如下设计。

第一，预设教师教学评价目标，分解目标至可测可量的末级指标。以教师教学评价的"学习环境创设"为例，该目标可分解为几个方面，包括有利于师生交流、便于教学、布局合理且实用，反映出的具体指标则为：教室干净整洁，教学用具摆放有序、取用方便；教室布置引人注目，符合眼前教学的需要；向学生提供相关的阅读材料、写作材料和绘画材料；课桌椅摆放灵活，充分保证学生的活动空间，适应个人活动、小组活动和班级活动的需要；音响设备和计算机数量充足，规格适当，取用方便；如果同一教室由几位教师共同使用，则制定明确的使用政策；就学生课余时间使用教室及设备，制定有关的规章制度。[2]

① 刘本固：《教育评价的理论与实践》，448～450 页，杭州，浙江教育出版社，2000。
② 王斌华：《发展性教师评价制度》，200～203 页，上海，华东师范大学出版社，1998。

第二，依评价目标选取适当的测量方法。行为目标模式主要是对照目标收集相关教师的教学信息，从而判定教学行为与目标的关系，如此，采取多角度、多人判断的结果更具有公平性。可从学生角度、教师同行角度、管理者角度等设置评价标准，由不同的评价者评价。这里重要的是不同角度的评价标准与评价者判断关系的吻合度。例如，学生评价，需要考虑学生判定内容的可接受性，"教师教学的态度""教师的出勤情况""教师课外辅导情况"等内容，学生可直接判定，如若由学生来判定"教师教学目标是否明确""教师教学方法选择与教学内容的适宜性"等指标，则难以获得较准确的结果。而"教师教学内容的前沿性""教学内容讲授的科学性"等相关内容，由同行教师评价更恰当。

第三，根据收集的信息，确定教师教学达到既定目标的程度。测量目标达成度是一种定量评价，多角度、多人评价应采取加权的办法来综合最终的评价结果。多角度加权要考虑评价者所评价内容的量，也要考虑其获取信息的程度。例如，学生评教，一方面要考虑学生的评价能力来确定评价指标；另一方面要考虑由于学生能全程获取教师教学信息，应给予学生较大的权重。

二、CIPP 模式

(一)CIPP 模式的基本思想及价值分析

CIPP 模式由美国评价专家斯塔弗尔比姆首创，适用于学校及教育项目的评价。该模式包括四个评价阶段，CIPP 正是这四个阶段英文单词的第一个字母的组合。四个阶段分别是"背景评价"（Context evaluation）、"输入评价"（Input evaluation）、"过程评价"（Process evaluation）、"成果评价"（Product evaluation）。

在 CIPP 模式出台之前，以泰勒、布卢姆的评价思想构造的行为目标模式占据主导地位。简单来说，行为目标模式是以目标作为教育过程和教育评价的主要依据，判断实际活动达到目标的程度。这里的目标显然是预定的，这个预定的目标决定了教育活动，通过评价找出实际活动偏离目标的程度，又通过信息反馈，促使实际活动尽可能地接近目标。有人把这一过程描绘成制定教育目标、实施教育活动、教育评价三个过程的一个循环。正是因为人们普遍认为以行为目标模式开展评价，计划性较强，且具有可操作性，还可以通过反馈信息发现问题、修正目标，所以行为目标模式被广泛应用。然而，它在使用中也不断地受到质疑和批判，认为其对目标自身的科学性缺少评价；只重结果而忽视过程；目标的确定乃至评价的实施都是自上而下的，使评价对象处于被动地位。正是在这样的背景下，CIPP模式应运而生。

CIPP模式的基本内涵如下。

第一，背景评价，指对目标本身进行的诊断性评价。即对根据社会需要和被评对象（个人、单位、方案、活动等）的状况提出的目标做价值判断。这一评价阶段需要对社会需要、被评者的状况、目标对社会需要的满足程度、目标与其实际影响之间的差异进行评论和分析。

第二，输入评价，指对教育方案可行性的评价。即对实现目标所需要的条件及可能获得的条件进行评价。为了识别教育方案的优劣，需要对实现目标所需的成本费用、可利用的人力和物力资源、解决问题的策略和相应的程序设计等进行调查研究。为了设计实现目标的最佳方案，可以把两个或多个竞争性策略中的最好方面结合起来，并增强其可操作性。

第三，过程评价，指对教育方案实施情况的评价。目的是获取方案实施情况的反馈信息，作为修改方案的依据。要将方案的执行过程与预定过程相比较，对是否按计划实施方案、是否以有效的方式利用现有的资源、方案的参与者对方案的接受程度、自己发挥作用的程度、观察者和参与者对活动质量的全面判断等问题进行考查、研究。

第四，成果评价，指对教育方案实施结果的评价。目的是测量和判断实施此方案的成果，并决定是继续使用、修改此方案，还是终止使用此方案。要确认方案满足其服务团体需要的程度，考查方案的预期效果和非预期效果，以及积极效果和消极效果；分析该方案与备选方案的结果；比较成果与目标的差异；考查该方案的花费超过预期费用的程度；分析未达到目标与未能实施方案之间的相关程度等。

CIPP模式将目标评价纳入评价过程，改变了行为目标模式本身的合理性无法证实的情形；加入了过程评价，避免了只考虑结果而不顾评价对象发展方向的问题；将活动（项目）方案也纳入评价环节，实质是对活动（项目）本身是否可行的论证，可以少犯错误、少走弯路。然而，CIPP模式将一个评价过程变成了四个，增加了评价的难度和烦琐程度；评价活动（项目）目标并论证活动（项目）的可行性等，只有专家才可以参与，如此，将众多的评价主体排斥在评价活动之外，尤其是对教师的教学评价，学生难以参与其中。

(二)CIPP 模式在教师教学评价中的运用

教师教学评价运用 CIPP 模式，是对行为目标模式缺陷的改进，更有利于对教师的教学进行诊断，并使教师不断改进教学。

1. CIPP 模式分阶段诊断、评价教师的教学

CIPP 模式改造行为目标模式，将一次性完成的评价分成了四个阶段。这使评价活动具有操作性，也更具实效。教学目标既是教学活动的出发点，也是归宿。CIPP 模式抓住了这一点，先对教学目标进行诊断和评价，这样既可以避免教学活动的盲目性，又可以克服行为目标模式中预定式目标(标准)出现不合理的问题。确定了目标，需要有具体的行动计划，CIPP 模式将评价推到第二个阶段，诊断和评价教学活动目标实现的计划，考查教学活动计划所提供的教学资源和组织是否能实现目标。在评价教学计划合理、可行的基础上，再评价实施计划的过程，并评价教学活动的效果。这种分阶段的教学诊断、评价，使被评教师能更好地认识教学流程，遵循教学活动过程的基本要求，进而达到自我监控的目的。

2. CIPP 模式彰显了教学评价的改进功能

CIPP 模式分阶段评价，在教学活动进入实施阶段前，要进行教学目标、教学计划的评价，这就大大避免了课堂上出现的诸多教学问题。由于开展 CIPP 模式选用的评价者只能是专家或决策者，他们懂教学、有经验，可以判断教学目标是否明确、教学计划能否实现预设目标，并能在改进目标和计划上提出建设性的意见，这为被评教师改进教学提供了有力的支持。

改进功能是教育评价的重要功能之一。运用 CIPP 模式，评价者通过评价被评教师的教学准备(目标、计划)，指导和帮助被评教师改进教学，真正实现了教学评价的改进功能。

CIPP 模式的具体操作流程如下。

第一，评价课堂教学目标的制定。

这是采用 CIPP 模式开展教师教学评价的第一阶段，是对教学目标本身所进行的诊断性评价。

教学目标是教学所要达到的具体标准，是教师期望学生发生的变化。教学目标的确定首先涉及的是教学观。传统教学观下，教学目标主要强调知识的传授，以理解、巩固和掌握知识为导向，尽管也提倡保证学生的主体性，但这种主体性

只是作为接受性主体的积极性、主动性，没有作为形成性主体的独立性、创造性。

CIPP 模式强调学生主体性的发展，要求设定教学目标，将知识掌握目标、技能达成目标和心理发展目标有机地结合起来，重视心理目标，其中以学生思维品质的培养作为心理发展的主要目标，而且要使目标形成一个统一的整体。同时，它还要求目标设定具有层次性，是针对学生发展水平的个性化目标；目标应能真正地调动学生学习的自主性，成为促进学生主动发展的目标。

对教学目标制定进行评价，能够使教师更好地选择目标，对教学性质有一个初步的判断。更重要的是，由于 CIPP 模式要求评价对象的主动参与，这就可以通过对评价目标的诊断，帮助评价对象深刻地认识和理解发展性教学，从而在教学中自觉地贯彻教学目标。

第二，评价教学方案的设计。

这是采用 CIPP 模式开展教师教学评价的第二阶段，是对教学方案科学性的分析和判断。

确定了教学目标，更关键的是要看其能否落实，直接的反映则是教学方案。它是对开展教学活动的预先设计，需要了解学生、解读教学内容、选择适宜的教学方法与手段等。教师教学评价方案的内容包括教学目标的表达，主体内容则是对教学过程的具体安排。

这一阶段主要是评价教学方案对一系列关系的处理。例如，考查其目标表达与过程安排间的对应关系，教学基本因素——教师、学生、教学内容、教学手段、教学环境间的相互关系等，还要评价其实施的可行性，也就是方案中为实现教学目标所需条件的识别与供给，所采取的教学策略的适切性及可操作性。

对教学方案的评价，可以使教学更为合理，尤其是在教学开展之前，能在一定程度上排除不当教学带给学生的影响，防患于未然。它同样可以使教师通过评价对未来的教学有一个基本的把握。

第三，评价教学活动的过程。

这是采用 CIPP 模式开展教师教学评价的第三阶段，是对教学方案实施情况的评价。

教学方案只是一个计划、一种设想，能否得到实现，还需要通过实际的教学活动。生动的教学关系中有着许多不确定的因素，也会产生教学目标的非预期效应。正因为教学活动有着不可预见的一面，甚至很多场景"只可意会不可言传"，所以，开展教师教学评价需要深入课堂，强调取得第一手资料。当然，评价者可以亲临课堂进行观察记录，也可以采用先进的仪器、设施对教学实况进行记录。值得注意的是，CIPP 模式要求以周期的形成性评价定质量，就要取得相应的系统的教学实录资料。要将教学方案的实施与预定的方案进行比较，要深入分析教学组织过程是否符合学生的发展规律，所有参与教学活动的因素对教学目标落实的作用和意义，特别是学生的活动和表现。

对教学活动过程进行评价，是 CIPP 模式的核心工作，也是较为困难的评价阶段。重视该阶段的评价，一方面是因为教学质量如何，直接影响教育效果，关系到学生的成长；另一方面，就评价本身而言，正如美国学者格朗兰德所认为的，评价是在量或质的记述的基础上进行价值判断的活动。可以说，教学活动过程为这种量或质的记述提供了事实（材料），特别是 CIPP 模式强调形成性评价，如果缺少了教学活动过程的评价，进行形成性评价也就失去了基础。

第四，评价教学成果。

这是采用 CIPP 模式开展教学评价的第四阶段，是对教学方案实施结果的评价。

教学成果主要表现在学生的发展上，要比较学生实际发展结果与教学方案目标的差异；考查没能落实和未达目标的原因；分析为达成目标，教学中师生投入的时间、精力与预期情况的差异；评价教学活动对教学方案的预期效果和非预期效果。

评价教学成果，一方面是对一个周期的教学开展全面的质量检验，另一方面是为了落实评价的改进功能，为不断实施的教学方案提供改进意见和为新的教学方案的设计提供决策依据。

三、目标游离模式

（一）目标游离模式的基本思想及价值分析

目标游离模式，顾名思义，是脱离了评价目标的一种评价，在 1967 年由评价学者斯克里文创立。斯克里文发现，目标导向模式是对预设目标的评价，意味着只评价预期效应，而在现实中，教育活动除了要达到预期的目标，还会同时出现非预期的效应，这些非预期效应对学生的影响很大。不评价这些非预期效应不合理，而若欲评价，又如何开展呢？斯克里文想到，可以不将评价目标告知评价参与人，使评价活动不受预定目标的影响。所谓目标游离评价，是指由评价参与者根据被评人所产生的结果来开展评价，也即改变围绕预设目标的评价，转为围绕结果评价。

斯克里文根据评价的不同阶段，将评价分为形成性评价和总结性评价。他认为，形成性评价是评价过程的主要部分，可以通过强化反馈，使被评价者得到不断改进。

斯克里文提出了目标游离模式的步骤，同时说明了这些步骤并非特定的执行程序。主要包括如下步骤。

①说明。尽可能客观地描述评价对象的特点。

②当事人。确定评价的参与者，包括评价委员会及评价的资助者、发起者或方案的设计者。

③评价对象和评价的背景。明确评价的相关人员，并了解其期望、愿意采取的评价形式等。

④资源。详细地列出支持评价的资源目录，包括过去的经验、先进的手段。

⑤功能。对活动进行功能分析，分析方案参与者的愿望与实际表现的关系。

⑥输送系统。分析评价的可行性，以及如何适应现实的需要，并能根据现实需要及时修正和更新。

⑦消费者。分辨使用和接受评价方案的群体，了解哪些人从中获益。

⑧需要与价值。判断可能采用和使用方案的人员的需要。

⑨标准。确定评价标准，包括那些在实际活动中衍生出来的具有价值的内容。

⑩历程。检查实施的历程，以发现方案运用时所受到的限制。

⑪成果。综合检查方案产生的效果，包括预期的和非预期的。

⑫概括。检查该方案可以用于其他方案的规划者、接受者和其他地方、时期与情境的可能性。

⑬成本。评价方案执行中耗费的资源，包括人力的、物力的、财力的。

⑭比较。鉴别评价方案与其他可供选择的方案，通过成本—效益分析，选择出成本低、效益高的方案。

⑮重要性。综合上述各项资料，确认有效程序，这是评价中最困难的任务之一。

⑯建议。对在未来不同情境中使用该方案提出建议。

⑰报告。对评价活动进行总结并做出评价结论，提供给有关人员。

⑱后设评价。对评价工作进行评价。[①]

目标游离模式打破了目标导向的评价定式，将评价由决策人控制的模式转向评价参与人共生目标（标准）的模式，开始关注评价对象和评价利害关系人的意见与愿望，具有较大的民主性。斯克里文提出了循环执行评价步骤的思想，这就使形成性评价和终结性评价有机地结合起来了，评价对象不得不关注循环评价过程的每一次评价，不断收集反馈信息，并依据评价参与人的需求改进。目标游离模式还特别设计了"后设评价"步骤，使得被评价人能够真正了解评价参与者的需求，并趋向满足评价参与者的需求而行动。如此，有助于提高评价的信度和效度，使评价参与者在评价过程中达成共识。但由于不受目标的框定，这种自由评价定然会增加评价的难度，评价主体的不同需要也会影响价值判断的一致性。而且评价过程中评价参与者的关系处理也成为难点，评价者的积极性会在一定程度上受影响。

（二）目标游离模式在教师教学评价中的运用

教师教学评价运用目标游离模式，将评价自上而下地开展改为自下而上地开展，采取形成性评价，关注过程，从围绕教学目标的评价转到关注结果的评价，有利于教师顺应学生的需求而改进教学。目标游离模式的意义如下。

第一，目标游离模式反映了多元价值取向。目标游离模式没有明确的目标，所有评价参与人都可以根据个人对教学的认识来表达思想。比如，学生可能关注较多的是能否听懂，教学是否具有启发性，对个人发展是否有作用；学科同行教师可能关注较多的是所授内容的正确性，组织教学对目标达成的适宜性；管理者可能关注较多的是教学准备是否充分，教学过程能否遵守制度规范，不接打电话、不迟到早退。学科同行教师有可能从个人经验出发来评判教师的教学，这种经验在不同环境、不同学生身上也许不适宜，被评教师也可能不接受，但这种经验分享会给所有参与评价的人提供新的认识问题的视角。

第二，目标游离模式有利于教师改进教学。目标游离模式是一种自下而上的评价，没有预设的目标，评价过程更多地反映了教师教学行为的有效性。与行为

---

① 转引自王景英：《教育评价理论与实践》，62～63页，长春，东北师范大学出版社，2002。

目标模式不同的是，目标游离模式不是为了教师间的相互比较，看谁对目标的达成度高，而是看教学结果对学生的影响。被评教师会更多地关注自己教学行为的有效性，这就使得被评教师在教学过程中不断地去认识个人的教学行为。一般而言，教师的教学是有计划、有目的的，首先需要设计教学目标，并为实现目标而进行教学设计，所以有很大部分的教学行为是有意而为之，是对预设目标的反映。但被评教师在教学过程中的非预期效应和效果是无意识的，被评教师不断地从参评者那里获得相关信息后，才会不断地把这种无意识的教学行为有意化，达到改进教学的目的，从而形成个人的教学风格。

第三，目标游离模式为反映学生的需求而教学。由于目标游离模式是围绕教师教学行为的有效性来开展评价的，使得被评教师不得不关注学生的需要，从而根据学生对其教学行为的认可度来调整个人的教学行为。采取行为目标模式开展评价，被评教师围绕目标开展教学；采取目标游离模式开展评价，通过循环地执行评价程序，不断地生成评价标准，被评教师要为反映学生的需求而开展教学。设计"后设评价"，实则是建立了一个依据学生的需求而反思被评教师教学的环节，促使被评教师了解学生需求，从而为反映学生的需求而教学。

目标游离模式的具体操作步骤如下。

第一，将完整的评价过程分解为小的单元来评价。目标游离模式中的所谓循环执行评价程序，就是把行为目标模式的一次性评价分为多次评价，也即将完整的教师教学评价过程分解为小的单元来评价。可以"课"为单元或以周、旬为单元来收集教师有效的教学行为；可根据教学内容以"教学单元"为单元，例如，语文中以散文、小说等为单元来收集教师有效的教学行为。可分单元采取面谈的方式，由学生表达其收获和教师教学给其带来的影响，对教师教学进行评析，也可设计问卷由学生填答，从而收集相关信息。

第二，汇总教师有效的教学行为，生成评价标准。分单元的评价，主要目的是累加教师有效的教学行为。教师教学的内容不同、课型不同，给学生带来的感受不同，学生所认同的教师行为也会有差异。每个单元中所收集的教师有效教学行为经编码整合，便会逐渐达到饱和。例如，学生认为教师在某单元教学中的某个"案例"对其影响很大，一方面是教师叙述故事生动，引发了学生听课的兴趣；另一方面是使学生受到了启发，提升了其人文素养。而在其他单元中，学生又列举了类似的教师教学行为。那么，可认为学生觉得教师"结合实例教学"的行为有效，同时教师不断地加入"人文素养教育"的行为有效。如此不断地累加每个单元析出的教师有效教学行为，则生成了最终的评价标准。

第三，对照所生成的评价标准开展"后设评价"。累加教师有效教学行为生成评价标准后，则相当于有了满足学生需求的好教师标准。对于被评教师来说，生成的评价标准有助于其了解学生需求，也有了反思个人教学的依据。以目标游离模式开展教师教学评价，在生成评价标准后应设置"后设评价"，相当于行为目标模式的前设目标，对照教师的教学过程表现，再考查目标的达成度，有利于教师在日后的学科教学中不断改进。

运用目标游离模式开展教师教学评价，也从一个侧面反映了"以学论教"的教育评价思想。

第九章　教师教学评价模式改革案例及分析

——发展性教师教学评价

一、教师教学评价模式改革案例

(一)案例 9-1：一堂语文课的面谈评价①

评价参与人：授课教师王某，评价者若干(包括教育教学专家、学科专家、学科有经验的教师)。

评价形式：面谈会。

面谈会为所有评价参与人提供资料，包括：课堂教学描述记录、课堂教学结构记录、课堂观察记录表。

1. 课堂教学描述记录

课题：《莺》。

教师："今天我给大家讲一个科学小品，名字叫《莺》。"(点击鼠标，幻灯片出现莺的画面，接着又出现一段文字。)

教师："大家看到的画上的鸟是莺的一种，谁说说这是什么莺?"

学生(齐答)："红叶莺。"

教师："莺到底是一种什么样的小鸟呢?"

(一个男学生念幻灯片上的文字，结结巴巴。)

教师："这是《百科全书》上的节选，大家看看这段文字的语言表达有什么特点?"

(学生议论纷纷。)

学生(女)："里面有科学性，说莺有 365 种，说得很准确。"

教师："这段话是不是有科学术语? 下面谁来念一下第一段?"

(一个女学生读课文。)

---

① 史晓燕：《发展性教育评价的理论与实践》，128～135 页，石家庄，河北教育出版社，2003。

教师："里面有个字念得不准确，是霾（mái），不是 máo，不要将下面部分写成'面貌'的'貌'。那么，这一段的表达有何特点？"

学生（女）："……让人不太理解。"（声音很低，听不清。）

教师："噢，你说让人不太理解，你能举个例子吗？"

（无人回答。）

教师："这是什么写法？"

学生（齐答）："拟人。"

教师："课文很注重趣味性，将趣味性和科学性融为了一体。好，下面我们看一组画面。"

（先是雪山、森林，接着是伴着鸟鸣的春天景色，鲜花盛开，行人漫步其中。）

教师："作者要介绍莺，为什么在第一段却写了毫无生气的冬天和生机盎然的春天呢？"

学生（女）："为了拟人。"

教师："为什么呢？"

学生（男）："写冬天是要描写一个过程，只有写了冬天，才有春天鸟的回归。"

学生（女）："要引出一种关系。"

教师："看来大家都认为作者描写冬天是有用意的。把莺置于一个具体季节的背景之下，就像舞台上人物将出场一样，先有个造势的过程，这样写会显得更有波澜，富有文学性。我们看到的是一篇说明文，更有文学的味道。第二段到第四段才直接写莺，下面谁来读一下第二段？"

（一个女学生读课文。）

教师："讨论一下这一段描写了莺的什么特点？"

学生（女）："莺活跃的特点。"

教师："你能指出书上的哪些句子描写了莺活跃的特点吗？"

（一个女学生读课文。）

教师："很好，大家要注意几个重点动词——驻、钻、藏、飞。下面我们再来看看第三段描写了莺的哪些特点。"

（学生们开始看课文。）

教师："谁来说说？"

学生（女）："主要说了莺的羽毛的颜色。"

（教师展示幻灯片：莺活跃、灵巧、轻盈、好动。）

教师："外形。"

（教师展示幻灯片：莺的毛多为灰白色或褐色，显得黯淡而无光彩。）

教师："配合第二段的特点，如果莺有可爱而又漂亮的羽毛就好了，但它是灰色的，黯淡而无光彩。那是不是就给我们留下了坏的印象呢？"

学生（女）："不是，它不会因为有缺点而影响可爱。"

教师："这就是瑕不掩瑜。事物完美了固然很好，但也不能因为有残缺就产生坏印象。我国古代的四大美女就有缺陷，杨玉环太胖，西施太瘦……我们是不是考虑到对待同学，有缺点、有错误并不能代表他不是个好学生？下面谁来读一读第四段？"

（一个女学生读课文。）

教师："这一段说了什么特点？"

学生（女）："春天到来，莺住在哪儿。"

教师："在树丛、在麦田……"

（教师展示幻灯片：莺在花园里、树丛中、菜园里栖息、繁衍、打闹。）

教师："一般人认为莺无人情味，可我们看到雄莺对妻子千呵万护。那我们再来看看莺有什么弱点呢？"

（教师展示幻灯片：莺生性胆小，但容易忘却，很快回到快乐之中。）

教师："莺怕天敌，然而危险过后马上抛之脑后，弱点中写了可爱。大家从莺的身上学到了什么？"

学生（男）："忘掉烦恼。"

教师："忘掉烦恼就行了吗？正确的做法是吸取教训，不要总是沉浸在痛苦之中。谁还说说？"

学生（男）："化挫折为动力，考试不好没关系，只要平时努力了。"

教师："对，我们要吸取教训，期中考试又要到了，你该怎样做呢？下面我们来看最后一个特点。"

（一个女学生读课文。）

教师："这段写了什么？"

学生（女）："歌声美妙。"

教师："你能说说如何美妙吗？"

学生（女）："莺唱的时间长，有美妙的动作，声音婉转、有层次。夜莺的歌声最美妙，最好听。"

教师："下面听听夜莺美妙的声音。"

（教师放录音。）

教师："莺有美妙的歌声，它歌唱幸福，人们为之动情。从文中我们可以看出，作者是个文学家，同时又是一个细致的观察者。下面让我们也来进行观察。"

（教师播放了一段配有解说的企鹅的视频，让学生议论。）

教师："把你所观察到的描绘出来。"

学生（女）："企鹅走路的样子很绅士。"

学生（女）："像花花公子——企鹅染了发，黄黄的，真帅。"

学生（女）："企鹅的后背是黑色的，胸前是白色的，像是穿了一件燕尾服，游泳的动作特别漂亮，走路更是精彩。"

学生（男）："它的眼睛很有特点，一只眼睛看完，再用另一只眼睛看。"

学生（男）："花花公子的羽毛长在额头上。"

（教师播放视频：企鹅上岸的特点、走路的特点、仪式的特点、眼睛的特点、花花公子的外形特点。）

教师："我们再来看一遍刚才放过的视频，大家就视频中提示的特点，用自己的语言描述一下企鹅的特点。"

（教师播放视频。）

教师："谁再来描述一下自己的观察？"

（一个男学生就提示的内容一一描述，其中提出企鹅看不到东西。）

教师："是看不到吗？花花公子是怎样的呢？"

学生（男）："企鹅走路像鸭子。"

学生（男）："企鹅叫的声音像驴子。"

（全班大笑。）

教师："你说得比较形象。我们学这一课，一方面要概括出莺的特点，另一方面要学会观察。下面大家就学习本课谈谈感想，可以是人生感悟，也可以是启示。"

学生（男）："我明白了有烦恼就要很快地把它忘掉。"

学生（男）："莺灵巧好动，生命在于运动。"

教师："你应该向莺学习，平时开朗些。"

学生（女）："写说明文应符合实际。"

学生（女）："美好的事物不都是完美的。"

学生（男）："要注意观察，要用辩证的方法看待事物。"

学生（男）："要细心观察。"

学生（女）："要爱护动物。"

教师："鸟是人类的朋友，大家可能养过小猫、小狗，你们可以观察它们，下周咱们一起交流。下课！"

2. 课堂教学结构记录

第一部分：导入（1分1秒至3分29秒）。

教师用一幅莺的画面及《百科全书》对莺的介绍性文字，引入到对课文语言特点的分析，进入课文的学习。

第二部分：分析课文的入笔（3分30秒至9分55秒）。

教师先让学生读课文的第一段，然后播放一段从寒冬到阳春的季节变化的画面，使学生了解课文描写毫无生机的冬天和生机盎然的春天是为了引出"莺"。

第三部分：分析文章说明性的段落，明确莺的特点（9分56秒至26分36秒）。

教师让学生分别读文章的第二段至第六段，通过找出对应的描写语句，概括出莺的特点。

第四部分：拓展观察，深化学习（26分37秒至40分12秒）。

教师播放了一段有关企鹅的视频，要求学生用语言描绘所观察到的东西。通过总结企鹅上岸的特点、走路的特点、仪式的特点、眼睛的特点、花花公子的外形特点，学会观察。

第五部分：概括性总结（40分13秒至45分）。

教师对学习内容进行概括，指出所学文章的写作体裁、内容及写作特点，并要求学生谈感想，结合学生实际进行思想教育。

3. 课堂观察记录表(表9-1)

表9-1 课堂观察记录表

一级指标	二级指标	统计结果
学生参与教学 (包括发言、活动时间)	总时间	27分15秒
	学生回答问题的人次	人数为20人, 共计36次
	读课文或看视频及思考的时间	9分26秒
	讨论时间	8分22秒
学生参与的认知水平	有深度的创造性的问题数	1个
	用于理解、分析有深度的创造性问题的时间	2分23秒
	学生提供不同角度的见解	2种
	用于理解、分析简单问题的时间	20分57秒
	学生回答有创意问题的人次	0人次
	学生主动提问的人次	0人次
	学生提出有深度的问题数	0个

评价组织者:"王老师是学校语文教研组的骨干老师,多次在区组织的教师教学技能大赛中获奖,下面我们先请王老师对自己上的这节课做个评价。"

教师:"这节课体现了'精讲、互动、高效'的特点,注意引导学生积极思考,能够以学生为主体,也充分体现了教师的主导作用,能联系学生的实际,问题具有引导性。整节课达到了预计的教学目标。"

评价者:"能谈谈本课设计的思路吗?"

教师:"这是一篇说明文,需要让学生掌握如何阅读和写说明文,更要让学生学会观察事物,这是写说明文的基础。同时,教学还要实现知识、情感、价值观目标的统一,所以设计教学时考虑通过阅读、讨论让学生了解鸢的特点,体会作者的写作思路,还通过观察企鹅让学生掌握观察的重点和方法。同时结合学习内容,渗透思想教育。"

评价者:"以前您肯定也上过这一课,那么,这次课您觉得很成功,主要的原因是什么呢?"

教师："以前上课全凭形象的语言来描述，通过查词典来理解作者描述莺的用词内涵，而这节课通过多媒体，播放了大量的视频，学生可以直接观察。这样做，吸引了学生的注意力，而且增加了学习兴趣，课堂气氛十分活跃。"

评价者："我感觉最成功的是放了企鹅的视频让学生观察，使课得以深化。"

评价者："我课下和部分学生进行了交谈，学生们普遍认为这节课上得挺有意思，但不太轻松。比如，学生们看完视频后，教师马上让他们说特点，他们感到很紧张，如果采取一个小组讨论的步骤，效果会不会更好些？"

教师："我也考虑过这个问题，但觉得课堂上应该让学生有点紧张感，而且不讨论，让学生概括，是想让大家都动脑筋想问题，特别是班上平时总有一些学生有依赖性，等着别人给答案。"

评价者："我下课后也注意问了部分学生一个问题，即老师课上归纳了企鹅的特点——上岸的特点、走路的特点、仪式的特点、眼睛的特点、花花公子的外形特点，推而广之，你能概括出观察时应以什么为重点，或者说你觉得你学会观察了吗？从学生们的回答看，这是有问题的。"

教师："从以前上课后让学生写说明文的情况看，确实反映出刚才的意见。很多学生并没有学会观察，看来这堂课仍然存在这个问题，可能我还是没能给出一些规律性的东西。学生完全依照老师的指引时能观察，但自己独立观察时可能会摸不着头脑。这一点需要改进。"

评价者："您认为课堂保证了学生的主体地位，能具体地说明一下吗？"

教师："上课让学生发言或活动的时间占了整个课堂的一半以上时间。我看了课堂记录，是 27 分 15 秒，发言的人次也不少。不过，我已经从记录表上发现学生参与的深度不够，用于理解、分析简单问题的时间占了 20 分 57 秒，而用于理解、分析有深度的创造性问题的时间只占 2 分 23 秒。学生也没有主动提问的，看来学生更多地是被老师牵着走，没有进行独立思考。"

…………

面谈后，评价参与人员针对问题提出改进意见，并确定该教师的未来发展目标。

(二)案例 9-2：英国课堂教学评价经验采撷——课堂听课的预备会议纪要[①]

参加者：A 女士（评价对象）、×××先生（评价者）。

[①]　王斌华：《发展性教师评价制度》，190～193 页，上海，华东师范大学出版社，1998。

地点：A 女士的上课教室（地点是由 A 女士选择的）。

时间：学校放学前。

（A 女士到场后，打开箱子，核对展品。）

评价者："你好，A 女士。但愿我没有迟到。我来这里的时候，在走廊里耽搁了两次。这是常有的事。那个展览真令人感兴趣。"

评价对象："是的，×××先生。多亏了博物馆为教育服务，借用展品的学校很多，我们不得不提前了几星期预约。七年级的××老师下个星期使用这些展品。我真高兴，博物馆鼓励学生接触这些人工制品。"

评价者："在我读书的时候，这些展品是根本不允许用手碰的。让我们开始讨论好吗？首先，我得告诉你，你提出的授课计划很好。尽管我是搞数学的，但也完全能够理解你的授课计划。我想问你几个问题，你不介意吧？我不明白你为什么在七年级讲解罗马—英国方面的内容。我的女儿正在读小学六年级，她们也在学习这个内容。我想国家课程肯定不会允许教学内容前后重复的。"

评价对象："从理论上讲，确实是这样。实际上，同样在第二关键阶段（英国的国家课程分为四个关键阶段），不同的学校和班级会挑选不同的教学内容。对有些学校和有些班级来说，这个内容不过是复习而已；对有些学校和有些班级来说，这是新的内容。我这样做，纯粹是为了让学生归纳一下知识，便于上一个台阶，进一步学习有关罗马帝国的历史。"

评价者："噢，我知道了。那么，罗马帝国的历史一定是第三关键阶段的教学内容了？"

评价对象："是的。在上星期，我们谈了罗马军队的情况。我们使用了很大的地图，弄清楚罗马军队入侵欧洲和北非的地点和路线。在这以前，学生压根儿不知道罗马帝国的地盘。"

评价者："我知道，历史科目像我们数学科目一样，制定了专门的教学目标。你这节课是怎样要求学生的？"

评价对象："有三个教学目标——了解历史、解释历史和运用历史知识。我努力将这三个教学目标融合到每一次新的教学活动中去。如同你知道的那样，这个班级是混合能力班。我希望每个学生至少能够达到第三层次（按照英国的国家课程的要求，每一科目分为十个层次）。"

评价者："在你看来，第三层次是什么水准呢？"

评价对象："譬如，学生必须能够解释罗马—英国别墅不同于意大利别墅的原因。我还希望一些学生能够达到第四层次，个别学生达到第五层次。课堂听课之前，如果你乐意的话，我可以借一些材料给你，让你了解一下这三个层次的教学目标。让你这位外来人士对我的授课计划发表意见，真是我求之不得的。"

评价者："那就是这节课的目标了？"

评价对象："我很注重目标的。不过，你在课堂听课时，注意一下学生是否在朝这个方向努力。拿一句行话来说，'他们正在努力之中'。他们明白这节课的目标。在小组活动时，教师在教室里走来走去，很难做出评价。"

评价者："嗯，这就产生了一个有趣的问题。在你的授课计划中，我发觉你没有安排时间将这节课的目标告诉学生。你是不是觉得这是不言而喻的？"

评价对象："不是这样的……我没有考虑到这个问题。这确实是个好主意。你认为，上课一开始，我就应该将这节课的目标告诉学生吗？"

评价者："不该由我说，是你上课。你怎么考虑的？"

评价对象："我想，这样做是值得的。最好在我进入教室以后告诉学生……仔细想一想，为什么不呢？这样更直截了当一些。我们可以看看明天的情况。"

评价者："上课铃响以前，我肯定进教室了。听课时，你希望我坐在哪里呢？"

评价对象："前半节课，你最好坐在教室后面，尽量不要引人注目。后半节课，你就随意吧。你愿意参加一个小组的活动呢，还是愿意在教室里走来走去呢？"

评价者："悉听尊便。你觉得哪一种方法最有利于你上课呢？"

评价对象："我没有想过。不过，在下半节课，你最好在教室里随便走走。我得告诉你，开展小组活动时，学生凑在一起观看人工制品，他们会互相讨论，一定会提高嗓门。课后讨论时，你告诉我，课堂纪律是不是有所失控？"

评价者："开展小组活动嗓门大一些，这完全是正常的。有空时，你不妨听听我的数学模型课，情况也是如此。你知道哪一个学生会趁小组活动的机会捣乱吗？"

评价对象："有一个这样的学生，但不是每次都会捣乱的。现在我不想把他的名字告诉你。如果他这次又捣乱了，在课后讨论时，我们能否讨论一下他的行为问题？"

评价者："我想，我能够发觉是谁在捣乱，到时我会告诉你。我们希望这次课堂活动会令他感兴趣。如果他扰乱课堂秩序的话，你有没有对付他的法子？"

评价对象："我有法子，但我不希望你有机会看到我采用这个法子。"

评价者："在小组活动时，你要我做些什么呢？你只要我在教室里边走边看吗？"

评价对象："不。你应该参与小组活动。他们肯定欢迎你参加小组活动，来我们班级听课的人都是这样的。"

评价者："在预备会议结束之前，请你再告诉我一点，你允许学生集体完成问卷吗？"

评价对象："允许。这也是问题。我给他们打分的时候，搞不清楚谁帮助了谁。"

评价者："我也拿不出什么办法。这是我们每一门学科都面临的问题。我对这个问题思考了一段时间，能否不根据一项作业打分，而是多搞几次评定，也许会准确一些？"

评价对象："我肯定希望这样。"

评价者："我们为数学课设想了几种方法，也许你会觉得它们有用。不知道这些方法是不是适用于历史课，你想看看有关材料吗？"

评价对象："求之不得。我请克里希南尽可能在教研会议上讨论一下，这些方法也许对我们都是非常有用的。"

评价者："你将在介绍时向学生讲这个故事。这个故事是萨克利夫写的吗？"

评价对象（有点害羞的样子）："不是他写的，是我自己编写的。我知道有许多有关罗马的故事，但是我需要的故事最好能够完全符合我的教学目标。"

评价者："你自己编写的故事出版时，能否送一册给我，签上你的大名？20分钟过去了，你现在还有其他什么事情要讨论的吗？"

评价对象："我想没有了。课堂听课后，我们什么时候讨论？"

评价者："下班前你抽得出空吗？"

评价对象："30分钟时间？"

评价者："够了，我想30分钟足够了。"

…………

二、教师教学评价模式改革案例的分析

我们每每进行课堂教学评价，被评教师处于被动接受的状态，而案例9-2向

我们展示了一个评价者与评价对象的全新关系。我们看不到评价者的居高临下，评价者倒有点像个讨教者，在随意间却对影响课堂教学质量的实质性因素进行了探讨。这就是发展性教师教学评价模式。所有的评价要素，包括评价者、被评教师、评价方式、评价标准等之间的联结方式发生了改变。

(一)评价的价值取向多元化，反映了评价过程的民主性

评价的参与者是多元的，包括被评教师、学科专家、学科教师等。这样，评价过程会出现多种声音，不同的观察者会从不同角度认识教学并提出不同的见解。

例如，案例 9-1 中，有评价者发表意见："我感觉最成功的是放了企鹅的视频让学生观察，使课得以深化。"有评价者却从教师总结企鹅的观察中发现了问题："我下课后也注意问了部分学生一个问题，即老师课上归纳了企鹅的特点——上岸的特点、走路的特点、仪式的特点、眼睛的特点、花花公子的外形特点，推而广之，你能概括出观察时应以什么为重点，或者说你觉得你学会观察了吗？从学生们的回答看，这是有问题的。"

又如，案例 9-2 中，教师(评价对象)在授课前便听取评价者的意见，而这个评价者却是数学专业人士。在谈话过程中，双方可以各抒己见，充分表现出了民主性。评价者："在你的授课计划中，我发觉你没有安排时间将这节课的目标告诉学生。你是不是觉得这是不言而喻的？"评价对象："不是这样的……我没有考虑到这个问题。这确实是个好主意。你认为，上课一开始，我就应该将这节课的目标告诉学生吗？"评价者："不该由我说，是你上课。你怎么考虑的？"评价对象："我想，这样做是值得的。最好在我进入教室以后告诉学生……仔细想一想，为什么不呢？这样更直截了当一些。我们可以看看明天的情况。"评价者："上课铃响以前，我肯定进教室了。听课时，你希望我坐在哪里呢？"评价对象："前半节课，你最好坐在教室后面，尽量不要引人注目。后半节课，你就随意吧。你愿意参加一个小组的活动呢，还是愿意在教室里走来走去呢？"

可见，评价过程中所有评价者都可以有自己的关注点，提出个人见解，与评价参与人共同分享。

(二)评价对象可解释、质疑，改变了自上而下的单一评价方向

在评价过程中，评价者可提出个人观点，但允许被评教师解释、质疑。

如案例 9-1 中，评价者提到："我课下和部分学生进行了交谈，学生们普遍认为这节课上得挺有意思，但不太轻松。比如，学生们看完视频后，教师马上让他们说特点，他们感到很紧张，如果采取一个小组讨论的步骤，效果会不会更好些？"评价者从个人经验和感受出发提出建议，听起来很有道理，但被评教师回答："我也考虑过这个问题，但觉得课堂上应该让学生有点紧张感，而且不讨论，让学生概括，是想让大家都动脑筋想问题，特别是班上平时总有一些学生有依赖性，等着别人给答案。"看起来授课教师有自己的想法，而且比评价者更了解学生的实际，其解释获得了评价者的认可。

同样，在案例 9-2 中，评价者说："我想问你几个问题，你不介意吧？我不明白你为什么在七年级讲解罗马—英国方面的内容。我的女儿正在读小学六年级，她们也在学习这个内容。我想国家课程肯定不会允许教学内容前后重复的。"显然，评价者持不同意见。对此，评价对象解释说："从理论上讲，确实是这样。实际上，同样在第二关键阶段……不同的学校和班级会挑选不同的教学内容。对有些学校和有些班级来说，这个内容不过是复习而已；对有些学校和有些班级来说，这是新的内容。我这样做，纯粹是为了让学生归纳一下知识，便于上一个台阶，进一步学习有关罗马帝国的历史。"这一解释同样获得了评价者的理解："噢，我知道了。"

评价者与评价对象间形成了平等、合作的关系，使得评价不再是仅仅为奖惩教师提供依据的工具。

（三）共享信息，以促进被评教师发展为目的

评价是一个收集信息和处理信息的过程，如果信息不充分、不准确，便难以获得可靠的评价结果。

案例 9-1 表明，评价前，评价组已为评价参与者提供了充分的信息，这里不仅有课堂教学描述记录，而且有基本情境的描述，使得课堂最大化地被还原，为评价参与者提供了充分的信息资料；还提供了教学结构记录，将各部分的时间起止点列明，清晰地展示了教师的教学设计和实现过程；课堂观察记录表更详尽地记录了教师、学生的参与行为，特别是通过学生合作学习行为的时间及问题统计，为反映学生学习过程和归纳教师教学特点提供了极有价值的信息。

案例 9-2 中，评价对象为评价者提供了重要的信息，让其了解和理解教学目标。评价对象："在上星期，我们谈了罗马军队的情况。我们使用了很大的地图，弄清楚罗马军队入侵欧洲和北非的地点和路线。在这以前，学生压根儿不知道罗马帝国的地盘。"评价者："我知道，历史科目像我们数学科目一样，制定了专门的教学目标。你这节课是怎样要求学生的?"评价对象："有三个教学目标——了解历史、解释历史和运用历史知识。我努力将这三个教学目标融合到每一次新的教学活动中去。如同你知道的那样，这个班级是混合能力班。我希望每个学生至少能够达到第三层次⋯⋯"评价者："在你看来，第三层次是什么水准呢?"评价对象："譬如，学生必须能够解释罗马—英国别墅不同于意大利别墅的原因。我还希望一些学生能够达到第四层次，个别学生达到第五层次。课堂听课之前，如果你乐意的话，我可以借一些材料给你，让你了解一下这三个层次的教学目标。让你这位外来人士对我的授课计划发表意见，真是我求之不得的。"

　　评价过程能够为评价参与者提供充分的信息，也表明了评价目的的转变。评价者像一个合作者，帮助教师发现和解决可能遇到的问题，即使像听课者的座位安排，也会征求评价对象的意见。评价者还像一个引导者，关注着课堂教学中细微的工作，发现教师教学准备的疏漏或不当，使教师自我觉醒。

附录 3　教师教学评价模式研究的回顾与展望

　　教师教学评价模式是指针对教学评价活动的理论图式操作思路，对构成教学评价活动各要素之间的组织形式的规定。进一步说，教学评价的开展涉及诸多因素，包括评价主体、评价客体、评价目的、评价标准、评价工具、评价内容、评价结果等，这些因素的排列组合不同，或者在评价过程中的侧重点不同，所形成的评价模式也就各不相同。

　　本章基于内容分析法，对我国现行的教师教学评价模式这一主题的研究进行文本分析，从量化角度对文献样本进行归类整理，使读者对这一研究的现状有更为直观的了解。此后又通过进一步阅读相关文献，对研究现状进行提炼和总结，梳理近些年来关于这一主题，哪些学者在什么方面都做了哪些研究，并以此展望未来研究的发展方向和大致趋势。

一、教师教学评价模式研究的数据采集与数据样本

　　在中国知网（www.cnki.net）的高级检索下，输入检索条件：在"主题"条件下输入"评价模式"和"教师教学"，时间选择"2000—2017"，共搜索出来 346 条结果。其中，期刊文章 206 篇，硕士学位论文 129 篇，博士学位论文 7 篇，会议论文 4 篇。初步检索后，浏览和阅读这些文章，依据相关性、非重复性和学术性原则，对这些文章再次进行筛选，剔除掉与教师教学评价模式主题研究相关性不大的一些文章。此外，为了减少由于采用"主题"条件搜索这一方法可能会遗漏的一些重要文章，又通过在"全文"条件下输入"教师教学评价模式"，用以补充文献样本。最后确定本研究的分析样本为 179 篇。即使这样，也难免会漏掉一些文章，本章只分析收集到的这部分文章，故统计数据难免不全，但是也能够在一定程度上代表教师教学评价模式研究的大致趋势，供读者参考。

二、教师教学评价模式研究的基本情况与定量描述

(一)年份分布

改革开放以来,我国的基础教育虽已取得显著成就,但原有的基础教育课程已经不能完全适应新时代发展的要求。1999 年 6 月,《中共中央、国务院关于深化教育改革全面推进素质教育的决定》颁布,为了贯彻这一决定,教育部开始大力推行基础教育课程改革。这一改革的启动,引起了学者们对教育领域的广泛关注。关于教师教学评价模式的研究也在这一时期广泛开展,因此,样本文章的起始时间界定为 2000 年。

从 2000 年到 2017 年,教师教学评价模式研究的文章数量呈递增态势,见图附 3-1。从 2000 年的 2 篇开始波动上升,至 2015 年的顶峰 21 篇,教师教学评价模式研究文章的数量分布,反映了这一主题的研究一直受到关注,研究热情持续不减。

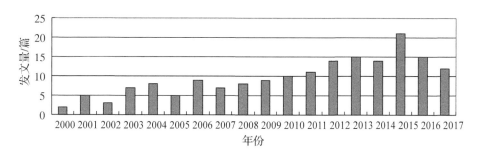

图附 **3-1**　教师教学评价模式研究文章的数量及年份分布

(二)文章类型的分布

本章收集的文章有不同类型,包括期刊论文、硕博士学位论文和其他形式的文章。在这些文章中,期刊论文有 132 篇,所占比例最大,高达 73.8%;硕士学位论文 41 篇,占 22.9%;博士学位论文 5 篇,占 2.8%;会议论文 1 篇,占 0.5%。见图附 3-2。

(三)刊载期刊的分布

统计显示,研究教师教学评价模式这一主题的期刊数量居多,对刊载期刊进

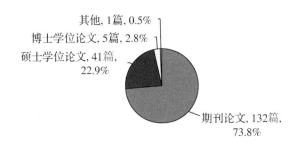

其他, 1篇, 0.5%
博士学位论文, 5篇, 2.8%
硕士学位论文, 41篇, 22.9%
期刊论文, 132篇, 73.8%

图附 3-2　教师教学评价模式研究文章类型的分布

行统计整理,见表附 3-1。梳理文献发现,关于教师教学评价模式这一主题的研究,除了像《教育测量与评价》这样专注教育评价领域的期刊外,《教育探索》《中国教育学刊》《教育评论》《教育发展研究》《高校教育管理》等核心期刊也刊载了这一主题的文章。这一现象说明教师教学评价模式研究作为教育评价的一部分,已经得到越来越多的从事教育事业的专家和学者的关注。另外,像《新课程》《教育理论与实践》这些关注教育实践的期刊也有此类文章,这也在一定程度上说明关于教师教学评价模式的研究在实践层面取得了很多成就。

表附 3-1　2000—2017 年刊载教师教学评价模式研究论文最多的期刊

期　　刊	载文量/篇	期　　刊	载文量/篇
教育探索	3	科技展望	2
中国教育学刊	3	黑龙江高教研究	2
教育测量与评价	3	教育现代化	2
世界教育信息	3	教育理论与实践	2
新课程	3	教育教学论坛	2
现代交际	3	学周刊	2
教育评论	2	改革与开放	2
教育发展研究	2	广西教育	2
高校教育管理	2	才智	2

(四)多产作者和研究单位的分布

　　通过对所选文章的作者进行统计发现,高产作者并不是很多,具有代表性的作者有史晓燕、蔡敏、胡咏梅、李楠、孙彩云,分别有 5 篇、4 篇、2 篇、2 篇、

2篇，其他作者仅有1篇文章，这一现象表明专门研究评价模式的学者较少。在中国知网的高级检索下输入主题"教师教学评价"，检索出的结果有1116条，因此，推测评价模式作为评价的一部分，学者们更愿意将它放在评价的大概念中去研究，至于将其单独拿出来做研究的，相对来说数量不多。并且，教师教学评价模式作为评价大系统中的一部分，在数量上也难以呈现过于集中的现象。但是这些专门研究教师教学评价模式的学者作为评价研究队伍的一分子，为教育评价的"大楼"添砖加瓦，起着十分重要的作用。

对作者的单位进行统计发现，高产作者多是高校教师和研究生。其余作者大部分是基础教育和职业教育阶段的教师，由于分布零散，难以集中呈现。这一结果表明，关于教师教学评价模式的理论研究与实践探索并行发展。很多一线教师在关注教学评价，这是评价模式不断发展的基础，实践探索为理论研究提供了更多的反思素材。

(五)学位论文的分布

学位论文是研究生进行科学研究的一项重要成果。硕士学位论文和博士学位论文共计46篇，占据总体样本的25.7%。对这些论文的所属学校进行统计，发现这些论文分布在33所高校。这也说明很多研究生已经开始关注教师教学评价模式这一领域，并展开了学术研究。其中，西南大学和辽宁师范大学均有4篇，华中师范大学和东北师范大学均有3篇，首都师范大学和华东师范大学均有2篇。师范大学(包括西南大学)的学位论文有29篇，占学位论文的63.0%。其中，部属师范大学(包括西南大学)的论文有13篇，凸显了师范大学的研究生对教师教学评价模式这一主题的重视。

三、教师教学评价模式研究的现状

阅读所收集的文献可知，关于教师教学评价模式的研究分为针对不同教育层次及类型的研究、侧重不同评价要素的研究、反映目标设定情况的研究、针对不同评价目的的研究四类。

(一)针对不同教育层次及类型的研究

依据研究对象所处的教育层次及类型的不同，本章将教师教学评价模式的研究划分为针对中小学教学评价的研究、针对大学教学评价的研究和针对职业教育教学评价的研究。

1. 针对中小学教学评价的研究

中小学教育是教育的基础阶段，众多学者注重这一阶段教师教学评价模式的研究。而梳理针对中小学教师教学评价模式研究的文献，发现其主要存在两类研究：一类是针对整个中小学教育的教师教学评价模式研究，另一类是针对学科课程的教师教学评价模式研究。从研究的主体看，抽象地研究教师教学评价模式的主要是高校学者及研究生，而从事针对学科课程的教师教学评价模式研究的则更多的是高校的学科专家及中小学校管理者、学科有经验的教师。

针对整个中小学教育的教师教学评价模式研究，聚焦于中小学教师教学评价模式的理论研究，包括：教师教学评价模式的产生、演变、发展；现存的中小学教师教学评价模式的分类、特点；对现有的中小学教师教学评价模式的利弊分析等。例如，解明生剖析了中小学教师教学评价模式存在的主要问题[1]，陈振华研究了如何解决教师教学评价过程出现的问题[2]，胡咏梅专注于教师教学评价的经验梳理。[3]

针对学科课程的教师教学评价模式研究，多集中于教师教学评价模式运用的经验分享，而且主要针对特定的学校和具体的评价活动实践。由于这类研究停留于经验总结层面，难以产生推广效应，故而外在效度不高。例如，孟岩研究了高中信息技术课的教师教学评价模式的内涵、特点、理论基础，研究成果显然难以扩展到其他课程。[4] 这类研究往往产生于一线中小学校管理者和任课教师，更贴近中小学校的教师教学评价现实，更有利于特定评价实践活动吸取经验和采纳相应方法。

2. 针对大学教学评价的研究

针对大学教师教学评价模式研究的文献，较针对中小学教师教学评价模式研究的文献不仅占比要多，且理论性更强。总体而言，主要有三类文献：第一类是教师教学评价模式构建的基础研究，第二类是探究特定评价模式的运用；第三类是具体学科的教师教学评价模式研究。

① 解明生：《论素质教育背景下课堂教学评价模式的转变》，载《中国教育学刊》，2001(2)。
② 陈振华：《教学评价中存在的问题及反思》，载《教育发展研究》，2009(18)。
③ 胡咏梅：《聚焦教学有效性的课堂观察评价》，载《教育测量与评价》，2016(1)。
④ 孟岩：《新课程理念下的高中信息技术课教学评价研究》，硕士学位论文，辽宁师范大学，2007.

第一类：教师教学评价模式构建的基础研究。这类文献主要围绕坚持什么样的评价观念、评价什么样的内容、采用什么样的评价方式、坚持什么样的评价标准，以及评价结果如何运用等内容，探究如何构建教师教学评价模式。例如，王春杨等人从评价目的、评价内容、评价方式、结果运用四个方面阐述我国高校课堂教学评价的现状，指出了当前课堂教学评价体系及运行过程中存在的突出问题，为教师教学评价模式的构建做了基础性研究。① 还有大量研究集中于介绍经典的评价模式产生的背景和模式的特点，对经典评价模式的适用阈进行界定和规范，从而为教师教学评价模式的构建提供参照。

第二类：探究特定评价模式的运用研究。它们从探索特定评价模式的特点入手，结合教学实际，研究其运用于教学评价的优长，同时探索具体的操作过程。这类文献从理论入手，解析评价模式，又将评价模式转向具体的实践运用，丰富了教育评价的理论研究，又对接实践，使理论应用于实践。例如，对 CIPP 模式运用于课堂教学评价的研究，认定 CIPP 模式分为四个评价阶段："C"为第一阶段，是对目标的评价；"I"为第二阶段，是对实现目标的方案（条件）的评价；"P"为第三阶段，是对方案实施过程的评价；"P"为第四阶段，是对目标实现效果的评价。CIPP 模式适用于学校及教育项目评价，能够反映发展性课堂教学评价的基本理念，揭示了将该模式运用于课堂教学评价的实际操作过程。②

第三类：具体学科的教师教学评价模式研究。这类文献针对学校课程中的某一具体学科，结合学科实际，探究适合的评价模式。这类研究定位于微观层面，对学科教学评价的开展具有指导性，研究成果具有很强的操作性。例如，杨胜刚针对大学英语教学评价模式展开研究，认为网络环境下大学英语教学评价有形成性评价与诊断性评价，为了提升评价的说服力，可以对评价目标展开多维度的评价，并从自我评价、学生互评、教师评价、期末考试四个方面构建了大学英语教学评价模式。③

同时，在针对大学教学评价的研究中，还有一些文献专门研究国外的高校教师教学评价模式或进行中外教学评价模式的比较研究。蔡敏研究美国的教师教学评价模式，从评价主体的角度出发，阐释学生评教、同行评价、教师自我评价的

---

①　王春杨、敖敏：《我国高校课堂教学评价的现状、问题与对策》，载《当代教育理论与实践》，2016(2)。
②　史晓燕：《采用 CIPP 模式开展发展性课堂教学评价》，载《教育理论与实践》，2003(9)。
③　杨胜刚：《浅析网络环境下的大学英语教学评价模式》，载《教育观察》，2017(9)。

教师教学评价模式，特别针对学生评教的实效性展开了研究。[①] 卢家婧运用内容分析方法，比较中美大学教学质量评价标准，发现中美大学教学质量评价的指标体系设计、价值取向和对"课堂"与"课程"的理解均呈差异性分布状态，揭示了中美在教师教学评价模式上的不同。[②]

3. 针对职业教育教学评价的研究

针对职业教育开展的教师教学评价模式研究，大致可以分为两种类型的文献：一种是针对职业教育特点，研究教师教学评价模式；另一种是针对具体的专业，结合专业特点开展的教师教学评价模式研究。

针对职业教育所进行的教师教学评价模式研究，重在研究现行职业教育教师教学评价模式的特点、评价过程中出现的具体问题及如何改进。刘娟、阮湘梅认为，高职教育的教师教学评价模式以学生分数定质量，而学生分数的获得取决于考试，考试的内容又局限于书本，考试形式单一。[③] 王红梅、谭明认为，中职学校在开展教师教学评价时，侧重于量化，忽视评价的诊断与调控功能，评价主体单一。[④] 在研究教师教学评价时，许多研究者都提出要以学生发展为中心来开展教师教学评价，且学生的发展应坚持以职业能力为核心的评价导向；开展教师教学评价要坚持多元的评价取向。

针对某一具体专业开展的职业教育教师教学评价模式研究，均重视专业特点的深刻剖析，结合专业特点，探究适切的教师教学评价模式。例如，夏冬芹研究数控专业的教师教学评价模式，分析了数控专业学生需具备的基本素质，特别是实践能力，强调教师教学评价改革应重视学生专业能力的考量，且关注教师在教学中对学生的引导是否适应专业特点、改变了学生的学习方式。[⑤]

(二) 侧重不同评价要素的研究

一个完整的评价活动由不同的要素构成，要素与要素之间的连接方式则形成了不同的评价模式。教师教学评价模式也同样是教师教学评价要素间的联结方式。评价主体、评价标准、评价方法等均是教师教学评价模式的构成要素。正是由于各要素所处的地位、所形成的关系不同，才形成了不同的教师教学评价模

---

① 蔡敏：《论教育评价的主体多元化》，载《教育研究与实验》，2003(1)。
② 卢家婧：《基于内容分析法的中美大学教学质量评价比较研究》，载《继续教育研究》，2008(5)。
③ 刘娟、阮湘梅：《高职教育教学评价模式改革》，载《中国教育技术装备》，2009(30)。
④ 王红梅、谭明：《中职专业课教学评价误区及其纠正策略研究》，载《中国职业技术教育》，2016(32)。
⑤ 夏冬芹：《论中职数控专业教学评价模式的改革》，载《才智》，2015(4)。

式。根据教师教学评价模式研究中侧重的不同评价要素，可以将研究分成强调评价主体作用的研究、强调评价标准作用的研究、强调评价方法作用的研究。

1. 强调评价主体作用的研究

所谓评价主体，是指那些参与教育评价活动的组织与实施，按照一定的标准对评价客体进行价值判断的个人或团体。评价主体在评价活动中指引着评价的方向和进程，对确定评价问题、选择评价方法、使用评价结果起决定性作用。因此，合理确立评价主体并有效发挥其功能，是教师教学评价模式变革的重要方面。强调教师教学评价模式中主体作用的研究，主要探讨三个方面的问题：如何确立被评教师在教学评价中的主体地位，如何处理评价者与被评教师之间的关系，如何使评价过程从一元主体向多元主体转换。蔡敏认为，开展评价活动要形成多元主体评价的情形，多元主体评价应发展为教师教学评价的主导模式。[1]

研究者还深入研究了各评价主体的作用，以彰显不同主体所反映的不同评价模式。他们强调的主体更多地指向学生，要求重视学生的作用，一方面，"以学评教"；另一方面，重视学生对教师教学的反馈。研究认为，被评教师是教学评价活动的实践承载者，评价的最终目的是要改进教师的教学，使教师获得专业发展。[2] 教师教学评价要更新理念，不仅要鉴定教师的教学，而且要通过评价增强教师和学生"教与学"的积极性，激发教师积极向上的动力。所以，开展教师教学评价要建立学生、教师、同行专家、领导管理者等主体共同参与的评价模式。[3]

2. 强调评价标准作用的研究

评价标准是教师教学评价活动的构成要素之一，没有无标准的评价。标准可以在评价前设立，也可以在评价过程中生成。如果没有标准，则无法进行价值判断。但在评价过程中，将评价标准放置于何等地位，反映了不同的教师教学评价模式的特点。强调评价标准作用的研究认为，评价的导向功能更为重要，强调评价所带来的引领作用。优质的教师教学具有共性，有教师必须遵循的基础指标。开展教师教学评价就是依标准定质量，在评价的过程中，评价者也处于被动地位，他们只是依标准收集评价信息，通过认定评价对象所提供的证据而得出评价结论。

---

[1]　蔡敏：《论教育评价的主体多元化》，载《教育研究与实验》，2003(1)。
[2]　史晓燕、霍素君：《开放性教师评价研究》，载《中国教育学刊》，2011(11)。
[3]　何侃：《高校多元化教学评价模式探析》，载《高校教育管理》，2007(3)。

3. 强调评价方法作用的研究

评价方法是开展教师教学评价活动的要素。强调评价方法作用的研究认为，开展教师教学评价应关注评价方法的作用，评价方法的选择是评价结果科学与否的关键。

在此，众多学者关注量化评价方法与质性评价方法，研究两者的方法论基础、价值取向、主要功能及各自的优缺点，认为两种评价方法各具功能。[1] 形成共识的是，开展教师教学评价应注重量化评价方法与质性评价方法的结合，根据评价目的进行倾向性选择。近年来，研究者更重视质性评价方法的运用，认为质性评价方法符合现代评价理念，有利于为被评教师提供具有实效的反馈信息，能发挥评价的发展性功能，帮助被评教师改进教学。强调评价方法作用的研究改变了评价主体、评价标准等评价要素间的联结方法，形成了不同的教师教学评价模式。

综上，强调教师教学评价主体、评价标准、评价方法等的作用，不仅影响了教师教学评价模式，而且直接影响了教师教学评价的结果。从更广泛的意义上说，教师教学评价结果的处理，也构成了不同的教师教学评价模式。正因为如此，许多研究者关注评价结果的处理，对评价结果的呈现形式、反馈形式等进行了研究，认为评价结果的处理可以反映不同的评价理念，也会形成不同的评价模式。如果从管理的角度出发，就会强调评价结果运用的导向、鉴定等功能；如果从教师发展的角度出发，就会强调评价的发展性功能。这也同时造就了两种不同的教师教学评价模式：一种是奖惩性评价模式，另一种是发展性评价模式。

(三)反映目标设定情况的研究

根据评价目标的设定情况，可以将教师教学评价模式研究的文献分为两类，即预定式评价模式的研究和非预定式评价模式的研究。

1. 预定式评价模式的研究

第四代教育评价理论总结了预定式评价与非预定式评价的特点，认为以"测量""描述""判断"为标志的前三代评价模式属于预定式评价，而以"协商和回应"为标志的第四代教育评价模式则属于非预定式评价。开展教师教学评价是否有预设的标准，是预定式评价模式与非预定式评价模式的区分点。预定式评价模式在评价开展之前就设定了评价目标(标准)。斯塔克根据这一评价模式的基本特征，

---

① 南纪稳：《量化教学评价与质性教学评价的比较分析》，载《当代教师教育》，2013(1)。

将其命名为预定式评价。最典型的预定式评价模式是依泰勒思想构建的行为目标模式。泰勒认为，开展评价就是将所要评价的内容变成具体的行为目标，开展评价的过程就是判断评价对象达成目标的情况。关于教师教学评价运用预定式评价模式的研究，主要是研究预定式评价模式选择与教师教学评价目的的适切性、预定式评价具有的功能、预定式评价模式对教师发展的影响等。

2. 非预定式评价模式的研究

非预定式评价特指第四代教育评价理论所阐述的评价思想，是一种开放性的评价，目标游离模式可谓非预定式评价的典型模式。《第四代评估》认为，前三代评价模式是预定式评价，存在重大缺陷：管理主义倾向，忽略价值的多元性，过分强调调查的科学范式。预定式评价是对预期效应的一种评价活动，而教育评价过程会产生无法预估的非预期效应，导致评价忽略了这种"副效应"，难以反映利益相关者不同的利益诉求。而第四代评价理论重视利益相关者的主张、焦虑和争议，倡导在评价活动中努力促使所有与评价有利益关系的人都参与进来，表达自己的利益诉求。

非预定式评价模式的研究，主要研究这一评价模式所倡导的基本理念和特征；运用非预定式评价模式开展教师教学评价对教师发展的作用；非预定式教师教学评价的操作；开展非预定式评价时评价参与者之间关系的处理等。例如，有学者研究了评价者的作用，认为此时的评价者更像是一个"协调者"，不断协调各种分歧，最后形成一致的看法。[①]

(四)针对不同评价目的的研究

根据评价目的的不同，我们可以将教师教学评价模式的研究分为导向不同的两种模式：一种是以管理为导向的评价模式研究，另一种是以促进教师专业发展为导向的评价模式研究。

1. 以管理为导向的评价模式研究

评价包括很多功能，但是，开展某项评价，最初一定是出于某种想要达成的目的。其中，将教师教学评价的结果用于奖惩，对教师做出晋升、加薪、解聘、降级等评价，是以管理为导向的评价。换句话说，评价的目的是开展教师管理，为奖惩教师提供依据，这种评价也被称为"奖惩性评价"。这种以管理为导向的评

---

① 史晓燕：《现代教育评价》，石家庄，河北人民出版社，2005。

价模式研究，多探讨如何通过开展奖惩性教师教学评价实现对教师教学改进的激励功能，以及如何开展教师教学评价更有利于提高教师管理效能。

2. 以促进教师专业发展为导向的评价模式研究

以促进教师专业发展为导向的教师教学评价模式研究，存在两大类内容：一类是不同模式的评价理念研究，另一类是具体的促进教师专业发展的教师教学评价模式研究。

不同模式的评价理念研究，主要是视发展性教师教学评价模式为一种评价思想，重在研究奖惩性教师教学评价与发展性教师教学评价的关系，研究如何使奖惩性教师教学评价产生促进教师发展的功能。奖惩性教师教学评价与发展性教师教学评价的关系无非有两种：一种是两者相互融合，在评价实践中使奖惩性评价产生拉动教师专业发展的作用；另一种是相互独立操作，各自利用独特的评价影响，产生促进教师发展的作用。①

具体的促进教师专业发展的教师教学评价模式研究，采取以面谈为主要形式的教师教学评价方式，吸收多元主体参与，强调评价的反馈功能。例如，张芊认为目前高校的教学评价制度多以考核、奖惩为目的，侧重于鉴定性功能，没有充分发挥对教师专业发展提供支持和帮助的作用。因此，在评价目标、评价标准、评价主体、评价方法、评价结果五方面要实现转变。其中，评价目标上，要从注重"终结性评价"向注重"形成性评价"转变；评价标准上，要由绝对统一向相对统一转变；评价主体上，要由"单维度评价"向"多维度评价"转变；评价方法上，要由注重"量化评价"向注重"质性评价"转变；评价结果上，要由侧重考核向侧重专业发展支持转变。② 陈思莲等人研究了促进教师专业发展评价模式的特征、意义及实施策略。③ 郭桂英、英震的研究重在为发展性评价模式寻求理论支撑和提供运作流程。④

四、教师教学评价模式研究存在的问题与未来展望

梳理教师教学评价模式研究的相关文献发现，研究集中于经典评价模式的引

---

① 史晓燕：《现代教育评价》，石家庄，河北人民出版社，2005。
② 张芊：《以促进高校教师专业发展为导向的教学评价模式改革》，载《清华大学教育研究》，2006(6)。
③ 陈思莲、龙借琼、丛德生：《发展性教师教学评价模式的探讨》，载《长春教育学院学报》，2012(3)。
④ 郭桂英、英震：《高校实施发展性教学评价模式的研究》，载《扬州大学学报(高教研究版)》，2009(4)。

介及开展教师教学评价的运用。未来应拓宽研究视角并注重与信息技术结合的研究，加强教师教学评价模式的运用研究，注重开放性的教师教学评价模式研究。

(一)拓宽研究视角并注重与信息技术结合的研究

关于教师教学评价模式的研究，虽然不乏文献量，但研究的视角较为单一，且多停留在理念研究层面。随着教师教学评价主体、模式多元化思想的建立，我们需要拓宽现有的研究视角，社会学、哲学、历史学、心理学及其他相关领域视角的研究都值得引入，它们能够让我们重新认识教师教学评价。更值得重视的是教师教学评价模式研究的信息技术融入。一方面，信息技术的发展，为我们提供了跨学科、多视角开展教师教学评价模式研究的支持；另一方面，以信息技术支持开展教师教学评价，可以关注教师教学评价的基本规律和基础模式，支撑更多的评价设计和评价工具，尤其可以借助大数据关注教学过程分析，为教师改进教学提供更多的信息支持。

(二)加强教师教学评价模式的运用研究

综观现有的教师教学评价模式研究成果，可知其多集中于具体评价模式产生的背景、基本内容、操作流程，以及它的适用阈研究，而关于教师教学评价模式运用的研究还较为薄弱。不同的教师教学评价模式具有不同的操作原理和过程，结合实践，更会呈现运作的不同特点，故而应在操作层面展开教师教学评价模式研究，切实为实践服务。已经创立的较为经典的评价模式，如行为目标模式、CIPP 模式、应答模式、目标游离模式等，应深入研究其在实践中的运用，还应总结评价的实践经验，推广有效的评价模式，促进教师的专业发展。

(三)注重开放性的教师教学评价模式研究

以往的教师教学评价模式研究更注重自上而下的评价模式，因此，泰勒的行为目标模式占据主导地位。以往的研究热衷于研究评价的标准，以利于开展奖惩性教师教学评价，因为标准越是客观、为多数人所接受，越能发挥导向作用，越有利于教师间的比较，为学校管理服务。新的教师教学评价理念认为评价是为教师专业发展服务的，这就需要为教师的个人发展设计目标，可利用目标游离模式、应答模式等反映第四代评价理论思想的模式开展教师教学评价。这类评价具有开放性，评价主体多元，评价标准是生成性的，结果可比性差，亟待深入研究，以支持教师教学评价模式的变革。

第四部分
教师教学评价方法

教师教学评价方法分为两个方面：一是教师教学过程评价方法，二是教师教学效果评价方法。教师教学过程评价方法包括教师教学过程评价信息收集的方法和教师教学过程评价信息处理的方法，其中，教师教学过程评价信息收集的方法需要先了解教师教学评价信息的分类。教师教学效果评价方法则反映为"以学评教"，从学生学习的角度进行考查，主要方法包括表现性评价、成长记录袋评价及考试评价。

第十章　教师教学过程评价方法

开展教师教学评价，需要收集教师教学过程的有关信息，并进行评价分析。其中，分析教师教学过程评价信息的方法包括对质的评价信息的处理方法和对量的评价信息的处理方法。

一、教师教学过程评价信息的分类与收集

(一)教师教学过程评价信息的分类

教师教学过程评价信息可分为两大类：一类是教师教学活动的相关信息，另一类是课堂教学活动信息。

1. 教师教学活动的相关信息

教师教学活动的相关信息是指教师教学的经常性资料，以及教师教学环境、条件方面的信息，具体包括以下三方面。

第一，教师方面，主要是与教学有关的日常资料，例如，教师的教学工作计划、总结，教师的备课笔记、教学日志、教案、单元教学计划，以及有关科目的教材、参考书等。

第二，学生方面，主要是反映学生学习过程的相关资料，例如，学生的课堂笔记、作业、作品、试卷等。

第三，教学环境、条件方面，主要是教室布置、座位安排，以及教学涉及的教具、仪器等。

2. 课堂教学活动信息

课堂教学活动信息是指通过各种课堂教学评价手段所得到的信息资料，主要包括以下两类。

第一，教师教学行为、学生学习表现方面的信息资料。评价者通过直接(亲临课堂听课)或间接(看录像等)观察教学全过程，可获得有关信息资料。

第二，关于课堂教学优缺点方面的态度和意见等主观信息资料。评价者通过

与学生、教师及有关人员谈话，直接收集到相关信息。

(二)教师教学过程评价信息的收集方法

教师教学过程评价信息收集的主要方法是观察法、问卷法、访谈法。

1. 通过观察法获取评价信息

一般而言，教师教学活动过程观察的内容主要包括：教室环境、教学活动的组织方式、教学内容的选择与组织、多种课程资源的选择和利用、教学情境的创设、学生的学习状态等。对于教学过程的观察，不仅要把握观察的重点，还需要做好观察记录。

观察记录是为分析和评价而用的，需抓住教学过程的关键信息，如此，教学过程的多维记录、教师与学生的行为记录、教学过程问题记录就显得至关重要。

(1)教学过程的多维记录

采用录音、录像记录教学全过程的方式较好，但受条件限制，也可采用笔录。以下为某教师所上的一节《折线统计图》的观察笔记，由于记录了场景及行为动作，使得全部教学过程跃然纸上。

课前，多媒体屏幕正在播放《奔跑吧兄弟》节目视频，学生们在观看。

(教师身着浅黄色连衣裙，显得很活泼，与学生互相问好后，显示题目《折线统计图》。)

教师："同学们，刚才老师放的视频，你们想看吗?"

学生(齐答)："想看。"

教师："那你们能告诉我这个视频节目叫什么吗?"

学生(齐答)："《奔跑吧兄弟》。"

教师："老师也很喜欢这个节目，昨天这个节目组来咱们学校了，有人对这个节目的观众数做了调查，一共做了 6 次，老师把这 6 次调查的数据做成了统计表。"

(教师在屏幕上出示统计表。此表为二维统计表，一个维度是次数，另一个维度是观众人数。表格显示，第一次 110 万人，第二次 60 万人，第三次 150 万人，第四次 135 万人，第五次 155 万人，第六次 160 万人。)

教师："观察这个统计表，你能看到哪些数量信息?"

学生(女)："第一次 110 万人，第二次 60 万人，比 110 万人少，但从第三次起变多了。"

教师："噢！她看到了数量的变化信息，谁还看到了什么信息？"

学生（女）："第二次人数最少，第六次人数最多。"

教师："她看到了最少和最多的两次。为了表示这个变化，我们看看这组数据的统计图。"

（教师出示观众数量的条形图：横轴是次数，共6次；纵轴是人数，从0点起以每20万人递增，最高显示180万人。）

教师："谁能从图上一眼就看出哪次观众人数最少，哪次最多？"

学生（男）："第二次最少，第六次最多。"

教师："你是怎么看出来的？"

学生（男）："第二次是六次当中最低的，第六次是六次当中最高的。"

教师（示意学生坐下）："他看到了最低的，认为最少，最高的是人数最多的。刚才的统计表，大家看到了是用数量来表示大小，而条形图，大家看到了是用这个长方形的高和低来表示大小。其实，还有另一种表示大小的形式。"

（教师出示观众数量的调查统计图——折线统计图。）

教师："谁见过这种图？"

学生（男）："我见过，它叫折线统计图。"

（教师走到白板前板书：折线统计图，又叫折线图。）

（教师回到屏幕前，出示了在同一个画面中的条形图和折线图。）

教师："这两幅图都可以表示数据，大家看看这两幅统计图有什么区别？"

学生（男）："折线图是先标出高度，然后用线连起来的。"

教师（边走边说，到白板前板书）："他一眼就看出了连线。"（板书"线段"后回到屏幕前）"那老师就有问题了，你既然看出了折线图中有线段，那你说上升的线段表示什么？"

学生（男）："上升的线段表示下一次的数量比上一次的数量增多，下降的线段表示下一次的数量比上一次的数量减少。"

教师（请学生坐下）："他不仅看出了上升的线段表示增加，还看出了下降的线段表示减少。那么，同学们看一下，在增加的这些线段中，哪些数增加得最多？"

学生（女，被老师叫到讲台上，用手指着第二条线段）："第二次到第三次增加得最多，因为这条线段最长。"

教师："哪些数增加得最少呢?"

学生(用手指第五条线段)："第五次到第六次增加得最少。"

教师："这个同学说第二次到第三次增加得多，这条线段长且陡，而刚才说的这条线段数量增加得少。请用完整的话表达一下。"

学生(女)："增加多的线段长且陡，增加少的线段……"

教师："谁来说一下?"

学生(女)："线段最短的时候，表示增加得最少。"

教师："你们同意吗?"

学生(男)："线段最短且最平缓时，增加得最少。"

教师："我完整地表达一下，当线段最长且最陡时，增加得最多;当线段最短且最平缓时，增加得最少。"

(教师板书:线段表示数量的增减变化趋势。)

教师(回到屏幕前)："大家除了看到这两幅图有线段的差别外，还有什么?"

学生(男)："两幅图中都有横线，还有竖线。"

学生(女)："条形图的数量是用顶端表示，而折线图的数量是用转折点表示。"

教师："噢，她发现了折线图中的点。"

(教师板书:点。)

教师(指着折线图中的第二个点)："那么，谁来说一下折线图里的这个点表示什么?"

学生(男)："表示第二次观众有 60 万人。"

教师(指着折线图中的第五个点)："这个点表示什么?"

学生(男)："这个点表示的是第五次观众有 155 万人。"

教师(手对着下方的"第五次"，向上移到第五个点)："表示第五次观众有 155 万人。"

(教师板书:点表示数量的多少。)

教师："谁来预测一下第七次观众的变化趋势?"

学生(男)："第七次应该是 142 万人，因为第三次是下降的情况，第七次也应是下降。"

教师："谁还来说说? 有不一样的意见吗?"

（举手的学生较少。）

学生（男）："应该在165万～170万人，第四次到第五次上升了，我们班看的人也增多了，我觉得应该是增加的。"

学生（男）："我觉得应该是增加的，原来不多，是因为知道的人不多，现在知道的人越来越多了，所以会上升。"

学生（男）："我认为应该是上升的。"

学生（男）："我认为是下降的，我就喜欢看球赛，不会去看《奔跑吧兄弟》。"

学生（女）："第五次和第六次都是上升的，趋势是上升，上升是平稳的，第七次应是上升，上升5万人左右。"

学生（男）："应是增加的，而且应是170万人，110万～160万人变了五次，所以上升到170万人差不多。"

教师："折线图可以显示数量变化的趋势，还能做预测，这么奇妙的折线图是怎么画出来的呢？"

（教师投影了一个数轴，从0点向右是次数，从0点向上是人数，并展示了两个工具，一个是尺子，另一个是铅笔。教师先找到"第一次"的位置，再上移到"110万"人数的位置，找到交叉点。）

教师："两条直线的交会点就是110，第一个点，第二个点是60。老师把前两个点描完了，谁来描其他的点？"

（一个女生上台，边说边描其他的点。）

学生（女）："先找好'第三次'，画直线，再找到150的位置，应是这个点。"

教师："第四次的点和其他点用同样的方法描出来，然后连线，注意按顺序连接，这样就画完了，老师想请同学们总结一下。"

学生（男）："先把第一次和其他次对应的人数按顺序找出来，再把110和其他数值描出来……"

教师："谁还想再说说？"

学生（女）："先找到次数对应的数据，在相应的位置找到点，将六个点按顺序连起来。"

教师："谁能用更简单的话总结一下？"

学生（男，上讲台用手点着）："先找到次数对应人数的数值，再按顺序把它们连起来。"

教师："我来总结一下。"

（板书：步骤 1　看数据，描点；步骤 2　标数据。）

教师："第三步应是什么？"

学生（女）："按顺序把线连起来。"

（板书：步骤 3　按顺序连线。）

教师："同学们打开书的第 105 页，里面有练习，给大家 5 分钟的时间完成，开始吧。"

（学生们开始做练习，教师巡回观看学生们作业。持续 4 分钟后，教师将已经做完的学生的作业收上来。）

教师："好啦，我收了一些同学的作业。"

（教师展示学生作业。）

教师："第一个同学说刚才他做错了，你们看他错在哪里？"

学生（女）："他没有按顺序连线。"

学生（女）："1 岁时的数据，他没有标出来。"

教师："那你上来做做。"

（一个女生上台将 1 岁标出。）

学生（男）："如果 1 岁标错了，那其他就都错了。"

教师："这个同学的作业有点小错误，所以同学们要看着数据，找好线再标。我们再看下一份作业。这是第二份作业，谁来说说这份作业？"

学生（男）："他没有标出 0 岁的位置。"

教师："那老师帮他改正一下。"

（教师在学生的作业本上改正。）

教师："我们再看第三份作业。如果作业满分是 100 分，这份作业能给多少分？"

学生（男）："我给 95 分，他连线的时候没有连在正点上……"

教师："老师没听懂，下面谁再说说？"

学生（男）："我给 96 分，他连线时有的在点的上面，有的在点的下面，没有正对着点。"

教师："哦，看起来不太美观。"

（教师把收上来的其他作业返还给学生。）

教师(出示自己做的练习)："谁能看出来在多大的时候个子长得最快?"

学生(男)："0岁到1岁时长得最快,长了24厘米。"

教师："你是怎么看出来的?"

学生(男)："这条线最陡。"

教师："因为这条线最长且最陡。身高线不是从'0'开始,为什么呢?"

学生(男)："孩子生出来时是有一定身高的。"

教师："谁能预测一下这个孩子11岁时能长多高?"

学生(女)："我认为是149厘米到150厘米之间。"

教师："说说理由。"

学生(女)："根据前面推测的。"

学生(男)："只能是150厘米,他10年长的数,平均下来就是一年长5厘米到6厘米。"

教师："下面以我们学校的王老师为例,王老师今年30岁了,大家预测一下王老师能长多高?先说说王老师现在有多高?"

学生(女)："171厘米。"

学生(男)："169厘米。"

教师："其实,男生到二十几岁、女生到二十来岁就不长个儿了。下面我们来看看折线图都有什么用呢?"

(教师展示PPT,包括12个月的气温图、降水量图……)

(教师在白板前总结所上的课……)

教师："下面我布置作业。"

(教师展示PPT:向父母收集自己10岁前的身高数据,并做出折线图。)

(下课,师生互致再见。)

(2)教师与学生的行为记录

教师与学生的教与学行为可采用二维表的形式记录下来,一维是教师及学生的行为,另一维是时段。一般可按照3分钟、4分钟、5分钟(根据课型及具体情况而定)将一节课分成若干段,当教师或学生的某一行为出现时,按照每30秒记1次,见表10-1。此表将整个教学过程分成12段,以4分钟为一段。该教师大量时间用于讲授,在第4、第5段安排讨论,用时七八分钟。

表 10-1　教师及学生行为记录表

教师＿＿＿＿＿＿　　学科＿＿＿＿＿＿　　课题＿＿＿＿＿＿

班级＿＿＿＿＿＿　　时间＿＿＿＿＿＿　　记录人＿＿＿＿＿＿

时段(4′×12)	行为																
	讲概念	讲原理	讲方法	举例	提问	演示	板书	反馈	指导	学生提问	学生答问	作业	讨论	小组活动	阅读思考	实验操作	朗读
1	7					2	1			1							
2			3														
3				1	1										7		
4		4							3				8				
5			3										7				
6						1											
7			3														
8			4														
9						1											
10																	
11						1											
12																	
合计																	
％																	

注：每一教学活动持续 30 秒或不足 30 秒记 1 次。

(3)教学过程问题记录

教师教学过程的提问在一定程度上反映了教师教学的认知水平，同时也展现了教师对教学的组织过程。教学过程问题记录包括教师提问在整个教学过程中的安排、提问的难易程度、对学生答问的组织、学生答问情况等。表 10-2 中，"(一)""(二)""(三)""(四)"表示将教学过程分成了四段(可根据需要划分，如按教学内容、教学进程等)。"难度"是指提问的认识水平，甲表示记忆水平的问题，乙表示理解水平的问题，丙表示分析综合水平的问题。"控制"是指对回答问题的要求，A 表示指定个人回答；B 表示指定部分人回答；C 表示教师无指定，学生自发回答；D表示全班习惯性齐答。"回答"是指学生回答问题的情况，"＋"表示回答正确，"－"表示回答错误，"○"表示无人回答。"耗时"是指学生回答问题所用的时间，以分钟为计量单位。

表 10-2 教学过程问题记录表

班级_____　　学科_____　　教师_____　　教学内容_____

记录者_____　　时间_____　　编号_____

项目	阶段									备注
	（一）		（二）		（三）		（四）			
次、序										
难度 （甲、乙、丙）										
控制 （A、B、C、D）										
回答 （＋、－、○）										
耗时/分										

2. 通过问卷法、访谈法获取评价信息

有些在教学过程中难以观察的信息，需要通过问卷和访谈等手段获取。例如，教师与学生对教学的态度、情绪体验等。我们可通过下面的教师问卷示例、学生问卷示例了解教师及学生对教学的主观反映。例如，教师个人对某些问题的满意情况，教师个人认知的学生反应，学生对教师教学的接受程度，学生对教师教学情况的一些主观判断。

（1）教师问卷示例

①你感觉课上讲解清楚了吗？学生是否能够充分理解？

②课上你是如何注意关注所有学生的？

③你是怎样利用时间为学生个人或特定学生人群做准备的？

④你觉得你布置的作业适合不同能力水平的学生吗？

⑤你对自己课堂的语言表达满意吗？发现问题了吗？

⑥你对这节课的收尾工作满意吗？

⑦你对这节课感兴趣吗？

⑧你这节课为下一节课做了什么准备？

(2)学生问卷示例

①老师的讲解，你完全明白了吗？

②老师所讲的内容能使你举一反三吗？对你具有启发性吗？

③老师讲课有趣味吗？上课时老师让你参加了一些有趣的活动吗？

④上课时老师让同学们去解决一些比较复杂的问题了吗？

⑤在课堂上，你和其他同学认真讨论、交流过意见吗？你是否从同学的观点中得到启发？

⑥下课后，你还有兴趣思考老师在这节课中讲到的内容或题目吗？你能独立完成老师这节课布置的作业吗？

⑦你能说出这节课的内容与实际生活的联系吗？

二、教师教学过程评价信息的分析方法

我们通过观察、问卷、访谈等形式获取了教师教学过程的大量信息，可从不同角度对获取的信息进行分析，这里提供两个重要的分析角度，包括对学生自主学习情况的分析和对教师教学特点的分析。

(一)对学生自主学习情况的分析

学生是学习过程的主体，教师教学过程中是否把学生放在了主体地位，主要体现在两个方面：一是教学活动时间的安排上，教师是否给予学生足够的自主学习时间；二是学生的自主学习质量如何，如学习方式是否体现了自主、合作、探究学习。

1. 学生自主学习时间的长度和广度

教师教学过程采用的具体方式不同，学生自主学习、活动的时间会有较大的区别。如果教师采用"翻转课堂"，那么学生讨论、阅读等学习活动的时间必然很长。无论教师采用什么样的具体方式，总体要求是要给予学生一定的自主学习活动时间，如读、写、译、算、操作、演示、讨论等。一般的综合课要求学生的自主学习活动时间占整个教师课堂教学时间的一半以上，如果能达到2/3以上，则认为学生在课堂的自主学习时间较长。评价者不仅要考虑自主学习时间的长度，还要考虑不同学生的自主学习情况，此可谓广度。即要看教师的课堂设计是否有

针对性，是否能激发不同学生的积极性，使学生学得积极、学得有兴趣。这里的广度还包括回答问题与示范的人次，让大多数学生都有表达和参与活动的机会，而不是只集中在少数人（特别是学习成绩优秀的学生）身上，不能由少数学习成绩优秀的学生垄断课堂的表现机会。

2. 学生自主、合作、探究性地学习

教师在教学过程中真正地创设条件，让学生成为学习的主体，体现在学生学习方式的变革上。学生在学习中不是被动地接受，而是主动地思考、积极地活动，教学过程更多地体现学生合作、探究学习。一方面是形式上的，表现为教师设计了小组合作学习、发现学习等；另一方面是实质性的，表现在小组讨论确实起到了交流看法、丰富思想的作用，并通过讨论产生了新的认识和观点，在合作学习形式下，学生真正学会了合作。

3. 学生在高认知水平上学习

按照布卢姆的认知领域目标分类，一般可将其所设的识记、理解、应用、分析、综合、评价分为四个水平。第一水平是识记，属于记忆水平；第二水平是理解，是将所学的知识内化；第三水平是简单应用，将知识、原理应用于特定的情境；第四水平是复杂应用，是对知识的分析、综合、评价。所以，分析学生的自主学习情况，要考查学生是否能够在第二、第三、第四水平上学习，不仅能用个人的话解释、表述所学知识，还能够将所学内容运用到具体情境，解决复杂的综合性问题，并提出具有创造性的问题，同时能对教学内容大胆质疑。

4. 学生在高情感投入下学习

克拉斯沃尔等人（David R. Krathwohl et. al，1964）提出的情感目标分类，认为学生情感是指兴趣、态度、价值、个性等，可分为五个亚类，具体如下。

接受：学生对某些现象产生兴趣，从消极发展至有选择地接受或注意特定的刺激。

反应：学生对某现象做出了反应，从被动发展到主动、积极。

赋予价值：学生赞同某种观点，从初步认可发展到追求，乃至信奉。

组织：学生把各种认可的价值组合成价值体系。

由价值或价值复合体形成的性格：学生将价值观内化为个体特征，形成个人的人生哲学。①

评价者从上述五方面考查学生是否情感投入高，主要观测其对教学内容是否有兴趣，是否在学习过程中遇到困难也能坚持。

（二）对教师教学特点的分析

教师教学特点主要表现在其课程设计上，也表现为教师对两个重要问题的处理：一是对教师教学角色、师生关系的处理，二是对教学过程中提问及答问的处理。

1. 对教师教学角色、师生关系的处理

教师在教学中将自身置于何种角色，成为教学特点的突出表现。以往教师的角色往往定位为教学的领导者、权威，那么学生就不会处于自主学习的状态，课堂上也自然会呈现授受式，教师灌输、学生被动地接受。若教师将角色定位为引导者、合作者，将教学视为共享经验的过程，那么易形成学生自主学习的课堂。它可以体现在三个方面：第一，教师是如何指导学生自主学习的，具体考查阅读、作业等学习过程，且这种指导是否有效。第二，教师是如何组织学生合作学习的，具体考查教学组织形式，是否组织讨论、小组合作学习活动等，且组织的有效性如何。第三，教师是如何设置学生探究性学习的，具体考查对实验、课题研究等的设置，且这种设置是否具有适切性和有效性。

体现教师角色转变的另一个角度，是教师所营造的教学环境和所提供的教学资源（即泰勒在其课程编制原理中使用的"课程经验"）情况。在教学准备中，教师预设了哪些资源？包括文本的、实物的、多媒体的等。这些预设资源的利用是否有利于教学目标的达成？同时，教师在教学过程中创建了什么样的教学环境？通过设问、学生答问、作业等，生成了哪些资源？是否不拘于"课堂、教材、教师"中心，向学生推荐了适度的课外资源？

从宏观的视角看教师角色及师生关系的处理，则表现为教师课堂文化的构建，具体包括以下三方面：第一，教师教学目标的确立关注了高认知水平学习，即处于分析、综合、评价层次。第二，教学具有民主性，即学习目标面向全体学生，学生拥有更多的话语权，课堂气氛和谐，师生关系融洽。第三，教学具有创新性，即教师设问，引发学生多角度思考、发散思维，课堂气氛有助于学生表达

---

① 转引自金娣、王钢：《教育评价与测量》，102 页，北京，教育科学出版社，2007。

个人的奇思妙想，课堂生成了新的学习目标和学习资源。

2. 对教学过程中提问及答问的处理

对教学过程中提问及答问的处理是教师教学认知水平判定的关键指标，也是其教学组织水平的表达。例如，教师整节课设置连续的问题，且学生完全不加思考便能迅速回答，可以判定教师的教学处于低认知水平；反之，若教师将问题设于学生的"最近发展区"，则表明教师的教学处于高认知水平。

在此，分析某教师教授的一节小学五年级数学课《折线统计图》。[①]

(1)课堂描述记录

[课前教师播放春节联欢晚会(以下简称"春晚")机器人表演的视频，让学生们观看。

教师展示课题：统计。]

教师："大家觉得机器人帅不帅？在我心目中，这些机器人很帅。"

学生(异口同声)："帅。"

教师："谁说说哪里帅？"

学生(男)："它们在跳舞。"

教师："那你们知道这款机器人叫什么名字吗？"

学生(个别回答)："不知道。"

教师："我查了资料，这款机器人叫阿尔法。春晚的这个节目一共用了540个机器人，这么多的机器人用完美一致的动作表现出来，体现了中国的科技进步和创新。好，那咱们正式上课。我想问一问同学们看过或关注过中国青少年机器人大赛吗？"

学生(部分人回答)："看过。"

学生(男)："机器人大赛属于一种电竞(电子竞技的简称)。我看过机器人大赛，一种是像编程，通过遥控让机器人做一样的动作；还有一种是让机器人打架。"

教师："你了解得比我多，你说的第一个词'电竞'，我就不知道。其实，2001年我国就举办了第一届青少年机器人大赛，当时参赛的有200多人；到2006年，参赛的人数就达到了1000多人，参赛的队伍达到了400多支；到2012年，参赛

---

① 本课例来源于河北师范大学附属小学王智慧老师的一节观摩课。

的队伍就达到了 500 多支。老师把 2006 年至 2012 年的参赛队伍做了一个统计，请看表。"

（教师在屏幕上呈现了青少年机器人大赛参赛队伍的数据统计表，共出现了 7 年的数据：2006 年，426；2007 年，389；2008 年，443；2009 年，454；2010 年，489；2011 年，499；2012 年，519。）

教师："你能从这组数据中看出什么？"

学生（男）："这组数据是从 2006 年到 2012 年的，参赛队伍在 2007 年最少，到 2012 年最多。"

教师（示意学生坐下）："谁还想说？"

学生（男）："从 2006 年到 2012 年，队伍的数量从整体来看是呈上升趋势的。"

教师插话："哟，你是怎么看出来的？"

学生（继续回答）："因为除了 2007 年，其他年份的数都增长了。"

教师："你怎么知道是上升趋势？"

学生（继续回答）："因为它越来越多嘛。"

教师："你是通过比较？"

学生（继续回答）："对。"

教师："他是通过比较获得结论的，那么下面老师用一个统计图把这些数据表示出来。"

（教师在屏幕上呈现了一个条形图，从 0 点向右是年份，从 2006 年到 2012 年；从 0 点向上是参赛队伍，第一个数据是 300，第二个数据是 400，每个数据间隔 100，直到 600。）

教师："这是什么图形？原来咱们学过的。"

学生（齐答）："条形图。"

教师："我们看看这个条形图，哪年参赛队伍最少？"

学生（齐答）："2007 年。"

教师："为什么你一眼就看出来了是 2007 年？太矮了，是不是？哪一年的参赛队伍最多？"

学生（齐答）："2012 年。"

教师："为什么呢？"

学生（齐答）："高。"

教师："显然这个统计图比数据表看得更加清楚、直观。现在请思考条形图是用什么来表示数据的呢?"

(教室里一片安静,片刻后有两个男生举手,老师叫其中一人发言。)

学生(男):"高矮。"

教师:"什么的高矮?"

学生(男):"条的高矮。"

教师(叫起另一举手的男生):"你说!"

学生(男):"用条的高矮表示数据的多少。"

教师:"他说得很清楚,请坐。这样的数据还可以用另一种统计图来表示。"

(教师同时演示折线图。)

教师:"你们认识吗?"

学生(齐答):"折线图。"

教师:"这个就叫作折线图,又叫折线统计图,那么我们今天就来研究一下折线图。"

(教师到白板前板书:折线统计图。)

教师:"这个折线图是起伏状的,图中的线是什么线?"

学生(女):"曲线。"

(不断有学生举手要求发言。)

教师:"这些线段表示什么?"

(学生们回答得均不准确。)

教师:"表示数据的就是折线图上的点,对不对? 这个点(教师指着折线中的第二个点)表示什么?"

学生(女):"2007 年的参赛队伍的数量。"

教师:"她说得对不对?"

学生(齐答):"对。"

教师:"那 2009 年有多少支队伍参赛呢?"

学生(男):"454 支。"

教师:"你是怎么知道的? 你上讲台说。"

学生(上台指着 2009 年参赛队伍数的点):"就是这个。"

教师:"对不对?"

学生（齐答）："对。"

教师："所以我们说折线图是用什么来表示数据的？"

学生（齐答）："点。"

（教师板书：点。）

教师："这里的线起什么作用呢？（有几个学生把手举得很高）先不着急，我们先来思考三个问题，谁来帮我回答一下？"

（PPT 显示了三个思考题：

①观察折线图，你能看出哪两年参赛队伍的数量增长最快吗？

②中国青少年机器人大赛参赛队伍的数量有什么变化？

③你能预测出 2013 年参赛队伍的数量吗？）

教师："谁来把这三个问题念一下？"

（教师叫一个举手的女生念了一遍问题。）

教师："接下来请你仔细观察这个折线图，回答问题。"

（学生们开始观察折线图并思考。）

教师："可以把你的想法和周围的同学说一说。"

（学生们开始相互议论，持续 3 分钟后渐渐安静下来。）

教师："谁先来回答第一个问题？哪两年参赛队伍数量增长得最快？"

（有六七个学生举手，教师让一个举手的女生回答。）

学生（女）："2008 年和 2010 年这两年的参赛队伍数增长最快。"

教师："你是怎么知道的？"

学生（继续答）："它们上升的坡度很大。"

教师："说得很好，坡度很大，上讲台来说说吧？"

学生（走上讲台，指着具体的线段）："这条线段的坡度很大。"

教师："看来这条线段是？后面的女生，你说。"

学生（女）："表示增长速度很快或下跌速度很快。"

教师："说得真好，要是声音再大点就更好了。"

（教师板书：线段。）

教师："用线段就可以看出增长的速度，记住，看的是线段的什么？"

学生（齐答）："坡度。"

教师："再来看第二个问题，中国青少年机器人大赛参赛队伍的数量有什么变化?"

学生(男):"我能看出除了 2007 年,其他年份都是上升的。"

学生(男):"除了 2007 年,其他年份都是上升的。"

教师:"谁再说说 2006 年到 2012 年的整体趋势是什么?"

学生(男):"我觉得 2006 年到 2012 年的整体趋势是上升的。"

教师:"对不对?"

学生(齐答):"对。"

教师:"谁来回答第三个问题? 你能预测出 2013 年的参赛队伍数量吗?"

学生(男):"我认为 2013 年应是 510 支到 530 支之间,因为从 2010 年开始,一直都是上升的,10~20 支队伍,所以到 2013 年也不会超过 530 支。"

教师:"听清楚他的理由了吗? 他用了一个以 10~20 支的队伍数增长的推测,对不对? 我觉得你的推测能力不错,生活中我们常常会用到推测。还有谁想说说?"

学生(男):"我觉得我推不出来,客观上讲(课堂里发出笑声)。我还说吗?"

教师:"说呀!"

学生(继续):"现在时代变化很快,也许到 2013 年就停赛了。"

教师:"他说得有没有道理? 有没有这种可能? 你的眼光很独到,坐下。第一位同学预测得很好,他认为 2013 年呈上升趋势,而刚才这位同学说万一这个活动取消了呢? 所以说你可以根据前几年的数据做个推测,但一定是上升吗? 会有多种可能,有可能下降,还有可能出现这位同学的这种预测,比赛取消了。老师查阅了一下资料,2013 年没有取消,有 528 支队伍,那我怎样把 2013 年的这个数据也补充到图上去呢? 谁想来试试?"

(教师让刚才认为没法预测的学生上台补画数据。学生上台,老师把红外线笔给学生,学生找到了 2013 年的点。)

(教师板书:点,表示数据的多少;线段,反映数据的增减变化。)

教师:"折线图的特点是不仅能表示数据的多少,而且能反映数据的增减变化。"

[教师出示练习题:"妈妈记录了陈东 0~25 岁的身高,根据下表(略)中的数据绘制折线图。年龄分别对应的身高是:0 岁,48 厘米;5 岁,90 厘米;10 岁,136 厘米;15 岁,160 厘米;20 岁,177 厘米;25 岁,178 厘米。数据表下呈现

了一个二维的数轴，从 0 点向右是年龄，分别为 5 岁、10 岁、15 岁、20 岁、25 岁；从 0 点向上，分别以 20 厘米递增，最高 180 厘米。"]

教师："谁来说说步骤及注意事项？"

学生（女）："标数据。"

学生（男）："比尺子。"

学生（男）："描点。"

学生（男）："把线段画出来。"

学生（男）："一定要看着统计表中的数据来描点。"

教师："我还想提醒你们一点，谁知道我想提醒你们什么？"

（教师用手指着并反复从 0～20、20～40、40～60 等距上移。）

学生（男）："一格表示 20 个单位。"

教师："在作业本上完成，一定注意细节。"

（学生们作业。）

一个学生提出了疑问："0 岁的数据往哪里标呢？"

一个学生（指着竖线）："应该往这条线上标。"

教师："后面是 5 岁、10 岁……没有 0 岁的线，0 岁在表示数据的轴上，找到 48 的位置描点，标出数据。"

（学生继续作业，教师提醒学生把头抬起来一些，保护好视力，同时不停地与学生沟通，收取了几份作业。2 分钟后，有近半学生开始举手。）

教师（先展示一个学生的作业）："谁对他有什么建议？"

学生（女）："他没标数据。"

教师："描点的同时一定要标数据。"

（展示第二份作业，请学生提建议。）

学生（女）："那个点描得再大一些就好了。"

教师："她给这个同学的建议是点描得再大一些。那这份作业怎么样？干净、整洁！谁的？×××的，作业应像×××同学一样，干净、整洁、准确。"

（展示第三份作业，请学生提建议。）

学生（男）："5 岁的点标错了，标在 5 和 10 之间了。"

教师："刚才作业的细节，同学们注意到了没有？下面我给 1 分钟的时间，请大家修正自己的折线图。"

（教师返还学生的作业。）

教师："修正没问题了，找同桌帮你看一看，给你评价一下。如果你的折线图完成了，那么看老师再演示一下折线图的课件。"

（教师开始演示并提示步骤，演示完毕，提出问题。）

教师："请你观察这个折线图，你能看出陈东在哪几年身高增长得快吗？"

学生（男）："0 岁到 5 岁的时候。"

学生（女）："还有 10 岁到 20 岁的时候。"

教师："你们是怎么看出来的？"

学生（男）："看线段的坡度。"

教师："你通过看线段的坡度，认为哪几年增长得最快？"

学生（男）："我认为陈东 5 岁到 10 岁增长得最快。"

教师："我们用眼睛看，好像 0 岁到 5 岁和 5 岁到 10 岁的坡度差不多，那可不可以这样回答：我认为陈东 0 岁到 10 岁增长的速度最快。那陈东身高增长的总趋势是什么？"

学生（齐答）："上升。"

教师："是上升的，那你能根据折线图预测出陈东 30 岁的身高吗？直接说出多少。"

学生们："180 厘米。"

教师："40 岁以后呢？"

学生（争着答）："还是 180 厘米。"

教师："50 岁呢？"

学生（齐答）："180 厘米。"

教师："关于身高，谁有要说的？"

学生（男）："我认为一般身高到 25 岁就固定了，不可能从现在长到 2 米。"

教师："如果不断地长，到六七十岁就得长两三米高啊。老师查了查资料，一个人从 0 岁到 9 岁是身高增长最快的时候，一般情况下，女生到 20 岁，男生到 25 岁时，身高基本就固定了，再往后是平缓期。随着年龄的增大，人不仅不长高，还有可能往下走，缩上一两厘米，但不会是很陡地向下的。好，那我们用手势表示一下陈东从出生到老的身高情况。"

（教师依折线图用手势从 0 岁表示到 70 岁，学生们也随着老师打手势。）

教师:"你看折线图可以用手势表示,那你能用手势表示出一年 12 个月的气温变化情况吗?"

(教师说月份,与学生们一同用手势表示 12 个月的气温变化情况。)

学生(男):"不完全是这样的,春天还有倒春寒呢!"

(学生们笑了起来。)

教师:"他考虑的是实际情况,所以我们数学是一门很严谨的科学,在研究数学的时候要贴近生活实际。他的观点非常棒,我们要研究生活中的数学,而不是脱离实际的数学。我最后有一个有难度的题,你们想不想接受挑战?"

学生(齐答):"想。"

教师:"下面是一个班的三个同学跳绳的数据折线图,谁来回答第一个问题:如果 5(1)班想得第一名,你认为应该派谁去?"

[PPT 显示的折线图是 5(1)班三个同学的跳绳成绩。

折线图的横轴从 0 到 5 向右展开,表示的是次数;纵轴从 0 到 185 向上展开,表示每分钟的跳绳次数。A 同学的成绩分别是:第一次,181 下/分;第二次,176 下/分;第三次,175 下/分;第四次,170 下/分;第五次,165 下/分。B 同学的成绩分别是:第一次,181 下/分;第二次,170 下/分;第三次,184 下/分;第四次,166 下/分;第五次,180 下/分。C 同学的成绩分别是:第一次,175 下/分;第二次,172 下/分;第三次,174 下/分;第四次,176 下/分;第五次,179 下/分。]

学生(男):"如果 5(1)班是这样的成绩,我认为应派 C 去。"

教师:"为什么呢?"

学生(男):"C 的整体趋势是向上升的。"

教师:"很好,有自己的观点。我们再找一个同学。"

学生(男):"我认为应派 B 去,得看他最多能跳多少下,第三次是 184 下/分,虽然每次有多有少,但他是总体最多的,我认为应派他去。"

教师:"你看到了 B 的最高纪录,是吧?还有谁有别的意见?"

学生(女):"我认为不应派 B 去,他是一次多一次少,这次他再去比赛就赶上减少的那一次了。"

教师:"你们都是对比着考虑的,先是 B 和 A 每次比,然后对比 B 前几次的成绩,那你们有人想到要选 A 了吗?"

学生(齐答)："没有。"

教师："为什么不选 A 呢?"

学生(女)："因为 A 的总体趋势是下降的。"

教师："选 B 的理由是什么?"

学生(男)："如果 B 第一个跳,他是所有人中成绩最高的,那其他班就被吓住了。"

教师："你用的是心理战术。"

(全班学生笑了起来。)

教师："那为什么选 C 呢?"

学生(女)："他的最低成绩是 172 下/分,总体是上升的。"

教师："他的成绩比较稳定。"

学生(男)："我选 C,是和 B 比。最后一次 B 是 180 下/分,但他是下降趋势,而 C 是 179 下/分,是上升趋势。"

教师："无论你要选谁,只要你有合理的理由就可以,明白吗?"

(教师打开 PPT,显示第二个问题。)

教师："谁来读一下第二个问题?"

学生(男)："如果其他班的最高成绩是 180 下/分,你认为应该派谁去?"

教师："这个问题留给大家下课去讨论,好吗?"

(教师打开 PPT,显示"收获? 想法? 疑问?"字样。)

教师："通过今天的学习,你有什么收获、想法或疑问,和你的同桌或周围同学交流;有想和老师说的,也可以说。"

(教师在下面与学生交流。下课时,教师与学生互致再见。)

(2)问题分析

这节课的问题有二十几个,整理后呈现以下十几个。

①你能从这组数据中看出什么?

②我们看看这个条形图,哪年参赛队伍最少?

③这些线段表示什么?

④这个点表示什么?

⑤观察折线图,你能看出哪两年参赛队伍的数量增长最快吗?

⑥中国青少年机器人大赛参赛队伍的数量有什么变化?

⑦你能预测出 2013 年参赛队伍的数量吗？

⑧你能根据折线图预测出陈东 30 岁的身高吗？

⑨你能用手势表示出一年 12 个月的气温变化情况吗？

⑩如果 5(1)班想得第一名，你认为应该派谁去？

⑪为什么不选 A 呢？

⑫选 B 的理由是什么？

⑬那为什么选 C 呢？

⑭如果其他班的最高成绩是 180 下/分，你认为应该派谁去？

…………

老师所提的问题处于学生的"最近发展区"，没有问记忆性的问题，而且在学生答出问题的同时，老师都会让学生说出理由。"观察折线图，你能看出哪两年参赛队伍的数量增长最快吗？""中国青少年机器人大赛参赛队伍的数量有什么变化？""你能预测出 2013 年参赛队伍的数量吗？""为什么不选 A 呢？""选 B 的理由是什么？"这些问题一个个递进，必须充分地理解折线图中的"点""线段"及"线段的坡度"才可能回答，而且要有宏观视角、整体思维。

一个新场景中，老师让学生看着折线图（陈东从出生到 25 岁的身高情况），用手势表达变化，学生完成得很好，老师便又深入一步提问题："那你能用手势表示出一年 12 个月的气温变化情况吗？"这个问题的提出，显然对学生完成任务还是具有挑战性的，要求学生们不能依赖眼前的实物来打手势，头脑中要想象出一年 12 个月气温变化情况的折线图，才可能用手势表达。

当学生学完折线图后，已掌握了相应知识，教师的提问又升级了，更富有挑战性。"如果 5(1)班想得第一名，你认为应该派谁去？""如果其他班的最高成绩是 180 下/分，你认为应该派谁去？"显然，5(1)班想得第一名，需要考虑 A、B、C 三个学生单次跳绳的最高水平，也要考虑每个人跳绳次数的发展趋势，还要结合其他班的最好成绩，而答案并不是固定的。A 同学的最高成绩是 181 下/分，超过了其他班的最高成绩 180 下/分，但其五次跳绳比赛的成绩是下降的趋势。B 同学五次跳绳比赛的成绩波动大，其中第三次成绩最高，跳了 184 下/分，但第四次下降明显，到了 166 下/分，最后一次又上升到了 180 下/分。C 同学五次跳绳比赛的最高成绩是 179 下/分，但成绩稳步上升，按趋势应达到 180 下/分。A 同学虽然最高成绩为 181 下/分，胜过其他班的最高成绩，但其五次跳绳比赛的成绩是下降的，最后一次降到了 165 下/分，与 B 相比较，不如 B 有优势，B 的五次成绩中有两次超过了其他班的最高成绩。但如果推荐 B 去参赛，也会有风险，因为其成绩不稳定。而推荐 C 也难以保证能取胜，虽然其成绩稳步上升，但其最高成绩没有达到其他班的最好成绩。老师所提出的问题没有明确的答案，需要在一定的取向下做决策，这样的问题反而能促使学生从更多的角度思考。可以看出，正是老师所提问题的带动，使整个课堂都处于较高的认知水平。这节课，老师对所提问题的分析还有值得关注的地方，即老师所提问题不仅能很好地培养学生的思维，而且能促使学生饶有兴趣地完成任务，很好地体现了启发式教学的思想。我们往往要求学生多思考，殊不知这需要良好问题的带动。

第十一章　教师教学效果评价方法

由于教师教学的效果反映在学生身上，所以可通过质的评价方法如表现性评价、成长记录袋评价来考查教师的教学效果，也可通过量的评价方法——测验来考查教师教学的效果。

一、表现性评价与成长记录袋评价

(一)表现性评价

1. 表现性评价的内涵

所谓表现性评价，是指通过观察学生在完成实际任务时的表现来评价学生已取得的发展成就。[1] 此定义建立在对传统学生学业成绩评价批判的基础之上。传统评价以纸笔测验为主，过于关注甄别与选拔，过于关注得分高低，对学生情感、态度、价值观等内容的测评显得无能为力。

表现性评价主要是由学生完成某一特定任务，从而评价、分析其表现的水平和状态。这种特定任务与纸笔测验题目设定的任务可能相同，但纸笔测验完成的题目是一种假想的情境，而表现性评价更为强调学生在真实情境中的行为表现。

以往我们总是认为只有像音乐、美术、体育、实验等具有操作技能的内容才可以进行表现性评价，事实上，这种评价方式可以推广到各个学科。只要是完成某任务或一系列任务，便可以评价其在完成任务过程中的表现。

其实，早在 20 世纪 50 年代初，这种评价方式已引起关注，但直到 80 年代才在美国大量推广，有 40 多个州采用此方法评价儿童的写作能力，有的州还以立法的形式要求采用表现性评价方法评价学生，到 90 年代，已有很多教育工作者钟情于表现性评价。表现性评价之所以被青睐，是因其所具有的特性。

---

[1] 周卫勇：《走向发展性课程评价——谈新课程的评价改革》，48 页，北京，北京大学出版社，2002。

2. 表现性评价的特征

(1)注重过程

完成任务总会有结果，但同一结果可能由不同的过程所致，特别是涉及复杂的认知和心理活动，有时甚至没有清晰的结果，更需要考证过程。通过对学生任务完成过程的表现行为的深刻分析，可以发现其是否有学习困难、学习障碍。特别是学生完成相同任务采用了不同的手段和行为方式，有的可能走捷径，有的可能走弯路，这样可以更好地探测学生的成就水平。

(2)关注多方面的表现

表现性评价需要在真实情境中进行，在完成任务时就会涉及多方面的关系。纸笔测验面对的只是一道简单的四则运算题，而表现性评价不仅涉及认知方面的因素，而且语言表达能力、人际关系处理能力、决策能力等情感及社会技能都成了表现性评价的内容。

(3)评价行为的现实性

教育的最终目的是要让学生利用所学知识应用于现实，解决实际问题，表现性评价具有这一特性。它评价学生在真实情境中的表现，对学生的行为表现进行直接的测量、评价、分析，较纸笔测验更为直接、现实。

3. 选择表现性评价任务的考虑因素

表现性评价是要评价学生完成任务的情况，那么任务的确定便成为评价的重要问题。一般来说，确定任务应考虑如下因素。

第一，任务本身所具有的代表性。考虑学生完成任务的表现能在多大程度上类推到其他任务中的表现，这样评价才会产生意义。

第二，任务能反映学生的生活实际。学生在完成任务中的表现表明了学生解决实际问题的能力。虚拟的情境也可以进行表现性评价。

第三，任务集中了学生多方面的表现。所完成的任务越是需要学生多方面的知识、能力，采取多种措施，有步骤，有过程，越能发挥表现性评价的优势。

第四，任务与教育教学有联系性。学生完成的任务应是教育教学的成果，如果缺乏与学校教育教学的联系性，则没有了针对性。

第五，任务有普适性。所选任务应面对所有学生，不分民族、性别与社会经济背景，特别是不要因为学生的性别差异和家庭背景而导致不公平。

第六，任务具有可操作性。表现性评价要求学生完成的任务不能太单一，但也要符合学生的实际水平，也就是学生可以进行完成任务的活动，同时还要考虑任务确实可以实施，具备完成任务所需要的资源条件。

第七，任务表现行为具有可测可评性。学生完成任务的表现应可以准确、可靠地进行测量和评价，也就是其行为可以观测。

当然，在实际的评价中，根据评价的目的和需要可以少考虑某些因素，或确定某几个方面为选择任务的标准，但大多数情况下还是应满足所有的因素要求。

4. 表现性评价的开展

(1) 设计表现性任务和完成任务的适当情境

表现性任务是在表现性评价过程中，评价者要求学生完成的具体任务。常用的任务主要有六种类型：结构性表现任务、口头表述、模拟表现任务、做实验或调查、创作作品、完成研究项目。在实际评价活动中，选择哪一种或几种表现性任务，需要教师根据评价的内容或教学目标、具体情境特征、学生的发展水平和时间、空间与设备条件限制来决定。

(2) 全面、准确、及时地收集信息

开展表现性评价，评价者必须根据评价目标，观察和记录反映学生实际操作的信息资料。学生的实际操作结果需要通过学生的作业、行为记录、谈话记录、非正式测验或正式测验等资料来评价。资料收集的准确程度将直接影响表现性评价的成败。要做到全面地收集，及时地分析、记录。记录手段多种多样，可采用纸笔记录、保存学生日记和展示的作品、录像和摄影等。

特别提示：充分利用检核表进行表现性评价。将所要评价的过程或结果的特征列举出来，评价者便可以对应开展评价分析。可以将容易出现错误的行为列上，以便及时诊断出问题。检核表要留有空白，将活动者有特色的方面记录下来。

(3) 制定详细的评价标准和评分规则

传统的纸笔测验属于选择—反应，是一种封闭状态下的测量，有固定的答案和程序，只检验达成度；而表现性评价属于建构—反应，是一种较为开放的情境中的测量，往往没有一致结果，也没有统一程序，评价的难度较纸笔测验大。

制定评价标准需要确定反映完成任务质量的关键指标，并用语言描述学生表现的优劣情形。由于表现性评价对应学生复杂的反应，可以将评价指标分出多种程度来表达优劣，然后进行系统的观察，以收集所需要的评价信息。

构建一个完善、公正的评分规则，才能将获得的信息资料用于判断学生的学业情况。这个评分规则以一般性的评分规则为基础，根据不同学科的特点，将一般性的评分规则具体化为某一学科的评分规则。

(二)成长记录袋评价

1. 成长记录袋评价的内涵

成长记录袋评价是指教师和学生有意地将各种有关学生学习的材料收集起来，并进行合理的分析与解释，以反映学生在学习与发展过程中的努力、进步状况或成就的评价。

成长记录袋评价又称档案袋评价，是基于学生发展个性而开展的一种评价活动。一些专业人士为记录和反映自己的成长历程和成就、技艺的进步而使用成长记录袋，运用到学生学业成绩评价，主要是收集学生学习中的作品，展示其某项学习的发展轨迹。

2. 成长记录袋评价的特征

成长记录袋评价较传统的纸笔测验有较大的不同，主要表现在以下方面。

第一，它能反映学生某一活动多方面的表现。成长记录袋内容丰富，可以展示学生多方面的情况，使评价内容丰富多彩。

第二，学生本人参与评价。纸笔测验由教师或教育者控制，学生很被动，只能接受测评及评价分数。而成长记录袋评价不打分，将学生的成长"证明"(作品)归纳在一起，学生参与其中，还有相应的选择权。

第三，成长记录袋评价尊重学生的个体差异，允许异步发展。成长记录袋评价是一种个性化的评价方法，它关心的是被评价个体的成长过程，纸笔测验则是用同一标准要求所有学生。

第四，成长记录袋评价重视自我评价。成长记录袋中的作品由学生创作、收集，本身已表现了学生的评价能力和对自我的认识，而且成长记录袋评价本身就含有学生自我评价的目标，学生通过不断回顾作品获得发展。

第五，成长记录袋评价关注学生的进步、努力与成就。一般进行纸笔测验仅考查结果的正确性，关注的是学生成就，而成长记录袋则记录学生发展的过程，同时关注进步、努力与成就。

第六，成长记录袋评价使教、学、评融为一体。成长记录袋内容丰富，且是一个连续性过程，使得收集与评价成为主动、经常性的工作，从中可以发现作品质量的变化。

3. 成长记录袋的类型

成长记录袋按功用，大致可分为三种类型。

（1）过程性成长记录袋

为描述学生成长过程，需要收集大量的学生作品，这些作品应具有系列性，有成功的，也有不成功的，特别是出现错误的作品及改正的过程性的作品应全部存档，这样才有利于学生进行自我评价，也容易发现进步的轨迹。也可以说，这些作品是学生进步或退步的有关证据。因此，该类型的成长记录袋应按时间顺序创建，使其发展过程渐渐展现。

（2）展示性成长记录袋

这种成长记录袋收集的是学生认为最优秀、能表现自己最高水平的作品，这样就需要对作品质量仔细考量，并掌握相应的评价标准。该类型的成长记录袋能提高学生的自我评价能力，也比较具有激励性，因此，低年级学生尤其适用。

（3）评价性成长记录袋

它主要用于确定学生是否达到了预期水平，这样，收集什么样的作品及对作品进行评价的任务都应由教师承担，而且评价目的决定了这种成长记录袋的评价要有统一的标准。

4. 成长记录袋评价的方法

成长记录袋评价是表现性评价的一种，是新型的评价方法。具体的操作可能会涉及开展成长记录袋评价的目的、作品的选择、作品的评价、作品的存放、作品的交流、家长的参与等问题。

（1）确定使用成长记录袋的目的

为什么要进行成长记录袋评价？如果目的是展示学生的成就或特长，那收集的主要内容是学生最满意、最重要的作品；如果是为了描述学生某一时期内学习与发展的过程，发现其在学习上的优势和不足，那不仅要装最优作品，还要将过程性的东西（如一篇文章的草稿）也装进去；如果是为了评价学生学习与发展的水平，那要将标准规定放入，以便比较。确定了使用成长记录袋的目的，也就为成长记录袋收集的作品进行了分类。

（2）明确规定作品的选择要求

在收集作品的类型确定后，具体收集哪些作品应有一个明确的规定。如数学，收集解决复杂数学问题时产生的草稿、修改稿和终稿，收集所有的单元测验卷，收集与数学有关的其他学科的作品等。

（3）召开成长记录袋交流和评价会

利用成长记录袋评价有一个最明显的功能，就是提高学生的自我评价能力，所以教师不仅要提示和帮助学生收集好作品，更要敦促学生经常进行自我评价，使其不断回顾和反思自己发展过程中的表现。检验和提升学生自我评价的好办法就是经常召开交流和评价会，形式不拘一格，可以一对一地进行师生交流，也可以开展小组交流，还可以召开作品展示会，并邀请家长及专家参加。这样，学生可以通过交流和评价更好地认识自己，使问题得以改进，同时在听取他人意见时解释、辩论，可以强化学生的语言表达能力。

开展成长记录袋评价，如果采取相对评价的方法，想给予所有学生一个一致性的评定分数，让其能相互比较，是十分困难的。如果以区分优劣和鉴别为目的，选择成长记录袋评价也不够明智。所以，我们还是宜坚持其个性化评价的优势，以满足个别学生的需要、兴趣和能力。

5. 电子档案袋的开发

成长记录袋的内容主要是学生作品及进行自我评价或反思的材料。这些材料长期保存不是很容易，调阅更是费事，成长记录袋评价的实践促使人们开发了电子档案袋。

开发电子档案袋是以实现二维纸质档案袋功能为基础的，首先要考虑的是简便和易于操作。如果只强调其记录的功能，不一定非要和网络链接，只需考虑先把要记录的相关内容通过扫描、录像等方法保存到计算机，再将反思性的内容与所保存的内容实现良好的链接，且可以不断地进行评价就可以了。

随着互联网、云技术的发展，电子档案袋的开发和使用越来越便利。基于JSP（Java 服务器页面）技术与 SQL（结构化查询语言）技术所开发的电子档案袋，不仅可以实现记录、存储功能，而且可以再现教师的教学过程，以及学生的学习过程和学习成果。

电子档案袋的开发，一方面，要选择好开发工具，可以借助开发商的力量，开发出供我们建立电子档案袋所需的软件包；另一方面，要明确电子档案袋评价所要实现的教育功能，考虑如何通过电子档案袋评价改进教师的教学。

开发电子档案袋应遵循的主要原则如下：第一，收集教师的需求信息，以满足教师教学需要为导向，开发、设计电子档案袋的内容及形式；第二，选定适宜的软件，并采用适当的多媒体制作程序将材料组织序列化；第三，存储、查看要简单、方便，并易于利用网络平台开展过程性评价。

二、考试评价

对教师教学效果量化评价的最常用方法是考试，也就是我们通常所说的测验法。新课程将一维目标改为三维，应就此开展考试评价改革。

(一)测验法

测验法是通过编制一定的试题或设置某种情境，获取学生学习成绩，从而判断教师教学效果的评价方法。较常采用的形式是纸笔测验、操作技能测验、口头测验。开展测验需要遵循一定的程序和原则，以保证测验的信度和效度。

就编制测验而言，首先应确定测验的目的、对象、内容、形式。

测验的目的和对象决定了测验的重点和测验技术的采用。为检验教师教学效果所进行的纸笔测验应主要是目标参照测验，以了解学生对教学目标的达成度。确定测验对象，主要是了解测验对象的特点，从而考虑测验语言的表达，以及测验形式对测验对象的适切性。

测验内容是指测验应确定范围。进行教师教学效果评价测验，从内容上看有可能是学期所学的学科全部内容，也可能是一个单元、一节课。

测验形式是指选择口试、笔试还是操作等。

接下来，需要根据测验内容确定测验的目标层次。纸笔测验可依据布卢姆的认知领域目标体系确定，操作技能测验可依据相关研究确定。

以下具体叙述纸笔测验和操作技能测验的实施。

1. 纸笔测验

纸笔测验适宜进行认识领域内容的测验，在确定测验范围的基础上应制订测验计划，即制定测验双向细目表。

双向细目表有两个维度：一是测验的内容(课、项目)分布，二是目标层次。例如，布卢姆的认知领域的目标分类包括：识记、理解、应用、分析、综合、评价。示例见表11-1。

表 11-1　学科学年测验的双向细目表

项目	识记	理解	应用	分析	综合	评价	分值/题量
第一单元	3	5	5	3	2	2	20/8
第二单元	2	5	5	3	0	0	15/6
第三单元	2	2	4	2	0	0	10/4
第四单元	2	2	4	2	0	0	10/4
第五单元	2	5	6	3	6	3	25/10
第六单元	4	6	6	2	2	0	20/8
分数/题量	15/6	25/10	30/12	15/6	10/4	5/2	100/40

再根据双向细目表命题。

命题时应根据题型的不同，把握相应原则。

按照学生作答的方式，可将题型分为选答题和自答题两类。选答题是要从给出的答案中选出正确的答案，而自答题则要求学生自己写出答案。按评分误差的大小，可将题型分为客观性试题和主观性试题两类。客观性试题没有或有很小的评分误差，主观性试题的评分误差则较大。

选答题主要包括选择题、是非题、组配题等，其中，选择题是最常用的题型，有单项选择、多项选择等。

命题时应注意：①设问明确，题干尽量采用肯定式。②备选项以 4～6 个为宜，表达要尽可能概括。③避免任何形式和内容上的暗示，备选项句子长短与句式大体相仿。④备选项表达准确，不能有歧义，干扰项的错误类型应具有典型性。⑤各备选项应相互独立，应选项在各题中要随机排列，使其无规律可循。⑥尽可能少用是非题，减少猜答案问题的出现。⑦组配题的对应选项数量最好不等，防止以排除法推出正确答案。

自答题主要包括填空题、简答题、论述题等，其中，简答题含有多种形式，如计算题、制作图形图表、名词解释等。

编写填空题时应注意：①需填空的内容应有重要意义，且每空确保只有 1 个正确答案。②每题留空不宜太多，以 1～2 个为宜。③最好不从教材上摘录原文为题，数值型填空要规定预期精确度。

编写简答题时应注意：①考虑目标水平，不宜只考查识记内容。②明确规定答题的范围、容量和精度等。

编写论述题时应注意：①应以考查分析、综合、评价等高层次认识水平为主。②题意明确，不产生歧义。③问题具体，重点突出。④明确答题要求和评分规则。

2. 操作技能测验

根据测验情境的现实性程度，操作技能测验可分为书面操作测验（如绘图、设计）、辨认测验（如实物识别、倾听并辨别机器故障）、模拟操作（如模拟法庭、教学试讲）、工作样本（如速记、完成实验）等。

操作技能测验应遵守一定的原则：①详细界定所测内容。如操作任务的准备、操作程序、操作成果等。②选择适当的操作测验类型。结合学习内容选择相应的测验情境，力求最大限度地获得真实的情境。③明确操作测验的要求，给出描述性的指示语。例如，说明完成的是什么任务，在什么条件下实施，判断的依据是什么。④编制测量工具。操作测验对操作过程和结果都需要详细观察记录，故应设计好观察记录量表。

（二）考试评价改革

1. 考试评价内容改革

基础教育课程考试评价在内容上主要是以课程标准为依据，反映为三维目标的实现，即知识与技能，过程与方法，情感、态度与价值观。具体有以下特点。

（1）与社会实际和学生生活经验相联系，注重考查学生分析和解决问题的能力

传统考试以纸笔测验为主要形式，突出三个中心，即"教师中心""教材中心""课堂中心"，考试内容严重脱离实际，尤其是各学科自成体系，导致学生通过了考试，或成绩优秀，但难以解决实际问题。

我们倡导重视考试内容与社会实际和学生生活经验的联系，一方面是避免脱离实际地考偏题、怪题，使学生陷于题海战中；另一方面则是贯彻理论与实际相结合的原则，促使学生掌握学科知识间的联系，并把握理论知识的应用。

国家课程标准是考试命题的根本依据，新课程标准各学科都十分注重教学内容联系社会实际和学生生活经验。例如，《义务教育数学课程标准》提出：在呈现作为知识与技能的数学结果的同时，重视学生已有的经验，使学生体验从实际背

景中提出数学问题、构建数学模型、寻求结果、解决问题的过程。① 《义务教育语文课程标准》的综合性学习与目标中强调：对周围事物有好奇心，能就感兴趣的内容提出问题，结合课内外阅读共同讨论；结合语文学习，观察大自然，用口头或图文等方式表达自己的观察所得；热心参加校园、社区活动，结合活动，用口头或图文等方式表达自己的见闻和想法。② 《义务教育物理课程标准》有这样的内容：日常生活中，人们看完电视节目后常常用遥控器关闭电视机而不断开电源，电视机始终处于待机状态。在学习电能和电能表时，教师就可让学生在家中亲自用电能表等测量电视机在待机状态下消耗的电功率，并估算一个家庭一年由此所浪费的电能是多少。③ 考试命题应尽量选取与社会实际和学生生活经验密切联系的内容，增加情境性、真实性，使学生学能所用、学有兴趣。

（2）融入对学生情感、态度与价值观的评价

基础教育课程改革特别强调了对情感、态度与价值观的评价，在各学科课程标准的评价建议中都有明确的表达。很多学科都具体化，提供了案例。

例如，《义务教育数学课程标准》中的情感、态度目标，要求学生积极参与数学活动，对数学有好奇心和求知欲；在数学学习过程中，体验获得成功的乐趣，锻炼克服困难的意志，建立自信心；体会数学的特点，了解数学的价值；养成认真勤奋、独立思考、合作交流、反思质疑等学习习惯，形成实事求是的科学态度。④

又如，《义务教育生物课程标准》提出要重视对学生情感、态度与价值观的发展状况进行评价——情感、态度与价值观是学生心理发展的基本内容，在生物教学过程中，教师应密切关注学生情感、态度与价值观方面的进步与良好行为习惯的养成。例如，在"认识保护生物圈的意义"的学习活动中，不仅应该评价学生相关的知识和技能，同时也应对学生在活动中表现出来的热爱家乡和祖国的情感、保护环境的意识、实事求是和勇于探索的科学精神等方面进行评价。⑤ 《义务教育生物课程标准》还提供了具体的案例——"认识保护生物圈的意义"系列探究活动，

---

①　教育部：《义务教育数学课程标准》，4 页，北京，北京师范大学出版社，2011。
②　教育部：《义务教育语文课程标准》，9 页，北京，北京师范大学出版社，2011。
③　教育部：《义务教育物理课程标准》，32 页，北京，北京师范大学出版社，2011。
④　教育部：《义务教育数学课程标准》，9 页，北京，北京师范大学出版社，2011。
⑤　教育部：《义务教育生物课程标准》，35～36 页，北京，北京师范大学出版社，2011。

强调对于学生的其他特殊表现和行为习惯的重要转变，也应给予相应评价。[①]

对学生情感、态度与价值观的评价，在学科考试中，可根据学科特点确定各学科非学业评价的关键项目和关键指标。当然，不一定非在期中、期末、会考等大型考试中特意组织，可以通过对学生学习过程的记录进行，如行为观察，也可以做一些问卷、访谈。

(3)关注学生完成任务的方法和过程，着重考查其思维方式和能力

现在采用的所谓客观性测验，如选择、判断等，可以大题量，广覆盖。我们只重量而不能重质，很难让学生体会到深入思考的乐趣，也不能考评学生解决问题的灵活性和创造性，不利于学生形成良好的思维品质。

新课程考试改革要求，考试题目设计要使学生在解决问题时充分表现出思维过程，从对问题的思考、收集材料、推理、判断到结论的全过程都应能体现出来。不单看学生取得的结果，更重要的是了解学生取得结果的思维过程，其思维方式是什么、思维能力如何。

国外对学生学业成绩考查常用的一项"研究调查"，就是反映了这一点。我们的考试评价完全可以考虑让学生设计研究方案或提出解决问题的方案，也许其答案不固定，甚至得不出一个具体的结论，但可以通过其研究问题和解决问题的思路来确定发展水平。题目的设置及答案还应考虑有一定的开放性，鼓励学生自己想象，培养学生的创造性。

2.考试评价方式与方法改革

一般来说，可以把考试的方式分为三种：书面考试(纸笔测验)、口试、操作性考试。传统的考试评价只重选拔功能，基本上是单一的纸笔测验，且"一纸定终身"。

改革考试评价的方式、方法就是更新理念，探索运用更多的考试形式和方法，将日常考试演变成学习过程。

(1)探索灵活多样的考试评价方法

改变以往单一纸笔测验的方式，可以考虑根据学科的性质和教学目标引入口试，如外语、语文等学科可以适当加大口试比例。现实中，外语口试已在实践中。注重引入表现性考试，应根据对学生基本素质的要求，设立反映学生动手操

---

① 教育部：《义务教育生物课程标准》，56页，北京，北京师范大学出版社，2011。

作能力的表现性考试形式，像学科实验、小制作等，给学生展示特长和兴趣爱好的机会。

考试形式多种多样，像辩论、课题研究、实践操作等，都可进行考试评价。纸笔测验也应考虑改革，倡导开卷的考试形式。开卷考试考查的重点是学生分析问题和解决问题的能力，而不是强化记忆；允许学生带资料进入考场，重在考查学生收集、选择、运用资料的能力。

(2)将日常考试演变为学习过程

一般而言，考试评价总是居高临下的，评价对象处于被动地位。这种状况不利于学生的发展，他们不能很好地理解考试评价的意图，甚至为应付考试而不惜放弃被认为是非重点的学习内容。改变考试评价观，应认识到调动学生积极参与考试评价是促进其发展的重要举措。对于学生而言，学习是终身的事情，需要其学会不断地利用考试评价的方式来了解自己的进步程度，分析自己的成绩，定位自己的发展目标。要做到这一点，就需要学生对考试本身有一个深刻的认识，也需要学生积极参与考试的整个过程。我们日常的考试不是为了选拔，而是想通过考试促进学生学习，使其获得更好的学习效果，甚至考试本身就是一个学习的过程。

这样看来，让学生自己出考题、给学生多次考试机会、进行差异性考试也就不足为怪了，因为学生学习过程中的考试不是选拔性的考试，鉴别优劣、排队不是日常考试评价的目的。

第十二章　教师教学评价方法改革案例及分析
——网络评价

一、教师教学评价方法改革案例

（一）案例 12-1：借助网络平台的教师教学共同体评价

某学校要求以教研室为单位建立教师教学共同体，这样学校共成立了 14 个教师教学共同体。王老师所在的语文教师教学共同体一共 10 名成员，其中有 3 名教龄在 20 年以上的老教师、4 名工作了 10 年左右的中青年教师，还有 2 名毕业不足 3 年的新教师。大家推举王老师为负责人，一方面，王老师学历较高；另一方面，王老师是教研室主任。

按照学校的要求，教师教学共同体围绕提升课堂教学水平开展活动。大家商议每周推选 1 人上公开课，然后集体评课，开展教学研究。第一周由谁来上课呢？王老师建议由刚毕业的大学生上，大家可以更好地帮助年轻老师成长。不想中青年教师们一致反对，都说应由王老师上第一次课，认为年轻老师成长应有一个高"平台"，这样才有示范作用。王老师只好第一个上课了。

王老师所上的是七年级的一节语文课《皇帝的新装》。

王老师将《皇帝的新装》设计为 2 课时。第 1 课时主要是让学生了解故事梗概，感知课文内容并厘清故事情节；第 2 课时是认识课文主题，认清骗子的实质，培养学生的想象力及敢说真话的优良品质。

为了能实现教学目标，王老师认为应把教学的重点放在对作品深刻的内涵和思想的剖析上，培养学生敢说真话的优良品质。为了能使教学有好的效果，王老师提前要求学生熟悉课文，还布置学生读一篇《安徒生童话》。

王老师让共同体成员听的是第 1 课时，导入过程中，王老师要求学生说说都读过哪些人的童话，并说说自己喜欢谁的及哪篇童话；接着要求学生们朗读课文，并将自己认为重要的词语、句子或段落画出来，然后组织学生讨论、交流；最后设计了一个角色朗读环节，要求学生读出各个人物不同的性格特征。王老师的课上得很平稳、顺利，一切按设计进行。

评价活动开始了，王老师说了自己的教学目标和设计思想，接下来是老师们评课。大家互相望望，便把眼光停留在年龄稍长的赵老师身上。赵老师认为王老师的教学实现了教学目标，环环相扣，语言生动，为年轻老师的教学树立了样本。继而以年龄为序，大家依次发表了与赵老师所述相差无几的言论。一个多小时就这样过去了，大家其实都感到有些尴尬。在老师们持续发言的过程中，王老师陷入了沉思。她感到这样的评价对自己没有什么帮助，又能给年轻老师带来什么呢？究竟怎样开展评价更能有效地帮助老师成长呢？

老师们发言结束，王老师谈了自己的想法："我感觉今天的评价会，大家没能对我的课进行深入分析，也没能提出建设性的意见，问题出在哪里呢？我觉得更多地是受了这种面谈形式的影响，有问题不好明着说出来，怕我面子上不好看。仔细想想，要是大家真的指出一堆问题，我也确实觉得挺难为情。咱们能不能改改评价形式，利用 QQ、微信、邮箱等现代化网络平台开展评价呢？不想让大家都知道的意见可以私聊，不想让大家知道自己是谁可以匿名……"刚毕业的小张老师说："我觉得好，不光是课后评价，在上课前就可以将教学设计传到平台上，让大家提意见、建议。我先建个 QQ 群吧，咱们先弄个'网络共同体'。"大家纷纷表示赞同。王老师说："就从我上的这节《皇帝的新装》做起，大家都听了课，可以分享给我：你若上这节课，会怎样设计；你觉得我上的这节课哪些地方好，说说为什么好，哪些地方有问题，该怎么改。"

王老师收到的第一条意见是赵老师发私信给她的："我感到这课是咱们以前集体备课的老套路，也说不出哪里不好，就是觉得如果语言表达好的话，新教师照样上也没问题。如果这样的话，咱们集体把每节课都弄个模板不就行了?"王老师听得出来，赵老师觉得她的课没新意，又不好意思当着大家的面提出来。

接着王老师在群里接收到了三条匿名消息。

①王老师在导入时要求学生说出"在电视上你看过的皇帝都穿什么衣服？皇帝的服装给你什么感觉？"是想引出皇帝的新装就是不穿衣服。这种设计没问题，但七年级的学生用具体的词语描绘出皇帝所穿的衣服显然有困难，在此叫起来五六个学生，花了十几分钟的时间来形容所看过的电视上的皇帝所穿的衣服，我认为没把握好重点，也浪费了时间。

②如果是我上课，我想在课前布置学生排演一下《皇帝的新装》。通过表演，

学生们就会厘清人物关系，了解故事情节。可以把第 1 课时要讲的内容的时间减一些，让所设计的第 2 课时的时间延长半节课，学生们可以更深刻地认识作者笔下的两个重要角色：皇帝和骗子。这样不仅可以为后面的教学打好基础，而且可以使教学在高认知水平上开展。

③同意第二位老师的判断，我也认为第 2 课时应耗时更长些。理解课文主题，并培养学生敢于说真话的品质是课文教学的重点。而且我觉得培养学生的想象力也应是重点，或者说是重要的教学目标，可以让学生接龙续编故事，培养学生的合作精神和想象力。

王老师回复消息："看到这些意见，我有了重新设计《皇帝的新装》教案的冲动，我想在同一个班级再上一次课，邀请大家再去听一次，如何？同时也请大家多给我分享一下你们的教学设计。"

很快，王老师就收到了两位老师发来的个人教学设计，还收到了一位老师发来的压缩文件，文件中汇集了这位老师收集到的不同版本的《皇帝的新装》教案，给王老师做教学设计参考。

（二）案例 12-2：借助网络平台的学生评教

强老师教授大二学生"公共关系学"课，他发现上课学生们听讲状况不好，而且在网上评教系统中，学生们给他的评教分数处于"中等"位置，这对强老师来说是不能接受的结果。"现在的学生也不知道怎么了，上课无精打采的。我每次上课都认真备课，不仅呈现了理论，还挖空心思收集经典案例，尽可能地做到理论与实践结合，可学生们就是不买账。"为了弄清问题到底出在哪里，强老师找了班里的几个学生开座谈会，要求学生们提意见。不想，没人主动说话，强老师只好"点将"，发言的学生都是一片赞扬："上课挺好的，有案例，我挺爱听。""老师推荐的参考书，我在图书馆借了，正在看。"……强老师要求学生们只说问题，结果弄得气氛非常紧张，点到谁，都只摇头不说话。

强老师私下里找个别学生谈话，才发现学生们有顾虑：一方面，担心给强老师提了意见，将来课程成绩会受到影响；另一方面，个人水平有限，怕提的意见不准确，让别人笑话。怎么让学生们打消顾虑呢？强老师想到了建立 QQ 群，每次下课都征求学生意见，学生可匿名发言，这才发现学生们其实意见很多，不仅指出了问题，还常常能提出很好的改进建议。有学生还发私信给强老师，表达个人看法。一般私信所提的问题都很尖锐，强老师意识到他们可能是怕自己当众发言出丑。每次遇到发私信给他的学生，强老师都会与这些学生充分沟通，表达出乐于接受的态度，也表明个人的看法，结果发现不仅增强了师生互动，还和一些学生建立了良好的师生关系。

在讲到"公共关系原则"部分后，有学生发言："公关原则太抽象，就算通过分析案例得出原则，也不太能打动我们。因为我们是在学校的环境中，不论发生了什么事，也都感觉是外人的事，如果我们能做些情境模拟，估计会体验深刻些。"强老师豁然开朗，马上设计了一系列情境模拟训练，制作卡片，让一部分学生按人物结成小组上台模拟演练，一部分学生根据评价标准评分并点评。

情境一：人物包括大学食堂管理员1人、教师1人、学生1人。学校食堂一共10个窗口，7个是为大多数学生开设的普通饭菜窗口，各窗口主食及菜品不尽一致，但都是大锅菜；1个是为教职工专门开设的窗口；1个是价格较贵的小炒窗口；1个是麻辣香锅类的特色窗口。每次一开饭，小炒窗口和特色窗口就挤得水泄不通，据了解，同学们主要是冲着鸡腿饭和麻辣香锅去的。而这天卖饭的师傅把一盆刚炒好的麻辣香锅递给了一个年轻老师，他不仅没排队，连卡也没刷，被一个学生揪住了，说不是第一次看到这种事了，要找食堂管理员来解决问题。

情境二：人物包括酒店前台服务员、住宿宾客。入住某酒店的宾客只订了一日住宿，按要求预付了押金。但第二天到退房时间，宾客决定不退房了，与前台商量，服务员说不可以，所有的房都订出去了，没有预订不能继续住。宾客知道手里的房卡到12点就会失效，所以他12点后没出房间，也不退房，并坚持说："我押了一天的房费，正好顶这日不退房的钱，反正这房我是住定了。"而预订了房间的客人14点后因没房无法入住，前台服务员不知所措。

讲到"公共关系策划"部分时，有学生匿名反馈："我感觉这节课在纸上谈兵，策划案需要大量的资金、人力，这些条件如何实现？""课上讲的酒店相关负责人与装修公司的谈判，是否可以让我们有所体验或者弄个模拟谈判？"……强老师发现学生们的意见主要集中于老师所讲的案例没有与学生的现实学习、生活相结合，为此，他设计了一系列反映学生身边事件的内容，让学生通过这些策划实训学习得更有效。

情境三：学校要承接省大学生运动会，请策划迎接运动员的活动。

情境四：请为本班策划一次"我爱我班"的主题班会活动。

情境五：请为本班策划一次"登泰山"的活动。

…………

二、教师教学评价方法改革案例的分析

案例12-1和案例12-2改进传统的面对面评价的方法，采用网络评价的方法，实质是改变了收集和处理信息的方法。网络评价具有与传统评价不同的功能，收集的信息量更大，且对于教师教学带来的帮助更为明显。两个案例展示了开展网络评价所具有的多主体参与、多角度反馈、分享经验、传递信息和排除人际关系干扰等特点，反映了教师教学评价方法改革的一种趋向。

（一）多主体参与

案例12-1和案例12-2均是改变评价形式，利用网络平台开展评价的实例，充分表明了多主体参与评价的特点。这里的多主体，是指参与评价的人员能充分地表达个人意见，反映了多元的价值观。

案例12-1中，采取面对面的形式开展评价，结果是大家都不敢表达个人看法，走形式，推举德高望重的赵老师先表态，然后依葫芦画瓢。如果是奖惩性评价，大家赞扬一番王老师，王老师也乐得接受。但王老师有发展愿望，而且真心想了解大家对其所授课程的看法，这种面对面的评价方法无法给王老师带来更多的反馈信息。采用网络评价后，情况大有改观，不仅赵老师说出了自己的想法，而且有些不愿意透露个人信息的老师也通过匿名方式道出了个人看法。赵老师是通过发私信的方式给王老师提意见的，可见赵老师不愿意当众指出王老师课堂教学的问题，想给王老师留面子，这也是对新教师的一种保护。而其他老师的意见是通过匿名方式表达的，也充分说明大家担心影响与王老师的关系。这样看来，网络评价的方法可以使更多的人参与进来，尤其是同行教师互评，不失为很好的评价方法。

案例12-2反映的是学生评教采用网络评价的方法。强老师为了让学生敢于表达对其课堂的看法，获得真实、有效的课堂信息，采取了建立QQ群的方式，也是在改变面对面评教的方式。有些学生将很尖锐的意见发私信给强老师，反映出大学生成熟的特点，他们能意识到应保护强老师在学生心目中的权威，私下沟通的方式更易于强老师接受。而强老师也做了很好的关系处理，使这些提尖锐意见的学生感受到了强老师的诚意，并建立了良好的师生关系。在强老师改用QQ评教后，相当多的学生采取了匿名评教的方式，也表明了网络评教的价值。学生参

与人数增加，如果面对面评教，这些学生可能会不发言、不表态。这种评教形式的改变，使学生敢于表达个人观点，给强老师带来了更多的信息，能够和学生互动起来，为改进课堂教学奠定了基础。

（二）多角度反馈

在案例 12-1 中，王老师收到的反馈信息源自多位老师的多个角度。赵老师关心的是教学的创新性；匿名评价的老师，有的关心教学重点与难点的把握，有的关心王老师教学设计对学生接受内容的影响，有的关心教学目标的设计及达成……他们所提供的反馈信息促使王老师思考，也激起了王老师重新进行教学设计的冲动。这也是开展网络评价带来的效果。由于这种评价不要求在同一时间进行，评价者可以有充分的思考时间，还能够避开他人已关注到的点，从更多的角度思考问题。当然，看到他人的评价，也会引发其他评价者的更多思考，这种带动会产生叠加效应。

案例 12-2 同样反映了学生评教的多角度反馈效应。学生们一方面从个人的需要出发来评价强老师；另一方面会受到其他同学评教的启发而生出更多的想法，为强老师提供多角度的反馈。强老师正是受到一个学生反馈意见的启发，才想到要设计一系列情境模拟训练。也同样是因为学生认为强老师的课"纸上谈兵"，才激发强老师开展对学生的"策划实训"，所策划项目就是学生学习生活中遇到的实际问题。课堂一般至少有十多个人，如果相互启发、各抒己见，就会给授课教师提供多角度的反馈。强老师不断地改进教学，让学生爱上他的课，其实很大程度上是由于学生多角度的反馈使强老师有了更多的思考，并为满足学生需求而设计了新的教学。

（三）分享经验，主动反馈

在案例 12-1 中，当王老师要求改面对面评价为网络平台评价后，参评老师积极参与进来了，并分享个人经验。有老师匿名提出"如果是我上课，我想在课前布置学生排演一下《皇帝的新装》"，很显然在与王老师分享其个人经验。还有两位老师发来了其本人上《皇帝的新装》一课的教学设计，王老师甚至还收到了一位老师收集到的《皇帝的新装》教案集。对王老师来说，重新设计《皇帝的新装》一课有了充足的参考资料。为什么改变面对面的评价就收到了这样的效果？为什么大家愿意分享经验、互换资料？在私下的访谈中，老师们说出了个人的想法："通过网络，可以很方便地发送资料。""看到别人给王老师发资料，我被激励了。""面谈给的时间短，而通过书面交流可以有思考的时间。""我很想在同事们面前表现一下，但自己又没有什么教学经验，便在网上收集资料，看了很多别人关于上课的经验分享和相关资料，便想发到群里与大家分享。"……可见，利用现代通信工具可以使信息传递更便利，也利于分享经验。

案例 12-2 更多地反映了学生主动反馈信息的特点。面对面给老师提意见，学生们很被动，而且很少有人参与这样的活动。建立 QQ 群后，学生们变被动为主动，使强老师获得了更多的学生意见。特别是利用像 QQ 群这样的通信工具，教师和学生沟通更方便，学生不愿意让其他人看到个人意见，便可以和强老师私聊。这种评价方式不仅便捷，而且为老师组织教学提供了方便，强老师可以将所设计的教学方案发布出去，征求学生的意见，还可以关照到少部分学优生及学困生。

(四)排除人际关系干扰

排除人际关系干扰可谓开展网络评价最突出的优势。尤其是多元主体共同开展评价的情况下，人际关系的处理可能会成为难题。管理者从管理的角度开展评价，同行教师从经验的角度开展评价，学生从个人需求的角度开展评价，原本就带有主观性。值得关注的是，评价者无论身份如何，面对的评价对象是一致的。从现代评价理念出发，开展评价是为了评价对象的改进和发展这一目的是确定的，如此，给予评价对象更多的反馈信息、改进建议才是硬道理。网络评价可以使评价者之间及评价者与评价对象之间可能造成的人际关系干扰减少，因为网络评价可以一对一进行，可以匿名进行。案例 12-1 中，教师面对面评价时，没人愿意提意见、说个人观点，但改变形式，采用网络评价后，则出现了各抒己见的情形。事后与老师交谈，发现大家最担心影响同事间的关系，而网络评价可以在一定程度上排除人际关系干扰。案例 12-2 也同样反映了这一特点，学生们担心给强老师造成不好的影响，便发私信给他谈个人看法；不愿意让强老师也不想让同学们知道自己说了什么，便匿名评教。这都反映了开展网络评价可以减少评价参与者之间的人际关系干扰。

因此，这是一种开展教师课堂教学评价的有用方法。如果能很好地引导和组织，会收到很好的效果，使评价的参与者都从中受益。

附录 4　教师教学评价方法研究的回顾与展望

教师教学（主要指课堂教学）评价不仅关系学生的发展和学校的声誉，而且关系教师的职业成就感、尊严感和工作积极性。教师教学评价方法的选择会影响评价的真实性、有效性，因此，教师教学评价方法的研究有其不可小觑的必要性和重要性。

过去已有的文献少有对教师教学评价方法的综述，本章通过梳理 2007 年至 2017 年的相关文献，运用内容分析法，对目前国内关于教师教学评价方法的研究从数量和质量两个方面进行回顾与总结，并对今后的研究方向和研究重点做一展望。

内容分析法产生于第二次世界大战期间，是图书情报学中常用的一种研究方法，是一种对传播信息内容进行系统、客观和量化描述的研究方法。它适用于对一切可以记录与保存并且有价值的文献进行研究。内容分析法在多个学科领域广泛应用，从中国知网（www. cnki. net）检索到的数据来看，教育学领域基于内容分析法所做研究的文献在 300 篇以上。

一、教师教学评价方法研究的概念界定

教学一般由教师和学生两个主体构成，教学活动是一个有计划、有目标、有组织的教与学的活动过程，因而评价教师教学应当包括教师的教学过程和教学效果两大方面。教学过程可进一步划分为教学准备、（教师）课堂讲授、（学生）课堂学习、布置作业、课下辅导等多个环节。本研究认为教师教学评价的具体对象应该包含以上两大方面，不能把教师教学评价局限于课堂之中，亦不能以学生成绩为单一标准来衡量教师的教学水平。

鉴于课堂教学及教学质量是衡量教师教学能力和效果的重要内容，不少学者认为教学质量评价的内容包括教学过程，所以本研究选取的数据资料包含教师课堂教学评价方法、教师教学质量评价方法的相关文献。

二、教师教学评价方法研究的数据来源

本研究以中国知网为数据来源，使用高级检索功能，选择"主题"和"篇名"并分别输入"教师教学""评价方法"，使用"并且"关系做"模糊"搜索，时间范围为2007年1月至2017年12月，得到结果573条。通过逐条筛查文献的题目、摘要、内容和发表期刊等，剔除掉与研究主题不相关或重复的文献，同时剔除掉个别内容浮浅的文献，再由文献所附的参考文献进行补充，最终确定研究样本文献有175篇，其中，期刊文献134篇，硕士学位论文40篇，博士学位论文1篇。

三、教师教学评价方法研究的量化分析

从确定的175篇研究样本文献来看，文献分布的年代、期刊、侧重点是比较分散且不均衡的，著者及其所属单位分散在不同地区，以下做详细分析。

(一)期刊文献的年份分布

关于教师教学评价方法的研究文献，在2016年达到十年来的最高峰(2017年后半年的文献入库不全)，见表附4-1。从近十年教师教学评价方法研究的折线图看，其呈缓慢曲折上升态势，见图附4-1。图附4-1显示，2008年和2011年是两个低谷，分别只有3篇和4篇；2008年到2010年数量缓缓增加；2012年到2016年虽然中间有少许变化，但整体呈上升态势。从研究文献的数量看，教师教学评价主体、标准、模式等其他方面的研究较少，一方面是由于检索词较为抽象，研究者在研究中可能会用"具体的方法"替代"评价方法"；另一方面也反映了从事教师教学评价方法研究的学者有限，该领域仍有许多可以深入探索的问题。

表附 4-1　教师教学评价方法研究文献的年份分布表

年份	2007	2008	2009	2010	2011	2012	2013	2014	2015	2016	2017	合计
发文量/篇	8	3	7	11	4	15	14	18	16	25	13	134
占比/%	5.97	2.24	5.22	8.21	2.99	11.19	10.45	13.43	11.94	18.66	9.70	100

(二)期刊分布与高产作者

本研究所收集的134篇期刊文献刊载于120种不同期刊。平均载文量1.12

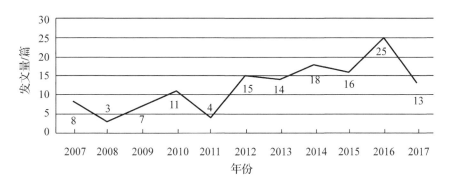

图附 4-1　教师教学评价方法研究文献的年份分布图

篇。有 12 种期刊的载文量在 1 篇以上，占期刊总数的 10％，它们分别是《教育探索》《教学与管理》《高教探索》《中国成人教育》《黑龙江高教研究》《教育与职业》《高教学刊》《黑龙江教育》《教育教学论坛》《传媒与教育》《科教文汇》《信息技术》，其中，前六种期刊属于中文核心期刊、CSSCI（中文社会科学引文索引）。所有期刊中属于中文核心期刊、CA（美国《化学文摘》）、SCI（美国科学引文索引）、CSCD（中国科学引文数据库）、CSSCI、Рж（AJ）（俄罗斯《文摘杂志》）的期刊有 43 种，占 36％，见表附 4-2。

表附 4-2　教师教学评价方法研究文献发表在中文核心期刊、CA、SCI、CSCD、CSSCI、
Рж(AJ)期刊的统计表

期刊名称	载文量/篇	期刊名称	载文量/篇
《教学与管理》	3	《教师教育研究》	1
《高教探索》	2	《黑龙江高教研究》	2
《教育探索》	3	《中小学教师培训》	1
《广州化工》	1	《杭州师范大学学报》	1
《职教论坛》	1	《数学的实践与认识》	1
《中国外语》	1	《现代基础教育研究》	1
《江苏高教》	1	《思想政治教育研究》	1
《统计与决策》	1	《山东体育学院学报》	1
《教育与职业》	2	《世界科技研究与发展》	1
《体育与科学》	1	《首都经济贸易大学学报》	1
《中国高教研究》	1	《长沙铁道学院学报》	1

续表

期刊名称	载文量/篇	期刊名称	载文量/篇
《上海教育科研》	1	《吉林化工学院学报》	1
《现代大学教育》	1	《湖南农业大学学报(社会科学版)》	1
《科技管理研究》	1	《湖南理工学院学报(自然科学版)》	1
《数学教育学报》	1	《武汉大学学报(哲学社会科学版)》	1
《中国成人教育》	2	《佛山科学技术学院学报(自然科学版)》	1
《当代教育科学》	1	《武汉理工大学学报(信息与管理工程版)》	1
《宏观质量研究》	1	《辽东学院学报(自然科学版)》	1
《现代教育技术》	1	《高教发展与评估》	1
《全球教育展望》	1	《西华大学学报(自然科学版)》	1
《中国大学教育》	1	《西南民族大学学报(自然科学版)》	1
《数学教育学报》	1		

表附 4-2 显示,大多数作者只有 1 篇有关教师教学评价方法的研究,可见此方面研究缺乏专注度和连续性。葛继科和高鑫鑫有 2 篇相关研究,其中,葛继科发表的 2 篇论文均为与他人合著,研究的视角为高校教师教学质量评价方法;[1]高鑫鑫的 2 篇论文,1 篇是期刊论文,1 篇是硕士学位论文,均基于情感视角研究教师教学评价方法。[2]

结合载文期刊与撰文作者的分布情况可知,专门研究教师教学评价方法的核心群体尚未形成,虽然文献的着眼视角和教育阶段覆盖广泛,但教师教学评价方法的受重视程度、研究广度与深度尚显不足。

(三)单位分布

期刊论文的第一作者所属单位共涉及 118 个,高校有 99 所,占 83.89%,其中 17 所为师范类高校。其他单位占比不大,有 11 所职业技术学校、3 所普通中学、2 个科研院所。特别高产的单位比较少,有 13 个单位分别发表 1 篇以上文

---

[1] 参见葛继科、李太福等:《高校教师教学质量评价指标体系研究——基于 RReliefF 方法》,载《重庆科技学院学报(社会科学版)》,2014(4);葛继科、王成敏、裴仲军:《高校教师教学质量评价系统设计与实现》,载《软件工程师》,2014(1)。

[2] 高鑫鑫:《基于情感维度理论的教师效果评价方法》,载《林区教学》,2017(3);高鑫鑫:《基于情感的教师教学能力评价方法研究》,硕士学位论文,渤海大学,2017。

章，其中，杭州师范大学和北京师范大学均有 3 篇。

高校是科研重地，关注教师教学无可厚非。值得关注的是，普通中学和职业技术学校占 11.86%，其中有 6 篇发表在 CA 或中心核心期刊上。这说明，不同教育阶段的一线教育工作者对科研的重视程度不断加深，学术不再是高校教师的独有领域，实践与理论走向融合。一线教师不只关注自己的教学任务，还将教师评价和学术理论化纳入了自己的研究范畴。

(四)学位论文

涉及教师教学评价方法的学位论文有 41 篇，来自 27 所院校。其中，28 篇来自"985 工程""211 工程"院校，3 篇来自省部共建重点院校，占比共计 75.61%。东北师范大学最为高产，有 4 篇硕士学位论文，见表附 4-3。

表附 4-3　硕士学位论文高产院校统计表

院校名称	院校性质	学位论文数/篇
东北大学	"985 工程""211 工程"院校	3
东北师范大学	"211 工程"院校	4
重庆师范大学		2
河北师范大学	省部共建重点院校	2
华北电力大学	"211 工程"院校	2
西安电子科技大学	"211 工程"院校	2

学位论文的质量不仅可以体现研究生的个人治学与科研能力，而且能在一定程度上体现其指导教师与所属院校的培养水平。41 篇学位论文说明教师教学评价方法的研究在研究生群体中受到一定重视，该领域为年轻学子所关注，并已经取得了一定成果。

四、教师教学评价方法研究的现状

以往研究多以量化评价方法和定性评价方法对教师教学评价方法进行分类，然而，通过分析文献，笔者发现，近十年，研究者普遍将量化评价和定性评价相结合，理论与工具的选择也呈现综合化趋势。因此，本章从文献样本的研究侧重点出发，分评价主体、评价功能、评价模型、具体的评价方法、学校应用实例、美国教师教学评价方法和元评价七个方面展示教师教学评价方法的研究现状。

(一)评价主体研究

教师教学的评价主体有学生、同行教师、院系领导、教育行政督导部门及被评教师本人。研究者大多认同从多个主体出发对教师教学做综合评价，不过研究多以高校学生评教为对象，以教师自身和同行教师作为评价主体的研究较少，从督导视角所做的研究少之又少。

北京师范大学首开学生评教之先河[1]，而后学生评教的使用遍及各大院校。诸多研究者非常看重学生评教，认为教学是教师与学生共同参与的互动过程，学生作为参与主体对教师教学有一定的发言权，"学生始终是教学效果最直接的体现者"[2]。在尊重学生、以生为本、以人为本等理念的指导下，周湘林将学生评教与顾客对酒店及其服务的评价类比，注重学生的实质性评价，即直接的事实评价和效用评价，建议建立起学习成效、教学活动及测评三者之间的高度一致性。[3]类似的，美国顾客满意度模型（ACSM）也被引入中小学课程评价，用于了解教师教学过程和教学质量水平。[4] 田兆有、郑杰认为现行学生评教具有主观性、标准单一性且反馈效果不强的问题，他们利用层次分析法（AHP）和数理统计的分析方法做不同类型的评价，设计了学生对教师的评价表，建立了多种评价权重，其评价结果更具有反馈意义，且利用相对偏差度综合评价方法使不同学科的评价结果更具可比性。[5] 韦丽娃、丛彬龙将 AHP 和 TOPSIS 模型所得教师评分进行加权综合，建立了以学生为主体的综合评价模型。[6] 不过，高校的学生评教始终在管理者的操控下进行。张甜、马聪认为学生评教在实践中始终没有达到应有的效用，提出应建立"校—院—班"三级学生自治评教组织模式，充分调动学生的主动性，提高学生评教的认真度和参与度。[7]

(二)评价功能研究

教师群体存在于学前、小学、中学、大学，因此，对教师教学的评价自然应

---

①　蔡雅萱、史晓燕：《高校教师教学质量评价研究综述》，载《保定学院学报》，2011(1)。
②　张文强：《建立教师课堂教学评价体系 促进学生发展》，载《中国高等教育》，2013(10)。
③　周湘林：《以学生学习为核心的高校教师教学评价方法创新研究》，载《现代大学教育》，2017(1)。
④　张璐璐、赵艳：《基于学生满意度的中小学课程评价方法应用研究——以长春地区两所中小学校为例》，载《中小学教师培训》，2015(6)。
⑤　田兆有、郑杰：《以学生为主体的学生评教综合评价方法》，载《辽东学院学报(自然科学版)》，2014(1)。
⑥　韦丽娃、丛彬龙：《基于学生表现的教师教学质量评价方法研究》，载《沈阳航空航天大学学报》，2017(5)。
⑦　张甜、马聪：《提高学生评教有效性的策略研究》，载《教育探索》，2016(3)。

存在于各个教育阶段。然而，研究发现，现有的文献多集中于高校教师教学评价，中学阶段较少，小学阶段比重极低，学前阶段几乎没有。

　　具体来看，普通高校侧重对学生评教和教师教学学术评价的研究，高职院校应该让相应行业领域的企业家参与学校的教学评价工作。① 小学阶段，学生满意度和学生家长满意度应被纳入指标体系。②③ 刘芸基于平衡计分卡方法设计了社会满意度、教学目标实现度、业务能力评价、学习与成长能力评价四个一级指标。④

　　教师教学评价结果可用于选拔优秀教师、职称评定、绩效考核、发现问题、改进不足等，其主要功能是导向、诊断、鉴定、改进、激励和监控。⑤ 研究者普遍强调注重评价的导向、诊断和改进功能，要"以评促改"。有的研究还要求可以预测教师教学潜力，便于有针对性地提高教师教学水平。⑥ 王晶认为，可以建立"优质优酬"奖励机制，拓宽评价信息的反馈渠道，把学生对教师的顾客式评价转变为日常的师生交流与协调。⑦

(三)评价模型研究

　　由于高校对学生收取费用，学生需要通过教学活动获取知识、提升能力，周湘林将顾客满意度引入教学评价。⑧ 美国学者厄内斯特·L.博耶(Ernest L. Boyer)的教学学术思想为教师的教学活动赋予了学术身份。宋扬分析了教学学术评价的内容构成，并建议在评价时采用定量和质性相结合的方法，具体可以采用教师教学学术档案袋、课堂检查，同时应广泛征求意见和建议。⑨ 吕松涛以粗糙集理论中的条件信息熵理论为依据，建立了学生评教的指标体系和教师教学水平的综合评价模型，并在商丘师范学院加以实践验证。⑩ 高鑫鑫依据情感分类，建立

---

① 李芳、覃兵：《高职院校教师教学评价方式的审视与思考》，载《长沙民政职业技术学院学报》，2011(4)。

② 张璐璐、赵艳：《基于学生满意度的中小学课程评价方法应用研究——以长春地区两所中小学校为例》，载《中小学教师培训》，2015(6)。

③ 刘芸：《小学教师教学绩效评价方法研究》，载《教育教学论坛》，2015(10)。

④ 刘芸：《小学教师教学绩效评价方法研究》，载《教育教学论坛》，2015(10)。

⑤ 王景英：《教育评价》，北京，中央广播电视大学出版社，2004。

⑥ 范岩、马立平：《利用马尔可夫链的高校教师教学质量模糊综合评价方法》，载《数学的实践与认识》，2017(4)。

⑦ 王晶：《高校教师教学评价方法的研究与探索》，载《教学研究》，2009(5)。

⑧ 周湘林：《以学生学习为核心的高校教师教学评价方法创新研究》，载《现代大学教育》，2017(1)。

⑨ 宋扬：《我国高校教师教学学术评价方法研究》，载《中国成人教育》，2016(11)。

⑩ 吕松涛：《基于粗糙集理论的高校教师教学水平评价》，载《西南民族大学学报(自然科学版)》，2012(2)。

三维教学状态空间模型和教学效果空间模型[1]，之后在学位论文中将国外学者罗萨林德·W. 皮卡德(Rosalind W. Picard)的"情感计算"引入教师教学能力评价，对教师和学生在课堂上的情感投入及情感表现，利用摄像头、计算机等设备做情感信号的捕捉与分析，通过对比师生情感投入的不同和课堂测验的结果来验证其评价方法的有效性。[2] 该研究视角新颖，并建立了一套评价指标体系。然而，其评价流程耗时、费力，且需要较多的技术与资金支持，其理论建设将情感与表情、声音、身体动作一一对应，略显牵强，可能很难达到作者描述的"提高计算速度和评价效率"及"保证客观性"的目的。

(四)具体的评价方法研究

研究者大多先分析教师教学评价方法的现有缺陷，并集中于对评价主观性带来的偏差进行校正研究。模糊综合评价方法是研究者使用较多的方法，可以将定性与定量相结合，严军花等人建立了多因素、多层次的模糊综合评价模型。[3] 梁斌借助模糊数学，将模糊评价等级的评价结果定量化，便于比较，并且可以做出定性评价。[4] 张文强应用模糊评价法，把定性考核与定量考核相结合，编制了"学生课堂学习满意度调查量表"。[5] 马星利用层次关联分析法得出教师教学的评价指标，并利用层次关联理论对模糊综合评价方法进行改进，减弱"平均主义"，建立反馈机制。[6]

由于教学评价中的一些指标难以十分客观地量化分值，因而云理论也受到多位研究者的重视。吴庆田、刘淘从系统工程角度出发，基于云模型，运用不确定语言多准则群决策方法，同时考虑评价时的显性变量和被评者内在禀赋变量，建立了高校教师教学质量评价指标体系。该指标体系适用于大多数带有定性特征的信息处理。[7] 冉燕辉、唐万梅结合云模型和灰色关联分析的优点，建立了"云—灰

① 高鑫鑫：《基于情感维度理论的教师效果评价方法》，载《林区教学》，2017(3)。
② 高鑫鑫：《基于情感的教师教学能力评价方法研究》，硕士学位论文，渤海大学，2017。
③ 严军花、王九群、李秋英：《高校教师教学质量的多层次模糊综合评价及其应用》，载《河北工程大学学报(社会科学版)》，2007(3)。
④ 梁斌：《模糊综合评价方法在高校学生对教师教学质量评价中的应用研究》，载《兰州教育学院学报》，2016(2)。
⑤ 张文强：《建立教师课堂教学评价体系 促进学生发展》，载《中国高等教育》，2013(10)。
⑥ 马星：《基于层次关联理论的教学质量评价方法》，载《武汉理工大学学报(信息与管理工程版)》，2007(5)。
⑦ 吴庆田、刘淘：《高校教师教学质量综合评价实证分析——基于云模型的不确定语言多准则群决策方法评价》，载《宏观质量研究》，2014(4)。

关联分析评价模型",确定了评价指标的权重,并使结果可做定性描述。[①] 胡石元等人应用云模型、德尔斐法、多因素综合评判模型,确定了评价流程,设计了教学评价体系,并赋予了各指标权重。[②]

教学的动态性和长期性要求教学评价不局限于某堂课的教师表现,一些研究者利用马尔可夫链来研究教学评价,将教师教学过程看成一个齐次马尔可夫链随机过程,建立了教学质量评价指标体系,将马尔可夫链与模糊综合评价法融合使用,立足发展理念,对教师教学做动态评价。[③] 杜治汉用标准差和马尔可夫链两种方法,对中小学的测验分数进行动态分析,以此来反映教师教学质量。[④]

教师的教学包含多个方面,评价的主体也应多元化,因而有研究者直接提出了综合评价体系。施钰基于变精度粗糙集的多指标综合评价方法,采取变权综合评价,建立了"创新人才培养教学质量评价指标体系",使评价结果更全面。[⑤] 殷安生、袁周敏综合教师的授课态度、授课水平和参与度三方面要素,建立了综合评估模型体系,三者分别通过第三方评价、学生考试成绩和过程考核来体现。[⑥] 赵洱崇、郭超然结合管理学中的 360°反馈法,将高校教师教学评价分为自我评价、同事评价和学生评价,并建立了高校教师教学评价体系,制作了评价表。其中,自我评价的主要方法是分析教学资料,同事评价的主要方法是集体讨论、相互听课、教学资料交流、请教专家与领导等,学生评价包括观察学生的课上与课下表现、问卷、座谈、随机反馈与个别交流等。[⑦]

为了更直观地展示评价结果并做横向与纵向比较,文志强、李春萍等将雷达图方法引入教学评价。[⑧][⑨] 雷达图不对测评数字做直接比较,而是侧重反映评价对象不同观测点的强弱。

---

① 冉燕辉、唐万梅:《基于云—灰关联分析的教学评价研究》,载《重庆师范大学学报(自然科学版)》,2015(1)。
② 胡石元、姜昕、丁家玲:《教师课堂教学质量的云模型评价方法》,载《武汉大学学报(哲学社会科学版)》,2007(3)。
③ 范岩、马立平:《利用马尔可夫链的高校教师教学质量模糊综合评价方法》,载《数学的实践与认识》,2017(4)。
④ 杜治汉:《中小学教师教学质量评价方法研究》,载《软件导刊·教育技术》,2013(5)。
⑤ 施钰:《一种基于变精度粗糙集的多指标综合评价方法》,载《统计与决策》,2010(9)。
⑥ 殷安生、袁周敏:《面向过程的教师教学效果评价综合评估模型研究》,载《黑龙江高教研究》,2016(12)。
⑦ 赵洱崇、郭超然:《我国高等学校教师教学评价方法及其体系建构》,载《华北电力大学学报(社会科学版)》,2016(5)。
⑧ 文志强:《雷达图法在教师课堂教学质量评价中的应用》,载《中国职业技术教育》,2010(29)。
⑨ 李春萍、王慧、郝会兵:《雷达图方法在教师教学测评数据综合评价中的应用》,载《科技展望》,2017(15)。

为收集更加自然、客观的评价信息，骆美提出"随机课堂教学录像"法，将教师教学信息采集视野扩展到持续性的一般状态。[①] 盛艳燕、赵映川利用多面 Rasch 模型，剔除评价分数的主观性因素，补充以聚类分析法，用来消除由于评分者自身的宽严度不一致、个别维度把握不同而导致的评价误差。[②] 裴海侠等人认为教师教学评价是一个多属性群决策的问题，他们使用 OWGA 算子和 WAA 算子来克服评价中的主观影响。[③] 范铭设计了《课堂观察记录表》，将课堂教学评价细化，为评价反馈之后的教学的改进提供了科学、客观的解释基础。[④]

(五)学校应用实例研究

部分文献虽然篇幅较小，学术水准有待提升，但较详细地介绍了当下某些高等院校正在使用的评价方法及所确定的评价指标体系。

桂林电子科技大学设立了优秀课堂教学质量奖，其量化评价方法分为同行评教和学生评教两部分，分值比重分别为 40％和 60％，并辅以一票否决制。[⑤] 公安海警学院把对教师的教学科研考核分为教学工作量业绩、学科建设与研究业绩、成果奖励业绩三个方面，运用 Q 型聚类方法对数据进行聚类分析，以了解教师队伍中的中坚力量和发展问题。[⑥] 南阳师范学院和河南财经政法大学公共管理学院成立了教师课堂教学评价研究与教学咨询服务工作室，基于促进学生发展的理念，设计了 15 个观测指标，编制成《学生课堂学习满意度调查量表》，最终形成诊断性评价。[⑦]

(六)美国教师教学评价方法研究

关于国外教师教学评价方法的研究非常有限，并且明显集中于美国，故本小节专门对国内介绍美国教师教学评价方法的研究做简单梳理。

张雅楠、杜屏从优点和问题两方面对美国普遍使用的增值评价法进行讨论，并介绍了现在较为流行的将增值评价模型与课堂观察法结合使用的方法。[⑧] 孙煦

---

① 骆美：《浅析大学教师教学评价方法之技术效能》，载《当代教育科学》，2016(3)。
② 盛艳燕、赵映川：《基于多面 Rasch 模型的大学教师课堂教学能力评价方法研究》，载《高教探索》，2015(2)。
③ 裴海侠、裴峥、刘志伟等：《基于 OWGA 算子和 WAA 算子的教师教学评价方法》，载《西华大学学报(自然科学版)》，2009(5)。
④ 范铭：《课堂教学评价方法新探——〈课堂观察记录表〉的设计与应用》，载《上海教育科研》，2012(4)。
⑤ 向定汉、梁山：《优秀课堂教学质量奖量化评价方法的研究》，载《大众科技》，2017(3)。
⑥ 李伟春：《基于 IBM-SPSS 的 Q 型聚类方法在教师评价中的应用》，载《福建电脑》，2017(1)。
⑦ 张文强：《建立教师课堂教学评价体系 促进学生发展》，载《中国高等教育》，2013(10)。
⑧ 张雅楠、杜屏：《增值评价在美国教师评价中的运用和发展》，载《全球教育展望》，2017(1)。

东简单介绍了美国为了达到评价的科学性而制定的标准和框架，如丹尼尔森标准、国际教师能力标准等。① 袭雅楠、苏肖和冯玉芳都着重介绍了美国大学对教师教学的多元评价方法，包括系主任评价（领导评价）、同行评价、学生评价和教师自评，并对我国完善高校教师教学评价体系提出了意见和建议。②③ 陈吉君在美国访问调研后发现，美国中小学教师的教学评价非常多元，除了教师、学生和学校领导的参与，还引入了第三方机构，教师要提供自己的教案、课堂实录、照片等，可以为自己辩护。④ 宋怡、张婷从评分机制和评分量规两方面详细说明了美国加利福尼亚州科学教师的表现性评价方法，认为该州教师表现性评价体系（PACT）是基于标准的、情境化的、有价值的尝试。⑤ 饶燕婷专门从美国教师背景、学生背景、课程背景和评级管理四个方面对学生评教方法的影响因素进行了分析，研究学生评教偏差产生的原因。⑥

（七）元评价研究

评价方法的研究当然需要实践，但是方法的改进离不开反思与理论探讨。

骆美认为我国教育评价制度不合理的主要原因在于贯彻这一观念的教师评价技术没有跟上现代化教育管理实践的要求，评价实践长期面临着技术瓶颈。因此，骆美对评价方法按主体分类，进行元分析，并建立了技术指标框架表。该研究适用于教师教学总结性评价，可以根据评价目的选择评价方法。⑦

沈玉顺对教育评价方法技术的内涵和价值进行探讨，认为方法技术的运用受使用者认识水平和主观意图的影响，导致实际评价效果不理想，其恰当选用应与评价目的相符，并提倡对评价的技术方法做本土化、教育性和创新性开发。⑧

赵福芹对学生评教的有效性及局限性进行分析。⑨ 周继良通过问卷调查，认为学生评教之所以鲜能引导教师改进教学，是因为学生、教师和学校三者之间的

① 孙煦东：《美国：重新设计教师评价系统》，载《中国教师报》，2015-11-18。
② 袭雅楠：《美国大学教师教学评价方法研究》，载《呼伦贝尔学院学报》，2013(2)。
③ 苏肖、冯玉芳：《论美国高校教师教学评价》，载《河北师范大学学报(教育科学版)》，2010(12)。
④ 陈吉君：《美国教育评价方式面面观》，载《广东教育(综合版)》，2016(6)。
⑤ 宋怡、张婷：《基于教学表现期望的美国加州科学教师表现性评价述评》，载《教师教育论坛》，2017(1)。
⑥ 饶燕婷：《美国大学学生评教的影响因素研究述评》，载《比较教育研究》，2009(8)。
⑦ 骆美：《浅析大学教师教学评价方法之技术效能》，载《当代教育科学》，2016(3)。
⑧ 沈玉顺：《现代教育评价》，上海，华东师范大学出版社，2002。
⑨ 赵福芹：《学生评教的有效性及局限性分析》，载《高等教育与学术研究》，2007(3)。

信息不对称，应当对称配置评教信息。① 寇平平、杜国民从学生评教的本质、主体、目的和价值四个角度进行哲学思考，认为学生评教是主观性价值判断活动，应激发学生的自主性和参与热情，评价表也应反映学生的内在需求。② 黄彬从逻辑推演角度反思高校教师教学能力评价，认为教师教学能力评价应具备知识、设计、表达、实施、态度和效果六个要素，评价应遵循"人才培养目标—教师专业标准—教学评价要素"的内在逻辑。同时，教师和学生对课堂的理解、学生在课堂中接受的训练、师生关系等也是不应被忽视的重要评价指标。③

五、教师教学评价方法研究的特点与不足

(一)评价指导原则高度统一

以往的教学评价大都以定量评价为主，而近十年的研究基本都主张定性与定量相结合的评价方法，同时强调对教师教学进行多元评价。多元化又分为评价主体、评价手段、评价目的等方面的多元，其中，主体包括学生、同行、领导、监管部门和教师本人；手段又分为具体的评价方法，如量化评价方法和定性评价方法；目的有诊断、选拔、奖惩、改进等的区别。

(二)学生在评价中的主体地位备受重视

随着现代教师教学评价理念的建立，学生在教师教学评价中的主体地位越来越受重视，致使更多的研究者研究学生评教与多元主体评教的关系。其中，学生评教结果的运用研究也备受重视。在确立了学生作为教师课堂教学评价主体地位的同时，很多研究都在关注学生评教的具体内容。考虑到学生的知识储备和认知水平，哪些指标适合学生评价的研究越来越多。学生评教带给被评教师影响的研究也在与日俱增，研究结论具有一致性，普遍认为学生评教能带给被评教师较强的反馈信息，有利于被评教师改进教学。

(三)以高校教师教学为主要研究对象

研究样本有一半以上以高校教师教学评价方法为主题，选用的方法呈多样化。高校教师的科研能力与学术功底一直是各个高校非常重视的考评教师的两大

---

① 周继良：《破译高校学生评教问题症结之新解——基于信息不对称理论的检视》，载《教育科学》，2010(6)。
② 寇平平、杜国民：《对高校学生评教的哲学思考》，载《教育与职业》，2008(8)。
③ 黄彬：《高校教师教学能力评价：反思与建构》，载《教育研究》，2017(2)。

指标，教师的职称评定也格外强调这两项指标的量化。但教师教学不应被忽视，教学评价方法的运用注重在建立指标体系时充分考虑教学应具备哪些条件、表现哪些行为特征。研究者正是在对此一致认同的基础上，积极研究高校教师教学评价的指标体系和权重设置，引用"教学学术"的概念，倡导改善高校重科研、轻教学的局面。

(四)强调诊断功能，提升反馈效果

评价不只是为了奖惩，更重要的是为了改进教学，激励教师更好地教学，进而提高学生的成绩，发展学生的综合能力。研究者大都发现，实际评价活动中结果反馈滞后，甚至有的评价工作得出结果便到此为止。教师参与度不高，因为得不到相关信息，被评价了却不知道自己的优点与不足究竟在哪里。对此，研究者提出应当重视评价的诊断功能，拓宽反馈渠道，让教师和学校都充分了解教学工作中的优势与弱势，以便对今后的教学工作提出建设性的意见与建议。

(五)引介美国评价方法，缺少他国经验借鉴

教育是人类之共同事业，教师教学评价方法自然是众多国家专家学者都在研究的一个领域，发达国家有其先进经验与方法值得我们借鉴和学习。然而，本研究收集的中文文献，凡是介绍国外教师教学评价方法的，均以美国为例，原因除却美国教育强国的地位，大概还因为近些年美国一直在做教师评价改革，并取得了一定的成效。不过，我国是处于社会主义初级阶段的发展中国家，国情与美国有很大区别，研究者或许可以将目光放到与我们有相似教育环境的国家，寻找评价方法的优秀典型。

(六)对学前教育和初等教育阶段的评价研究不足

不同教育阶段的教学目标和学习任务都有所不同，因此，教师教学的组织设计各有特点，不同学段的教师教学评价方法应当有所区分。然而，就目前的研究来看，高等教育阶段的研究数量多、种类多，而学前、小学和中学教育阶段的研究非常少。原因可能在于：高校学生身心成熟度更高，可以参与教学评价，而且教师和学校都比较重视教学评价和科研工作，评教活动相对易于开展；中小学阶段课业压力较大，教师以教学工作为主，科研工作参与较少，且学校管理层对教学评价的研究不够重视；而幼儿园缺乏严格监管，幼儿教师的教学工作缺乏完善的、制度化的督导和评价，加之幼儿教育的特殊性、幼儿园民办化程度高、管理者和幼儿教师对评价的认识不足等，导致评价指标难以确立，因此，目前幼儿教

师教学评价方法的研究很少。

(七)缺少参评者心理调控方法的研究

教学评价方法的选用与评价目的息息相关，因评价目的不同，参评人员的心理状态也会有所不同。对于教师而言，他们的教学行为被评价，就意味着人们对他们产生或好或坏的看法，其结果有时与绩效、职称评定直接挂钩，难免会给教师带来心理压力。而如果教师缺少发言权，对评价指标不理解、不支持，就会对评价活动产生抵触情绪，影响评价获得真实的结果。对于评价者而言，无论是学校领导还是督导部门，多以上级检视下级的姿态进行教学评价，行政管理人员往往不具有相应的评价专业知识，在评价中易出现"从众""晕轮"等效应，很难客观、公正地开展教师教学评价。这就需要深入研究不同评价者在评价中可能出现的不良评价心理，使评价结果更为有效。尤其在高校，目前普遍构建了学生网上评教系统，但实际情况是部分学生对待评教敷衍了事，即使一些教务系统设置先评教才能查看考试成绩、对各项评价指标的评定等级不能在同一等次上等限制，想让学生认真考量各评价指标，但现实并不乐观，学生随意勾画等级的情况并未有效改变。因此，有必要深入研究大学生的评教心理，使评教结果真实、可信。

随着多元主体评价的兴盛，教师教学评价方法的研究应有所转向，重视参评者评价过程的心理状态和需求研究，从而提高多元评价主体的参与度，使教师教学评价活动对所有参与者都有裨益。

六、教师教学评价方法研究的小结与展望

教师教学评价对学校教学工作的开展具有重要的导向作用，教师、学校乃至教育督导部门都应对这一过程给予足够的重视。评价方法在教师教学评价中起着举足轻重的作用，选择和确定好评价方法是有效开展教师教学评价的关键。随着教师教学评价方法研究的深入，如何有效实现教师教学评价的反馈和改进功能成为重点研究内容。强化对教学的诊断，也使得诊断方法的研究渐渐受到重视。对教师教学评价结果的处理关系到教师的发展，虽然奖惩性评价有现实需要，但发展性评价是未来开展教师教学评价倡导的评价体系。在开展发展性教师教学评价中如何有效地处理评价结果，也同样值得深入研究。纵观已往的教师教学评价方法研究，虽然它们在各个教育阶段都受到了重视，尤其是高等院校，但在反馈渠

道、后续改进两大环节的研究明显较为薄弱，有待加强。

尽管本章的研究样本难以详尽，但通过现有样本的分析发现，教师教学评价方法具有明显的多元化、融合化、人本化趋势。关于教师教学评价方法的研究不再局限于某一种方法的运用，而是从多个评价主体、多种评价方法、不同学科视野、发展性评价理念等多个角度研究。教学活动的复杂性、教师教学风格和学生学习风格的多样性、不同学科具有的不同特点、不同学段具有的不同重心等，使评价方法的综合性运用成为发展趋势。如此，系统的、综合的评价方法模型有待进一步研究开发。

参考资料

一、图书

[1]张玉田等：《学校教育评价》，北京，中央民族学院出版社，1987。

[2]王汉澜：《教育评价学》，开封，河南大学出版社，1995。

[3]季明明：《中小学教育评估》，北京，北京师范大学出版社，1997。

[4]王斌华：《发展性教师评价制度》，上海，华东师范大学出版社，1998。

[5]王孝玲：《教育评价的理论与技术》，上海，上海教育出版社，1999。

[6]陈玉琨：《教育评价学》，北京，人民教育出版社，1999。

[7]蒋建洲：《发展性教育评价制度的理论与实践研究》，长沙，湖南师范大学出版社，2000。

[8]唐晓杰等：《课堂教学与学习成效评价》，南宁，广西教育出版社，2000。

[9]刘淑兰：《教育评估和督导》，上海，华东师范大学出版社，2000。

[10]徐世贵：《怎样听课评课》，沈阳，辽宁民族出版社，2000。

[11]朱益明、秦卫东、张俐蓉：《中小学教师素质及其评价》，南宁，广西教育出版社，2000。

[12]马永霞：《教育评价》，北京，当代世界出版社，2001。

[13]新课程实施过程中培训问题研究课题组：《新课程与评价改革》，北京，教育科学出版社，2001。

[14]周卫勇：《走向发展性课程评价——谈新课程的评价改革》，北京，北京大学出版社，2002。

[15]沈玉顺：《现代教育评价》，上海，华东师范大学出版社，2002。

[16]王景英：《教育评价理论与实践》，长春，东北师范大学出版社，2002。

[17]顾春：《教育评价专题》，北京，华夏出版社，2002。

[18]史晓燕：《发展性教育评价的理论与实践》，石家庄，河北教育出版

社，2003。

[19]教育部师范教育司：《教师专业化的理论与实践》，北京，人民教育出版社，2003。

[20]万伟、秦德林、吴永军：《新课程教学评价方法与设计》，北京，教育科学出版社，2004。

[21]史晓燕：《现代教育评价》，石家庄，河北人民出版社，2005。

[22]胡中锋：《教育测量与评价》，广州，广东高等教育出版社，2006。

[23]金娣、王刚：《教育评价与测量》，北京，教育科学出版社，2007。

[24]程书肖：《教育评价方法技术》，北京，北京师范大学出版社，2004。

[25]沈毅、崔允漷：《课堂观察：走向专业的听评课》，上海，华东师范大学出版社，2008。

[26][美]埃贡·G. 古贝、伊冯娜·S. 林肯：《第四代评估》，秦霖等译，北京，中国人民大学出版社，2008。

[27]余林：《课堂教学评价》，北京，人民教育出版社，2007。

[28]孙河川：《教师评价指标体系的国际比较研究》，北京，商务印书馆，2011。

[29]严玉萍：《中美教师评价标准比较研究》，南京，南京师范大学出版社，2011。

[30]张意忠：《教育评价的理论与实践》，北京，高等教育出版社，2012。

[31]张元贵：《发展性教师评价体系的实践探索》，北京，社会科学文献出版社，2012。

[32]芦咏莉、申继亮：《教师评价》，北京，北京师范大学出版社，2012。

[33]胡定荣：《薄弱学校的教学改进——大学与中学的合作研究》，北京，教育科学出版社，2013。

[34]李慧燕：《教学评价》，北京，北京师范大学出版社，2013。

[35]史晓燕：《教育测量与评价》，北京，北京师范大学出版社，2016。

二、论文

[1]林崇德、申继亮、辛涛：《教师素质的构成及其培养途径》，载《中国教育

学刊》，1996(6)。

　　[2]庞守兴：《教育评价中的量化质疑》，载《教育导刊》，2000(2～3)。

　　[3]刘志军：《课堂教学质量评价标准的探讨》，载《中国教育学刊》，2000(2)。

　　[4]欧本谷：《论教育评价的本质》，载《西南交通大学学报(社会科学版)》，2000(4)。

　　[5]李定仁、刘旭东：《教学评价的世纪反思与前瞻》，载《教育研究》，2001(2)。

　　[6]张辉华、雷顺利：《我区小学生思想品德评价标准——记上海青浦区实验小学的德育评价改革实践》，载《中小学管理》，2002(8)。

　　[7]田杰：《评定·选拔·调控·个性化表现——试析教育评价理念变化的历史轨迹》，载《中国教育学刊》，2003(3)。

　　[8]黄大龙：《新课程理念如何引导课堂教学评价标准的重构》，载《教育发展研究》，2003(10)。

　　[9]赵必华：《教育评价范式：变革与冲突》，载《比较教育研究》，2003(10)。

　　[10]张远增：《教育评价方法认识与教育评价实践建议》，载《教育科学研究》，2003(9)。

　　[11]蔡敏：《论教育评价的主体多元化》，载《教育研究与实验》，2003(1)。

　　[12]魏红、申继亮：《背景特征对学生评价教师教学的影响》，载《高等教育研究》，2003(4)。

　　[13]万文涛：《论专业化教师的知识结构》，载《教育研究》，2004(9)。

　　[14]范春林：《教师自评怎样更有效?》，载《中小学管理》，2004(6)。

　　[15]欧本谷、刘俊菊：《多元教师评价主体分析》，载《重庆大学学报(社会科学版)》，2004(2)。

　　[16]王斌林：《教师评价方法及其适用主体分析》，载《教师教育研究》，2005(1)。

　　[17]张其志：《教师评价的矛盾与分析》，载《教育研究与实验》，2006(4)。

　　[18]史晓燕、张世贤：《奖惩性与发展性教师评价关系探析》，载《教育实践与研究》，2007(5B)。

　　[19]许俐俐：《树立发展性评价理念　充分发挥评价主体作用》，载《黑龙江教育(高教研究与评估)》，2007(7～8)。

　　[20]裴娣娜：《论我国课堂教学质量评价观的重要转换》，载《教育研究》，2008(1)。

　　[21]史晓燕、赵华：《"教师发展评价系统"探析》，载《教育理论与实践》，2008(9)。

　　[22]严玉萍：《美国中小学教师同行评价研究的新进展》，载《外国教育研究》，2008(7)。

［23］王若梅：《近十年国内高校教师教学评价研究与实践综述》，载《江苏高教》，2008(3)。

［24］卢立涛：《测量、描述、判断与建构——四代教育评价理论述评》，载《教育测量与评价》，2009(3)。

［25］史晓燕、马丽媛、贾周圣：《基于"观察—理解"模式的教师评价探索》，载《教育实践与研究》，2010(8A)。

［26］童幸生、刘义：《地方高校教师教学评价多元化探索》，载《教育探索》，2011(7)。

［27］史晓燕、霍素君：《开放性教师评价研究》，载《中国教育学刊》，2011(11)。

［28］钟启泉：《课堂评价的挑战》，载《全球教育展望》，2012(1)。

［29］冉光芬：《黑格尔的主体观对马克思的影响》，载《山东社会科学》，2012(4)。

［30］王莉、薛朝晖：《高校教师教学水平评价的主体局限及控制》，载《当代教育理论与实践》，2012(6)。

［31］李晶：《高校思想政治理论课多元化教学评价主体研究》，载《改革与开放》，2012(14)。

［32］史晓燕：《高校教师教学质量评价的师生态度调查》，载《河北师范大学学报(教育科学版)》，2013(12)。

［33］赵庆荣：《我国大学课程教学回应式评价方式取向的省思》，载《中国高教研究》，2013(12)。

［34］蔡晓良、庄穆：《国外教育评价模式演进及启示》，载《高教发展与评估》，2013(3)。

［35］史晓燕：《教师教学质量评价机制探索》，载《教育评论》，2014(3)。

［36］王纯磊：《以发展性评价为价值取向建构多元的教师评价机制》，载《教学与管理》，2014(18)。

［37］舒寒、刘钊：《我国教学评价研究进展与反思》，载《教育教学论坛》，2015(39)。

［38］张馨予、王杜春：《高校教师教学评价研究文献综述》，载《黑龙江教育(理论与实践)》，2017(7～8)。

［39］弋顺超、杨绒会、薛新科等：《高校教师教学评价多元模式研究》，载《教育教学论坛》，2017(45)。

［40］庞丽丽：《"以学生为本"的课堂教学评价标准研究》，硕士学位论文，华中科技大学，2007。

［41］殷宗霞：《新课程教师课堂教学自我评价研究》，硕士学位论文，河北师范大学，2009。

［42］谭利净：《采用 CIPP 模式进行课堂教学评价研究》，硕士学位论文，河北师范大学，2011。

［43］邱文汇：《高校教师教学评价研究》，硕士学位论文，复旦大学，2012。

［44］郑娟：《基于多元统计分析的教学质量评价方法研究》，硕士学位论文，华中师范大学，2012。

［45］李艳华：《高校学生学业评价模式选择研究》，硕士学位论文，河北师范大学，2013。

［46］刘婉姿：《高校多主体教学评价研究》，硕士学位论文，湖南农业大学，2016。

［47］黄玮楠：《基于因子分析模型的中学教育质量评价方法与应用研究》，硕士学位论文，山西财经大学，2016。

［48］唐成成：《聚类分析在高校课堂教学质量评价中的应用》，硕士学位论文，重庆师范大学，2017。